受过
学科训练的心智

［美］霍华德·加德纳（Howard Gardner）著

张开冰 译

THE
DISCIPLINED
MIND

学苑出版社

图书在版编目（CIP）数据

受过学科训练的心智/（美）霍华德·加德纳（Howard Gardner）著；张开冰译.—2版.—北京：学苑出版社，2020.5

书名原文：The Disciplined Mind

ISBN 978-7-5077-5930-3

Ⅰ.①受… Ⅱ.①霍…②张… Ⅲ.①教学艺术—研究 Ⅳ.① G42

中国版本图书馆 CIP 数据核字（2020）第 076851 号

著作权合同登记：图字 01-2020-1622

版权声明

The Disciplined Mind

版权所有 © Howard Gardner, 1999、2000

保留所有权利。

本书经美国纽约州阿蒙克市巴勒国际公司（Baror International, Inc.）及光磊国际版权经纪有限公司授权出版。

责任编辑：	任彦霞
出版发行：	学苑出版社
社　　址：	北京市丰台区南方庄 2 号院 1 号楼
邮政编码：	100079
网　　址：	www.book001.com
电子信箱：	xueyuanpress@163.com
联系电话：	010-67601101（营销部）、010-67603091（总编室）
印 刷 厂：	小森印刷（北京）有限公司
开本尺寸：	710×1000　1/16
印　　张：	17.75
字　　数：	278 千字
版　　次：	2020 年 6 月第 2 版
印　　次：	2020 年 6 月第 1 次印刷
定　　价：	88.00 元

作者简介

霍华德·加德纳 Howard Gardner

世界著名的教育心理学家，美国哈佛大学教育研究生院心理学、教育学教授，波士顿大学医学院精神病学教授，最为人知的成就是提出了"多元智能理论"，被誉为"多元智能理论"之父。

加德纳教授任哈佛大学"零点项目"（Project Zero）研究所主任超过 20 年。在心理学、教育学等多个领域出版专著 20 多本，发表论文数百篇。获得麦克阿瑟学者以及超过 20 个大学荣誉学位。《纽约时报》称他为美国当今最有影响力的发展心理学家和教育学家。他还是首位获得有"小诺贝尔奖"之称的"天才奖"的美国人。加德纳因为展现了促使人类成功的不同智能，而被誉为本时代最明亮的巨星之一和推动美国教育改革的首席学者。

译者简介

张开冰 Cheung Hoi Ping Happy

张开冰女士（Cheung Hoi Ping Happy），哈佛大学教育硕士、美国西东大学文学硕士。现任上海兴华教育扶贫基金会秘书长、瑞士爱格隆学院股东会荣誉成员。历任香港哈佛大学校友会副会长、香港哈佛大学教育基金会执行董事、《多元智能科学杂志》社长、香港泰兆教育基金会总裁和香港政策研究所研究员等职。

作为教育专家的张开冰，多年来经常面向家长、教师和教育管理专家主持公益教育讲座，并现场解答教育问题。由于她在教育领域的专业和权威，以及她对家庭教育的热忱，山西省人民广播电台邀请她长期为听众现场解答家庭教育问题。同时，她也在中央广播电视总台科技教育频道和北京电视台等长期担任特邀嘉宾。

中文版序言
PREFACE

作为一个教育研究者和写作者,我很荣幸有很多机会游历世界各地。在那些旅程中,我发现21世纪初世界各地的教育目标很有意思。如果你和教育部部长或教育政策制定者交谈,你会发现他们的教育只有一个目的:那就是,通过获取高分来提高他们国家在国际比赛中的名次。

当然,这个目标并没有错,只是当全世界都这么做的时候实在有点让人感到沮丧。每次比赛,当一个国家的名次提升,就必定有一个国家名次下降。但是,还有一个问题更严重。国际比赛往往侧重于应用科学方面的知识,热衷于客观和事实性的资讯,这么做比较不容易有争议。因此,这些国际比赛完全将那些希望通过教育了解艺术、人文或社会科学的人们摒弃在外,因为那些学科很难用选择题或简答题来评测。

教育有很多功能,从教授简单的基本知识(读写和算数),到让那些家长上班的孩子们不至于流落街头。但是,我认为,要让学生们留在学校直至15岁、20岁,我们需要一个更有力的理由。我的观点是训练他们的学科思维(the disciplined mind)。

可惜的是,许多教育工作者和政策制定者将科目(subjects)和学科(disciplines)混淆起来。科目仅仅是不同知识领域中的各种事实的联合体,如历史中的名称和日期,科学中的公式和真相。学科反映的是揭示真相后面的思维方式。科学家理解理论、假设和实验数据之间的关系。历史学家理解历史事件的不可复制性,以及在整个历史过程中人类的作用、动机和目的所扮演的重要角色。文学评论家则注重文字本身、作者的经历以及作者表达出来的意图之间的张力。绝大部分教育或考试的内容，还主要侧重在科目的层面。本书的目的是展现，如何让年轻人保留他们的好奇心以及他们原始的想法和理解，将他们年轻的心智激励、塑造成具有科学家、历史学家、数学家或艺术家那样思考能力的心智。

在这本书中，我着力运用三个例子：进化论、莫扎特的音乐和第二次世界大战中的纳粹大屠杀。我引用这些例子是因为我熟悉它们，也因为它们是美国和西方课程中的重点部分。但是，这些例子仅仅是示范性质的。人们同样可以从东方艺术形式（比如中国的水墨画）、某一中国历史事件（比如20世纪30年代到40年代的国共关系），或者物理学、天文学、化学或地质学中任选一个科学事例来说明。

这里我简单地说一下"学科训练的心智"与我所提出的多元智能理论之间的关系。任何一位教育工作者，如果能够在教学时将年轻人的不同学习方式纳入考虑，那么他都可以做到最好。因此，在本书的第七到第九章，我列举了一些"切入点"，并说明如何用来帮助我所选的三个例子的教学。如果能够做到个性化的教育，那么每一个孩子都可以得到最适合他自己的教学方式而轻松学习。但即使是集体教学，如果能够提供一系列不同的方式来传授关键的概念，也会有很好的效果，并能激活学生的多元智能。

我特别想对中国读者说的是，我不是中国历史和文化专家，我对今天的中国教育体系也不熟悉。但我是中国的敬慕者，无论是中国的历史还是今天的中国。20世纪80年代的几次中国访问和2004年的再度造访，使我受益良多。中国教育工作者对我的工作所表现的热情和兴趣让我汗颜，我十分珍惜和中国学者以及我的中国学生（无论在美国还是在中国）之间的关系，并将持续保持联系。

我很清楚，本书只选了一个单一的教育目标，并集中阐述，不见得每一个教育工作者都会认同我的教育目标。我的目标也并非为了"贩卖"我的观点。相反，我希望本书能够激发中国的读者——不论是教师、家长或政策制定者——展示自己的教育目标，指出如何更好地评估和达成这些目标。最重要的是，显示达到这些目标将会帮助我们创造一个适合全人类生活的新世界。

霍华德·加德纳
2006年3月于哈佛大学

目录 CONTENTS

001 / **第一章 概论：适合全人类的教育**
002 / 从狭隘性到普遍性
003 / 美好的观念：真、善、美
007 / 关于本书
008 / 我的几个教育观点

013 / **第二章 教育常数**
014 / 教育蒙太奇：角色与价值的传递
015 / 正式学校教育：在遥远的场所掌握符号与学科
018 / 注重品行的学科教育
021 / 永恒的选择

027 / **第三章 未来的教育**
028 / 可理解的保守教育机构
029 / 改造学校的力量
044 / 教育的十字路口

047 / **第四章 透视心智与大脑**
048 / 科学知识与价值判断
049 / 先天特质与后天塑造的行为
054 / 认知革命
064 / 从心智的研究到大脑的研究

066 / 教育和大脑
069 / 科学与实践的差距

071 / **第五章　文化对教育的影响**
072 / 全世界最好的学前教育
079 / 文化转变
084 / 文化研究的洞察力
086 / 运用于教育中的文化观念
087 / 瑞吉欧以外的其他好学校
087 / 几种优秀的学前教育
089 / 中国、日本和美国的小学
092 / 世界各地的中学教育
095 / 学校的目标

099 / **第六章　为深度理解而设计的教育**
100 / 教室透视图
101 / 错误的起步
102 / 为理解而教
104 / 理解的困难
105 / 理解的障碍
107 / 学科专家
110 / 增进理解的四个途径
116 / 其他参与者

121 / **第七章　学科思维训练的方法**
122 / 三个谜团
125 / 有利之处：从难题到概念
127 / 学科及其延伸

130 / 科学家与数学家的典范
132 / 艺术家之美
134 / 历史学家的记录
136 / 学科商场

141 / **第八章　深入探索**
142 / 探索三座冰山
142 / 进化论
150 / 莫扎特的音乐
157 / 纳粹大屠杀
165 / 滋养见多识广的公民

167 / **第九章　"多元智能"的教育途径**
168 / 智能的三种用途
170 / 探讨丰富主题的多元切入点
180 / 强有力的类比和暗喻
182 / 核心概念的多元呈现："模式语言"
188 / 其他问题
189 / 综合运用三种教学方法
189 / 其他课程：可能性与局限性

195 / **第十章　达成目标**
196 / 两套大纲的故事
197 / 适合从幼儿园到高中的教育途径
199 / 学科与跨学科研究的力量与危险
203 / 国家统一标准或多重标准
204 / 多重途径
207 / 化繁为简

209 / 领导力的挑战
211 / 战争的伤痕与勋章
216 / "提升":三个有利的因素
217 / 商界的角色
220 / 找出恰当的小环境

221 / 第十一章　结语
222 / 教育和世界历史的一百年
225 / 再谈我的理想
227 / 值得我们为之奋斗的世界
229 / 联结

223 / 后记:两个谷仓的传说
241 / 附录:"冲突三重唱"
253 / 参考文献
267 / 姓名索引

第一章

概论：适合全人类的教育

"适合全人类的教育"必须深入探讨一系列蕴含着"真、善、美"精神的、重要的人类成就。

我渴望人类都能了解这个世界，从理解中汲取营养，并充满热情、永不停歇地为将这个世界改变得更美好而努力。

在我的教育理想中，问题比答案更重要。知识，更重要的是理解，应该是通过不断探索问题而获取的。

从狭隘性到普遍性

作为深深关心教育的心理学家，看到教育问题在世界各地都越来越受重视，我感到很欣慰。不论是在美国旅行，或在欧洲、拉丁美洲，甚至远东地区访问时，我都发现大家有一种惊人的共识：认为一个国家的教育，是决定该国家在下一世纪乃至更远的将来能否成功的一个重要因素，或许是最重要的因素。

但我也常常感到沮丧。因为世界各地关于教育问题的讨论大多是狭隘性的。坦白说，我对教育工作者一些只关注手段或暂时性的教育问题的论述感到厌倦。这些问题包括：我们应不应该发放学券（vouchers）让孩子选择私立学校？特许学校（charter school）的好处是什么？问题是不是出在教师工会？该如何解决？大学本科应不应该颁发教育学学位？还是只有研究生院才能颁发教育学学位？又或者教育学学位是否只应颁发给那些在实际教学工作中得到训练的人？有多少教学活动应该通过电脑或互联网进行？我们是否需要地方性比赛、全国性标准或国际比赛？此外，我对各种针锋相对的教育哲学也同样感到厌倦——传统主义与进步主义之争、"语音"（phonics）支持者与"全语言"拥护者之争，等等。

这些讨论并非不重要，然而都绕开了最根本的问题。他们都避而不谈教育的目的——而教育的目的才是每个社会要投注庞大人力、物力教育孩子的原因。根据我多年的教育研究、教育论述以及对全球上百所学校的实地考察，我对这个问题有自己的结论。这是一个非常个人化的结论。在某种意义上，我写这本书的目的，是为了我自己的四个孩子和他们的子孙后代。但同时，我也尽力使本书具有普遍性，面向全球各地关心教育问题的每个人。的确，正如本章的标题，我关心的是全人类的教育问题。这并不意味着我认为理想的教育只有一种，那么想未免过于天真。我相信，在世界上任何一个地方，好的教育——更确切地说，各种好的教育——都应该具备几个共同的特征。

美好的观念：真、善、美

我希望各位关注教育的内容——这是最基本的——关注如何呈现、掌握、运用与传递教育的内容。我认为有三个重要的观念最能赋予教育生命，这三者都有着悠久的历史。首先是"真"的范畴——及其反面，即什么是假的或不可确定的事物。然后是"美"的范畴——以及缺乏美感、丑陋庸俗的经验与事物。最后是"善"的范畴——我们把什么当作是善的或恶的。

为了让各位更清楚了解我所指的真、善、美的范畴，我想提出三个希望每一个人都能彻底理解的主题。

在"真"的范畴，我将以查尔斯·达尔文（Charles Darwin）首先提出、在过去150年间得到其他科学家详尽论述的"进化论"为例。这是科学中相当重要的领域，对于我这样的发展心理学者来说，进化论尤其具有特殊的意义。一个人如果没有充分了解物种、变异、自然选择、适应等原理（以及这些原理是如何被发现的），如果不了解在特殊生态环境中个体之间（以及种群之间）为求生存永无休止的竞争现象，就无法了解我们生活于其中的这个世界。

无数崭露头角的科学家都发现，进化本身就是一个非常奇妙的过程。如果一个人想要有意义地参与现代社会，就必须了解进化的过程。不领会进化的意义，我们就不能有系统地思考当今人类面临的诸多问题，例如：克隆的价值与危险；基因咨询、基因治疗、各种优生学是否可取；电脑创造"类生命体"（lifelike entities），而这些类生命体有着和有机生物类似的进化过程；社会生物学或进化心理学最能解释人类行为等观点。①

在美的范畴，我选择以莫扎特（Wolfgang Amadeus Mozart）的音乐为例，

---

① 译者注：在本书最后的参考文献对应章节有相关的参考资料。参考文献为原著原文，未作翻译。

更精确地说，是莫扎特的歌剧《费加罗的婚礼》（The Marriage of Figaro）。这个选择是基于我个人的原因。我酷爱古典音乐，特别是莫扎特的音乐作品。至少对我来说，他的音乐代表着人类塑造美的巅峰。我认为，每个人都应该对《费加罗的婚礼》这样内涵丰富的艺术作品有所了解，了解它错综复杂的艺术语言，反映了人类真实情感的人物造型，以及该歌剧所代表和反映的那个时代。

了解类似的事物使我们获益良多。全世界成千上万的人因为聆听莫扎特的音乐，或是沉浸于不同文化的其他艺术佳作中，使自己的生命变得更为丰富。再者，若能深入了解莫扎特在音乐上的成就，不但可以帮助我们了解原本不熟悉的艺术形式，还可以启发我们创作出更美更新的艺术作品。有了这种了解之后，还可以帮助身为公民的我们做出正确的选择。例如：应该支持哪种艺术形式、哪位艺术家或其他有创意的人；怎样支持；如何激发新艺术作品的创作；需不需要对某些艺术作品加以审查和规范，如果需要规范，那么由谁来负责；艺术课程应不应该在学校教，还是在课外时间教，或者根本就不用教。

最后，在道德范畴，我希望大家能了解纳粹大屠杀事件（Holocaust），即第二次世界大战之前，特别是大战期间，纳粹党人和其他人一起对犹太人以及其他种族进行的有系统大屠杀。纳粹大屠杀对我个人有着特殊的意义，因为我的家族来自德国，有几位家族成员就是大屠杀的受害者。我认为每一个人都应该了解，人类可能会做出哪些恶行，有些是秘密地进行，有些则是傲慢地公开进行。如果说纳粹大屠杀记录了人类历史上空前的罪行，而即使在这晦暗的历史篇章中，也点缀着充满人性善良与英雄主义的事件。

历史事件的记录和研究科学与艺术一样，本身就是一件相当吸引人的事。但前者的意义更加深远。我相信，人们通过历史事件和艺术作品了解其他人如何面对和处理压力与困境后，就更能妥善地规划自己的生活，做出人生的选择。我们唯有具备对历史的认识，才能充分参与现代有关如何惩处第二次世界大战犯罪国家与个人的各种讨论（与决策）。我们唯有具备对历史的认识，才能深入思考全球各地人士是否有责任阻止像卢旺达和前南斯拉夫那样的种族灭绝大屠杀，并将犯罪者绳之以法。

了解关于真、善、美的这几个显著例子，对人类认识自身的价值具有重要意义。同时，这种了解也是我们作为对社会有用的公民的必要条件。经过许多个世纪发展出来的思维方式——学科（disciplines）——正代表了我们处理几乎所有问题的方法。如果不了解这些，人类就无法完全融入他们——也是我们——所居住的世界。

也许有人认为，人们对这些熟悉的主题至少有较多的了解。但客观事实是，每两个美国人中就有一个，甚至20%的科学教育者，认为进化论是错误的。根据著名科学家卡尔·萨根（Carl Sagan）的调查，只有9%的美国人相信人类是在没有任何神力的干预下，慢慢从较原始的生物演进而来的。至于纳粹大屠杀，全瑞典约有1/3的高中生认为历史上根本就没有发生过这事件。不少美国团体也持有类似的怀疑主义（若非全盘否定）；20%的美国人承认，他们不知道纳粹大屠杀中发生了什么，70%的美国人希望能进一步了解该事件。汉密尔顿学院（Hamilton College）的哲学教授罗伯特·西蒙（Robert Simon）表示，在他的美国学生当中，有10%—20%的人不能确定纳粹的种族灭绝是否错误。

对这三个主题，大家不难产生以下的反应：我们如何能称这种教育为适合全人类的教育？它有时间性（现代），也有地域性（西欧及受其影响的地区），它甚至与作者的个人关注点密不可分。

以上的说法"既对也不对"。我当然高兴见到全人类都对进化论、莫扎特和纳粹大屠杀产生浓厚的兴趣。虽然有很多人用更糟的方式拓展自己的视野。**但是请注意，我选的这三个主题绝对不是最重要的，当然也不是最独特的。**在西方世界，还有许多重要的科学理论（牛顿的机械论和板块构造论就是两个例子），其他艺术家的成就［例如：米开朗基罗（Michelangelo）、伦勃朗（Rembrandt）、莎士比亚（Shakespeare）或乔治·艾略特（George Eliot）的作品］，其他违反道德规范的历史事件（例如：法国与俄国大革命，美国人对奴隶制度的抗争等）。在其他文化传统中，也蕴含了许多真的典范（包括民间的医疗传统和中国的传统医学等）、美的典范（日本的水墨画，非洲的鼓乐）和善恶的典范［例如印度耆那教的戒律、波尔布特（Pol Pot）的故事、菩萨的慷慨布施等］。

我并不认为，人人都要学会解释物种构成的因素，能够分辨《费加罗的婚礼》中旋律的发展与错综复杂的爱情故事，或者分析为什么有那么多德国人共同参与纳粹大屠杀。相对地，我认为，"适合全人类的教育"必须深入探讨一系列蕴含着"真、善、美"精神的、重要的人类成就。

另一种反对意见可能是，"真""善""美"本身不也有时间性与文化局限性吗？这个观点很好，但并不是决定性的。清晰的"真""善""美"概念反映出以哲学为取向的文化。关于真、善、美等美德的最早记载，出现在古希腊柏拉图的一段对话中，距今已经2400多年。其他的文化也有类似的概念，尽管不同文化对这三个领域的解析不尽相同。但是，人们对文化的信仰与实践，亦即人们珍视、传递、处罚和禁止的信仰与实践，可以显示每种文化所抱持的特殊世界观，以及他们对世界应该以何种方式（或不应该以何种方式）运行的观念。这些观念反映了他们对真、善、美的理解。

我这么做还有一层更重要的意义。教育的最终目的，是按照个人（我和其他人）的期望来塑造未来世界的年轻人。我渴望人类都能了解这个世界，从理解中汲取营养，并充满热情、永不停歇地为将这个世界改变得更美好而努力。若要成为符合这一理想的公民，一定要学习理解前人如何看待这个世界，因为我们的前人真真切切地在这个世界生活过，并曾经仔细透彻地研究过这个世界。我们一定要了解前人曾经缔造的成就，包括人类成就的巅峰和山谷，人类走过的或曲或直的道路。我们还要学会以人类的潜能来指导自己的生活，这些潜能或许是我们的前人所没有认识到的。获取智慧的途径从来就不止一条，我在本书中所陈述的只是我个人最偏爱的一种。

我之所以选择这三个例子作为示范，是因为我比较了解这三个主题，也因为许多读者比较熟悉它们。但我必须重申，这三个例子并不是神圣不可侵犯的。以后，可能会出现另一本书，专门讨论相对论、革命运动与南印度的拉伽音乐（ragas）。届时，我一定会如饥似渴地学习那本书。

关于本书

虽然这是一本非常个人化的书,但是我不希望其个人色彩太重。这本书既是基于我对过往教育研究的分析,也基于对人类心智(mind)与人类文化的科学研究。在接下来的两章里,我将审视过去,并提出今天教育所面临的新压力。的确,世界变化的脚步从没有像今天这么快过。我们心目中的教育应该深植于两个貌似矛盾、实则相辅相成的基础:人类不受时间限制的自身状况,和人类在当代(与未来)所面临的压力、挑战、机会。如果缺乏这两个基础,我们的教育注定会有时间的局限,显得片面、天真和不充分。

探讨教育问题的永恒性和时间局限性两个方面之后,我会接着陈述最新自然科学与人文科学研究中关于人类心智、人类大脑和人类文化方面的成果。这些知识都非常重要,不容忽视。人类心智(大脑)的研究成果(将在第四章讨论)让我们认识人类是如何了解事物的。这些研究显示了每个人获得知识和理解知识的方式各有不同,同时也显示,即使研究者提供多种尽可能有效的办法帮助,要想改变一个人早期既有的对世界的理解仍是一件相当困难的事。对人类文化的研究(将在第五章讨论),列举了人类曾经采取的大量教育途径。在某些地区,对教育的内容做了相当详细的规划,而在另一些地区,则可能鼓励学生自己或与同伴合作自行"建构"知识体系。

综合考虑,人类的心智(大脑)和人类文化,共同界定了教育的可能性与教育的局限性。分开来看,教育否定了天性(nature)与培育(nurture)之间幼稚的对立。适合全人类的教育除了必须建立在以上的这些基础上,还应该体现 20 世纪出现的辉煌成就。

在本书的后半部分,我将直接阐述关于教室内外的教育课题。许多人讨论过在课堂上想获得对知识的深刻理解是一件很困难的事。最近人们也开始认识到有些教育方法能够有效帮助学生获得这种深刻的理解。现在正是一个适当的时机来审视这些新的发现,进而勾勒出具有前瞻性的理想教育。

人们往往不满足对有效教育方式的抽象描述。具体例子比较难得,因此,我将再以前面介绍过的三个学习领域为范例。如果一个人对进化论、莫扎特与纳粹大屠杀等重要问题与事件提出新见解，并在此基础上获得更深刻的了解，那么这个理解过程本身就已经十分有价值，而且也能帮助我们有意义地融入今天（或明天）的世界。

对这三个主题的论述，代表了我将我提出的两项重要观念结合在一起的持续努力。具体地说，我会利用"理解的获得"（attainment of understanding）和"人类的多元智能"（multiple intelligences of human beings）这两个概念的研究结果。我认为，如果教育者能借第七、八、九章中提出的方式，激活学生的多元智能，一定能使更多学生受益，并获得更好的教育成果。

在本书最后，我将试着回答一个难题，也就是如何在大范围内实现我心目中理想的适合全人类的教育。我将会提出近年来我和其他人进行的一些颇有成效的教育实验。很显然，我有自己最喜欢的教育方式，某种意义上，本书是我个人喜爱的教育方式的简报，同时也是如何实现该理想教育的指南。

然而，由于不同族群、不同文化之间的价值体系存在着相当大的差异，因此我怀疑，是否真能发展出一套放之四海而皆准的理想教育模式。或许找不出单一的一种理想教育模式倒是好事，如果全世界只存在一种教育模式，或一种文化，那么这个世界有什么乐趣可言？设计几种有效的教育模式，以符合世界不同地区人士的特定需求与期待，似乎是更为可行的方式。因此，我将描述六种各具特色的教育途径，其中也包括我最喜爱的一种，这些教育途径都有自己的一系列标准。最后，我将回归到不可避免的价值观问题：我们珍视的教育价值是什么，如何确保一个好的教育同时也是适合全人类的"人性教育"（humane education）。

我的几个教育观点

以上是关于本书的简短介绍。现在让我立几个标识来阐明我的教育理念，借用一个通俗的比喻来说，就是亮出我的底牌。

首先，教育不仅仅只限于学校教育。本书讨论的大部分内容都是在教室里发生或应该发生的事。但是，早在被称为"学校"的正式教育机构出现之前，教育就已经展开了。今天，媒体等其他机构，也在它们的教育范围和势力内开始和学校一争高下。

相应的，关于教育的讨论也常常局限于认知的领域，甚至仅限于某些特定的学科。我个人的学术研究与实际工作也经常有这样的局限。然而，我认为教育的内涵应该远比这些要宽广，动机、情感、社会与道德的价值观和实践都应当包含在内。除非将这几个个人层面的因素融入日常生活，否则教育将是无效的，更糟的是，不当的教育还会制造出与我们人性观念冲突的分子。

大部分的教育是在无形中进行的。人们当然可以罗列出特定的课程，要求学生如何合乎道德地思考、反应和行动。适当的说教式课程的确也有必要。但是，我们人类是主要靠观察别人来学习的一种动物。我们观察别人重视什么、唾弃什么，观察别人的日常行为，特别是他们在自以为没人旁观时的行为。所以，我还是要继续呼吁学校——确切地说，是学校社区——必须提倡某种价值观和道德规范，而教师则应该以身作则示范美德。我对媒体、家庭和其他具有影响力的教育机构，也寄予相同的期望。

接下来我要讨论归类的问题。我的教育论述与约翰·杜威（John Dewey）的传统教育大体一致，即所谓的进步教育或新进步教育（progressive or neo-progressive education）。然而我反对与这个标签有关的各种包袱（我相信这些包袱都是不恰当的）。一个人在接受进步教育的同时，也可以拥抱传统教育目标，追求自己工作、成就和行为的最高标准。杜威本人也曾经说过："由成年人和专家组织整理出来的科目……代表了教育应该持续迈进的目标。"

那么我们的准则是什么？我既然以进化论、莫扎特和纳粹大屠杀为例，这似乎已经表示我承继了西方思想，甚至想维护颇具争议性的"西方白人主义"传统。我确实努力深入地研究人类的重要成就、关键性的课题与人类面临的困境。我认为每个人心中都应该有英雄，我们可以向这些英雄学习，尽管他们和所有的英雄一样都不免存在着某些缺点。和那些预先设定一个准则的人不同，我认为最好由教育机构自己决定什么是他们心目中最重要的教育目标，而所有的教育目标都应该是试验性的,并必须不断商议和修正。

按照我的教育理念,我不相信唯一的、绝对的真、善、美。每个时代、每个文化都有自己阶段性的喜好和试验性的标准。我们应该先探讨自己所处的社会的标准是什么,并了解其他社会的标准。我们也许无法赞同后现代主义美学、伊斯兰教激进主义的道德观,或者梵蒂冈公会所昭示的真理,但是我们生活在各种观念并存的世界里,因此我们必须学会如何和平共处。

现在大家应该可以看出,我不相信所谓的"核心知识"(core knowledge)或"文化水平"(cultural literacy),因为那样的教育没有太多价值,说得好听一点,这是一种肤浅的教育观,说得难听一点,就是反智力的教育观。如果说这本书是和当代教育思想家的一种对话,或者"反驳"的话,那么这位思想家就是著名的文学分析家与教育学者赫希(E. D. Hirsch)。赫希编了一套从幼儿园到十二年级的课程,每个学年都给学生灌输大量的主题与概念。我非常尊敬那些了解自己文化与他人文化的人,然而,学习应该是对重要事件的深入探索,并学会如何运用学科思维的方式进行思考,而不是掌握预先设定的每学年五十或五百个课题。

在我的教育理想中,问题比答案更重要。知识,更重要的是理解,应该是通过不断探索问题而获取的。不是因为我知道真、善、美是什么,就呼吁学生学习真、善、美的。事实上,我不太相信那些声称自己知道什么是真、善、美的人。我之所以以真、善、美为例来说明我的想法,原因之一是这三个主题可以驱使大家去学习、去了解这个世界,另外一点,坦白地说,我不希望人们由于探索这些重要问题得不到明确的答案,便放弃深入的研究。

没有人喜欢专业术语,尤其是其他专业领域的术语,而很少有别的专业术语比教育工作者的行话更不受人欢迎了。我会尽可能少用"教育用语",如需引用,也一定会加以解释说明。然而,教育研究本身就是一门学科,忽视重要的教育观念是件愚蠢的事,批评其专业术语也会显得不够真诚。因此我要在此先向各位致歉,我将会在本书中谈到教育目标(我们为什么需要教育)、课程(特别加以强调的课题与内容)、学科(哪些科目,更重要的是哪些思考方式,值得向学生循循善诱)、教学法(负责教育行政的部门制订的策略、手段与"行动")以及测评(由教育工作者和广大社区建立的各种正式与非正式的测评标准,来测评学生掌握和未掌握的内容)。

最后一点,如果读者读过我的作品,就可能熟悉我关于人类至少有八种不同智能的主张,每个人都有自己的"智能组合",而且与其他人不同。我的同事与许多人都致力于将这个理论应用到实际教育中。在稍后的部分,我也将触及这方面的内容。

我对多元智能的心理学研究出现了出乎意料的结果。部分评论家因此推断说我不赞成严格的教育,以及回避高标准的教育。我估计,这是因为多元智能的理念是对单一智能观以及只关注语言能力和逻辑能力的学校课程的批判之故。此外,我对几乎完全只侧重语言与逻辑能力的传统标准测验的批评,也使部分人士认为我根本对整个测评标准都不满意。

然而,多元智能的观念绝对与标准高低、严格与否或期望值无关,也不表示它全盘否定这些必要的元素。相反,我极力主张要将教育的标准与要求设定得很高。我在生活与工作中并非永远成功,但这并不表示我没有努力尝试。如果将我看成低标准、低要求、不提倡努力的人,那实在会让我觉得非常痛苦。

也许我对纠正别人的误解无能为力,但是我要尽可能强调,适合全人类的教育要求我们所有人——教师或学生、社会或个人、读者或作者——的投入。此外,除非我们有办法确定学生已经理解了什么,有什么细微的或致命的误解,否则就不可能有成功的、适合全人类的教育。我心目中理想的世界公民应该是具备很高的文化水平,有良好的学科思维训练,能够进行批判性和创造性思考,对文化有广泛深入的了解,能积极参与讨论人类的新发现与新选择,而且愿意维护自己的信念的人。

我的这些价值观陈述也许会使我的敌友双方皆感困惑。"进步主义者"也许害怕,我对真理与标准的看法离开了他们的阵营。"传统主义者"也许对我这篇"中年人的告白"会表示欢迎,但是仍然继续要挑剔我注重个性化教育的观点和对固定准则的抗拒。我希望这本书能够刺激这两大阵营的支持者,检视、再检视他们尚未被检视过的假设。

就我目前所知（这是对真理的猜测），我们只有一次机会到访这个星球（至少在前克隆时代是如此）。让我们好好利用在世上短暂停留的时间。我衷心希望，我们都能积极把握这个机会，为自身文化中已经发展出来的真、善、美添砖加瓦。我坚信，注重理解的适合全人类的教育，对我们个人以及我们共同生活的这个社会都会有很大的帮助。

第二章

教育常数

  我喜欢深度教学甚于广度教学，喜欢知识建构甚于知识积累，喜欢为求知而求知甚于功利主义，喜欢个性化教育甚于统一化教育，我喜欢以学生为中心而非以教师为中心的教育。

教育蒙太奇：角色与价值的传递

假如你是一位电视节目导演，有人请你用蒙太奇手法，呈现人类历史进程中的教育发展，你一定会考虑到许多令人眩晕的场景，和令人目不暇接的"主题"与"情节"，有些镜头还能从现实生活中拍摄得到，有些则需要重塑原来的面貌，或以戏剧的方式表现。你可能会从远古人类在大草原上狩猎的情形开始：小男孩们（也许用背带绑在爸爸的背上）近距离观察父亲如何狩猎。然后，小男孩们帮着扛回猎物，分配和分送猎物，小女孩们则在远处观看，然后帮母亲清洗、烹煮分到的肉类，请大家享用。到了晚上，孩子们也许会坐在篝火旁，听族里的老人讲述神话和英雄故事，这些故事告诫孩子们要提防危险的火、歹毒的坏人和侵略性的邻族等。这时，你的镜头可能会转到农耕时代。孩子们黎明即起，帮大人驯养动物、耕种和收获各种农作物，到了晚上（或年底），不同年龄的人一起参加各种宗教仪式或雕制护身符，祈求风调雨顺、五谷丰登，祝福亲人与盟友长寿。

最初，大家也许觉得这些例子都太遥远了，和我们的生活关系不大。但我们依然能看到这些源远流长的行为对今天孩子们生活的影响。我们常常可以看到这样的画面：孩子们和大人或其他小朋友一起玩狩猎游戏，陪父母亲上班，协助父母修理东西、煮饭、购物，和家人一起看电影或欣赏表演，参与宗教仪式，和别人一起创作艺术作品。在进行以上这些活动时，也许很少大人会公开说教，但大人的一举一动很明确地表达了他们对世界的看法，而这些看法正包含了他们对真、善、美的理解。

的确，教育一直具有两大超越时空的目标：成人角色的模仿和文化价值的传递。每个社会都要确保，社会中最重要的成人角色——领袖、教师、父母和神职人员——都必须有下一代人可以承继扮演。无论文化注重的是猎人、准备食物的人、水手、纺织工人，还是神职人员、律师、商人或电脑程序设计师，重要的是要确保社会上有相当比例的年轻人能够娴熟地承担这些角色，最后还要将技能传授给他们的下一代。同样，每个社会得将其核心价值观——勇敢或和平，仁慈或刚强，多元性或统一性——传递给下一代，并确保能够代代相传。

过去，无论是人们在社会中扮演的角色还是价值观，改变的速度都相当缓慢。在许多社会，这种薪火相传的形式几乎数个世纪都不怎么变化。今天，价值观的变化比从前快了许多，但仍然保持一定的速度。而另一方面，社会角色的变化则几乎每一代（甚至每十年）都不同，这给教育机构带来了相当大的压力。

正式学校教育：
在遥远的场所掌握符号与学科

当然，今天我们一提到教育首先会联想到正式的学校环境，而不是非正式的从旁观察，或在家中、在野地里或篝火旁跟着大人工作的方式。正式的教育主要在特定的场所进行。有些技能掌握的过程相当复杂，例如：在不稳定的水域中长途航行等，就无法单纯靠观察就能理解领会。相关的符号系统，如口头陈述、数字关系和地理位置等都需要一段相当长的时间认真研习。此外，有些知识，如宗教或法律知识，需要研究和背诵，并在适当的时候加以引用和传授给下一代。最后，还有各种正式的学科，这些学科反映了一个文化所面临的物理界、生物界与个人世界的问题。

世界各地学校都渐渐朝着功能性目标发展。非洲有"丛林学校"，学生们在那里学习自己部落的历史。南太平洋有一些非正式的场所，供年轻人学习航海知识，让他们记住将来要航行的附近地区上百个岛屿的名称与地理位置。在宗教典籍有丰富文字记载的社会里，无论这些典籍用的是希腊文、希伯来文、拉丁文，还是阿拉伯文或梵文，学校是用来帮助学生解读这些神圣的典籍，教会学生如何引经据典，并可能以典籍上的教义指导世俗生活。在已经发展出正式学术学科的社会中，学校的责任是向学生传授将来在社会上作为公民和进入职场所需的入门知识。

这些教育机构和非正式教学场所最大的不同在于：他们传授知识的地点远离实际运用这些知识的地点（例如：在南海航行，在法庭上辩论，在市场进行商业活动等等）。用现代的术语来说，学校是一个"去环境"场所（"decontextualized" setting）。我们可以从这部假想的电视纪录片中看出，世界各地的教室看起来都大同小异。长久以来，全世界的教育都是在适当的场所传递角色的扮演与价值观传承，而"去环境"学校的出现主要有两个目的：一是通过学习符号系统来获取知识，二是可以教授不同的学科。

人类运用符号来记录数字、日期和宗教活动，已经有上万年的历史。但一直到最近几千年，人类才开始广泛使用比较精细复杂的符号系统。如果有人想学会读、写和进行复杂的运算，那么就要花好几年的时间去掌握这些符号系统的基本要素，并学会熟练和灵活地运用它们。

每一个社会都有一些人对掌握这些知识有困难，大多数社会因此会设计出特别的教学法，有效地帮助年轻人如何学会"三 R"：读（reading）、写（'riting①）、算术（'rithmetic）。当今世界仍然存在着许多文盲，这不是因为我们缺乏教授读、写、算的方法，而是因为没有将足够的资源投入教育。中国大陆和古巴（正好都是社会主义国家），都视扫盲为教育的重要任务。这两个国家的成功例子证明，要实现在短短数十年内提升全国人民的识字水平是可能的。

学校教授各项学科必然要涉及许多方面的考虑。重要的是，一个族群的历史、宗教、道德准则和技术知识（如打猎、烹饪、纺织、航海、贩卖器具或排解纠纷），都要能成功地传授给下一代。有时候，这种传授是以非正式的形式进行的，通过"现场"示范或随意闲聊来传授经验；有时候，如果文化中有冗长的口传史诗，那就需要背诵整部正式经典；到了近代，随着学科观念的兴起，学科知识被正式的文字与图解保存下来。宗教典籍通常需要背诵，并在宗

---

① 'riting 同 writing，后面的 'rithmetic 同 arithmetic。

教仪式中朗诵，至于一般典籍，学生则只需能够阅读典籍的内容，理解它们的含义，并适时加以运用（至少应付考试，更理想的是，能运用到学校之外的现实生活中）。

单一部典籍可以背诵，单一门学科可以通过学徒式的方法掌握，但是如果需要掌握一系列的读写能力和不同的科目，正式学校教育的作用就可以大放光彩。学生仅有"识字能力"还不够，还要能够流畅地阅读不同的文章，用自己的语言写下总结和感想，快速而精确地进行运算，用数字系统进行测量与实验。所有这些都需要接受超过一到两年的非正式教育。当然，少数有天赋的人不需要太多正式指导，就能学会这些。在只有男孩才能接受教育的社会，女孩子们只能在暗中偷偷学习，或由关爱她的亲人私下教导。

学校教育的概念和正式书写系统的发明息息相关，大家认为在宗教、经济和社会等领域都需要良好的书写能力。当经过了学校教育最初几年的"基础"训练之后，正式教育就与历史、神学和科学等学术性学科学习联系起来了。一般认为，成年人都必须精通几个学科，不仅仅可以用来应付考试，还要能将这些学科的思维方式运用到实际工作和生活中。

但是，不要误以为传统教育机构只具备狭义的教育功能，否则就犯了现在主义（presentism）的错误——以我们现在的观念来看待早期的教育机构。相反，传统教育机构一向将做人应有的信念和价值观，以及应该如何生活的教导放在显著的地位。

让我们以学徒制为例。一个徒弟必须和师傅建立正式的师徒关系，然后通过各个阶段的训练，才能满师取得师傅的地位。和正规学校教育不同，学徒一天不单是花几个小时和师傅在一起，他还必须完全服从师傅的绝对权威。学徒和师傅订立合约，有的甚至要住在师傅家里。学徒融入师傅及其家人的日常生活中。通过这样的密切接触，学徒从师傅那里吸收到完整的世界观——师傅对世界、对真理的看法；师傅认为要达到怎样的标准，作品才算合格；在工作场所内外，哪些行为是大家希望看到的，哪些行为是可以容忍的，哪些行为是要绝对禁止的。

让我们来看看传统的宗教学校。典型情况下，教会学校校长会是一位男性，通常不结婚。他之所以被社区人士选出担任这个职务，除了他德高望重，还因为大家认为他可以在知识上和道德上作为学生的表率。他不仅要传授文化观念与传统，还要能以身作则。虽然他有权力管教学生，但是他也必须对自身的行为是否符合社会标准负责任。

学校的宗教仪式，最能表现学校的特殊性质。以犹太教传统为例，小男孩进入犹太教学校（cheder）的第一天，是个开心的日子。全家人都穿上正式的服装，送小家伙去上学。学校会给学生吃做成字母形状、沾着蜜糖的面包。学习的甜蜜从此深植孩子心中。

让我赶快补充一句，我现在讨论的都是理想状况。我们知道有些校长会冷酷地责打学生，有些不用心的教师无视学生的品德缺失，甚至有时候连教师自身的品行都有问题。但即使有这些不尽完美的状况存在，也不能影响教育的根本理想：即传授真、善、美的观念。这个理想也应该如其他种种引人入胜的教育方式一样，呈现在我们的假想电视节目中。

注重品行的学科教育

不同文化对真、善、美的描绘和范畴的定义有很大的差异。传统上，最重要的真理都和宗教有关：真理代表该文化对人类本身、人类在宇宙中的定位、人类与神明以及其他精神力量的关系、哪一种神力决定一个人的命运等问题的看法。即使是看似世俗的真理——例如个人或种类的名字——通常也都具有图腾般的意义。

科学实验使人类发现了越来越多的真理，而这些真理可能和宗教的正统观念会产生抵触。比如说，宗教理论中的生育概念，可能和人们日常生活经验和常识一致，也可能有所出入。（例如：如果有一个孩子长得实在太像邻村的农夫或战士而不像他父亲，人们会怎么议论？）宗教真理与科学真理有时候可以和平共处，然而当两者之间发生冲突时，其中一方必须有所让步。

学科的兴起，代表人类长久以来不断增加我们对世界认识所做出的努力。

生物学科告诉我们生物世界的现象与演进过程；物理学科向我们描述了物质世界的特性和控制宇宙物体的力量；新兴的社会学科告诉我们关于人性、人类的行为和动机以及人类潜能方面的信息。尽管没有自然学科那么直接，人文学科与艺术学科也依然为人类提供了许多信息和知识。人文学科与艺术学科很大程度上增进了我们对不同形态的美与道德的理解；让我们了解生活在不同时空中的人类，对人类自身、人类生活的世界、人类的选择和人类命运的不同看法。

学科之间的分工很明确。自然学科努力发现关于物体、物种或人类的普遍模式；艺术与人文学科则侧重于某个人、某件作品或某种经验的特殊之处。身为一位科学家，达尔文显然想了解的是凌驾于所有物种之上的自然规律。沉浸在莫扎特歌剧某一场面的人，则会为一个角色、一个情境、一段旋律、一句对白甚至停顿的时间而着迷不已。研究纳粹大屠杀的历史学家可以分为两派，一派以科学研究方法比较纳粹大屠杀和其他集体大屠杀事件的异同处；另一派学者则采取人文主义观点，探究纳粹大屠杀的特殊之处。

真、美、善三者之间的界限是很难划分的。在现代世俗社会中，我们倾向于把它们看作是不同的范畴，笼统地说，就是科学、艺术与道德。启蒙运动与后启蒙运动思潮将理性、科学、知识与真理归入一个独立的领域，美学与道德被排除在外或被弱化，被视为是感情化的、主观的和单一主义的（particularistic），至于"善"与"美"之间的界限更是令人怀疑的。许多人（包括持不同政见的人）都认为，道德应该是属于家庭或教会的事，并试图将它们从学校完全剥离出来。从前，宗教被视为是真理的最终仲裁者，现在，宗教则将真理的确认权让给科学，只留下道德作为自己的核心关怀。当然，有一些后现代主义者质疑，像"真""善""美"这样带着历史痕迹的名词，到底还有没有任何意义。

在古时候，真、美、善之间的关系并不复杂。古希腊人认为一个各方面都发展完全的人方可称为有德行的人。他应该有知识、有教养，勇敢、忠诚、正直且刚柔并济，身心两方面都充满美感。教育（paideia）的目的，就是要使更多的人达到这种完美的境界。

和古希腊同一时期的儒家思想认为，年轻人应该致力于成为一名君子：

精通"六艺"，修习书法、音乐与军事知识，忠于家庭与国家，还要具备温、良、恭、俭、让等品德。这些美好的品德需要经过理想的教育修养才能达成，并用一生的时间不断实践和自我完善。在儒家社会中，美与善被视为是一体的，倘若一个人外表姣好而道德败坏，那是不值得提倡的。

为帮助人们培养出高尚的品德，许多有悠久文明的社会，可以在文学和历史中为生活在当代的人们提供具备美德的榜样，例如：荷马史诗中的英雄人物以及孔子本人。此外，也有负面的典型，比如懦弱、胆小、骄傲、自私，或者具"悲剧性格"的人。人们将自己和这些典型人物（或者说是超人）进行对照，教师也会借此帮助学生看到自己的不足之处，并想办法达到理想的境界。

古代文明也借着某些学科的学习来培养完整的人格，这些训练包括对重要典籍的全面掌握，精通音乐和诗歌，进行体格锻炼（比如练习体操、骑马或射击），另外，至少还要学习修辞学、测量、医药、音乐和天文学的入门知识。所谓的教材或许会因为地区和年代的不同而有所不同，但是所推崇的美德则无论从西方的中古世纪还是到中国的封建时代都保持惊人的一致。

为了了解古代对美德的看法，我们必须先了解一点。那就是古代人并不认为有德之人只是相互之间未必有联系的各种美德的总和。相反的，他们用整体的眼光来判断一个人。一个有德之人必须在各方面都追求尽善尽美，穷其一生积极进取，力求成为一个全面均衡发展的人。不论一个人是否达到知识、体能、道德和美感兼修，人们视追求知识和技能为培养美德、服务社会，达到至善的必备条件。

今天的我们很难将真、善、美视为一个整体，三个范畴已各自分离了。尽管如此，我们仍然会被济慈（Keats）的诗《希腊瓮颂》(*Ode on a Grecian Urn*)所感动：

"美即是真，真理的美"——此乃你在世间所知，及应知之全部。

从古到今，教育的首要工作就是将当时文化的真（与假）、善（与恶）、美（与丑）的观念传授给年轻人。今天，教育到底应该涵盖什么，更是个充满争议性的话题。很少有人会反对学校的首要任务是传授知识与真理。至于学校教育是否应该负起传播善与美的责任，就不那么确定了。如果社会文化对这些观念存在共识，他们就会交给学校来自行决定教还是不教；因此在人种较为单纯的欧洲国家，学生在学校学习宗教，也学习一些正式的艺术课程。

但在美国，基于宪法与文化的原因，教育真、善、美的工作往往被一分为二，甚至一分为三。许多把孩子送到公立学校的家长会反对学校教授宗教和品德课程，他们认为这是家庭、教会或社区其他相关机构的责任。男童子军、女童子军、课外辅导中心和夏令营，通常填补了这个缺口。越来越多的美国人迫切地将自己的个人价值观念传递给下一代，所以他们放弃公立学校，选择让孩子上教会学校，或在家里自己教（home schooling）。这些因个人意愿而产生的教育模式，可能直接摈弃对一些社会公认真理的看法。举例来说，有些家长可能会挑战被普遍认同的进化论（这是人类起源的最佳解释），而相信圣经上说的神造论。

我个人认为，以前，人们对学术机构传授真、善、美较少有异议。然而，今天"以美德为导向"的教育在世界各地都已日趋式微，特别在像美国这样的现代或后现代社会里，更是显得微弱无力。有人认为学校的这个任务已经过时，最好不要指望由学校来传授古老的美德。然而，我却希望从另一个角度来思考这个问题，我认为学校必须继续传授真（与假）、善（与恶）、美（与丑）的观念，并且也要了解当代文化与次文化中对这些观念的不同层面的理解和争议。这些观念或许古老，但仍然值得被不断地提倡和更新。学科教育是传递真、善、美观念最有效的渠道。

永恒的选择

目前为止，我已着重说明了支撑教育时空的四大目标：角色的传递，文化价值的传承，读写能力的培养，以及教授学科内容与学科思考方式。我也强调了长久以来使教育欣欣向荣的三大内容：一个文化对真、善、美孜孜不倦的追求。我们还要了解，教育机构会采取不同的方式来达成这些目标。其实，教育方针一直以来总在几个极端之间摇摆不定：

◇ **广度和深度之间**

一般来说，大家更倾向于支持学校教学应覆盖越多知识和传递越多真理越好。但间或也不断有人发现，比较深入地探究相对少一些数目的学科，也有其好处。英籍美国哲学家艾尔弗雷德·诺思·怀特海（Alfred North Whitehead）说："在孩子的教育中应尽量介绍少而精的重要概念，让他们能够任意组合。"在今日美国，我们可以看到教育家们各执己见，西奥多·赛瑟（Theodore Sizer）主张"少即是多"，赫希则详细列明学校需要传授的大量核心知识。从意大利到新加坡，世界各地到处都存在类似的辩论。

◇ **知识积累和知识建构之间**

大部分学校一直以来都认为让学生大量积累社会认可的知识非常重要。所以学生必须听教师讲课，研读课本，吸收知识，铭记于心并随时反馈。确实，中古时期颇为提倡如何如实记诵典籍资料——也就是如何最有效地将脑袋填满。

另一方面，对知识的"建构"或"改造"，早在古文明时代就已经出现。苏格拉底的对话正是这样一个例子。有些教育工作者喜欢让学生解答谜一样的难题，鼓励学生积极探索、质疑并提出不同的意见，冷静三思，最后得出自己的结论。

◇ **功利主义和增长知识之间**

长久以来，教育工作者都要面对功利主义教育的压力，受教育若不是为了赚更多的钱，或"领先日本"，也至少应该帮助人们更顺利地进入天堂。另一个传统则认为，追求知识本身就是一件很重要的事，这种观点以英国教育家约翰·卡第诺·纽曼（John Cardinal Newman）为代表，甚至可以上溯至西塞罗（Cicero）和孔子。按照他们的理念，无论能否带来巨大的物质财富，探索世界和追求精神发展本身就是重要的美德。令人惊讶的是，有些人（包括某些美国企业主管）认为，接受传统的通识教育，才是适应快速变化世界的最佳准备。

◇ 统一化教育和个性化教育之间

大部分学校都采用统一化教育，亦即采用本质上同样的方式教育和评估所有的学生。东亚国家大多信奉这种教育方式，中央集权制的国家，如法国和法语系国家亦多采用这种方式。支持统一化教育的理由之一是，它看起来是最公平的教育方式。

持相反意见的一方则提倡个性化教育，注重每个人的不同长处、需求和目标。在教育的过程中充分考虑个体差异。也许这种教育方式才真正算是比较公平，因为它不把人看成一个固定的模式，而是针对每个学生不同的情况来实施教育。个性化教育不要求社会上每个人都要和其他人一样。洛克派（Lockean）观点认为，应该根据社会的要求设计塑造每一个个体；卢梭派（Rousseauian）则持反对意见，认为教育应该帮助每个人按自己的天性自然发展和展现。

◇ 私人办学和公立学校之间

历史上，教育机构大多属私营事务，美国的第一所公立学校，也是全世界第一所公立学校，一直到19世纪中叶才出现。大量公立学校的涌现，应该是20世纪的现象。公立学校教育今天正受到多方诟病，特别是来自那些倾向于独立、非营利性质学校或教会学校的人，或支持私人企业（例如私人公司）办学的人。但是杰斐逊派（Jeffersonian）人士则认为，教育应该是国家的责任，应由社会出资，向社会开放，并致力于保存与传递社会的观念与价值。这个观念最早源自美国，现在似乎已经被全世界接受，甚至还延伸到大学教育。

◇ 忽视或融合不同的学科和强调学科训练之间

现在，在很多地方，学科的观念受到严重的质疑。他们认为学科是过时的、操纵性过强的观念，与以问题或主题为基础的学习方式已经脱节。强调学科训练只会培养出一群"苍白、迂腐的男性"。因此最好摆脱学科的界限——至少在学生进入大学之前应该如此——以便学生按照自己的兴趣和好奇心去发展。

持相反意见的人则认为,学科代表了人类的辉煌成就,而人类的这些成就"使我们有别于野蛮人"。学科知识包含了对真、善、美的许多探索,特别是它们提出问题与解决问题的方式。学生应该好好学习他们所处时代的学科与手艺,即使最后他们发现其中存在的问题,也要学会如何加以超越或规避。

◇ 主张减少测评或批判测评和依赖测评的教育之间

无论是学生、教师,还是学校的行政人员,很少有人喜欢考试,一般大众更视考试为不可避免的恶魔。今天,不论在校园内外,考试问题都引起相当大的争议。有人认为,既然考试这么令人讨厌,那么就应该越少越好,越谨慎使用越好,越个性化越好。

另一派人士则持相反看法,他们认为测评对学习具有相当重要且正面的意义。所有业界人士(包括教师),都在不断地进行测评工作,有些专家认为,测评会带来积极的效果。举例来说,学生可以借此发现问题,并且寻找自己的解决方案,久而久之,他们会发现自己的技能有所进步。从这个角度来看,学生应该一开始就接受测评,测评应该是正常教育的一部分,而且学生越早开始接受测评或自我评价越好。

◇ 个性化且注重细微差异的标准和统一的高标准之间

现在几乎没有人敢反对标准,能够有这么一致的共识也许是好事。政治家、商界人士、父母和教育工作者,都喜欢比较谁最经常、最热衷求助于各种标准。但即使在赞成设立标准的阵营中,也存在着不同的意见。有人担心标准不公平可能会打击个人自信心,因此希望不要过分强调标准,或者尽量根据学生的能力与目标经常调整标准。此外,无论是学校或社区,不会因为(教师或学生)无法达到某一标准而影响平等的"学习机会"。

另一种强调一致性的教育方式就比较缺少弹性,它要求所有学生都必须清楚了解所要达到的高标准，时刻关注这些标准，尽最大努力去帮助学生达到标准，并明确说明达不到标准的后果（至于学生该如何准备考试，考试应当怎么判断一个学生的能力，各方也有不同的看法）。

◇ 注重科技和强调人文的教育之间

商界人士与政客通常视科技为救星，他们认为科技使教育专业化，也能使学生更热爱，或至少更有效地学习。

但是许多人文主义者害怕科技。他们认为，社会正朝着失去人性化的方向发展，而电脑科技更加速了人文精神的消亡；教育应该建立在人类与人文精神的珍贵关系上，并对它们加以保存。这些今日的勒戴特（Luddite[①]）们认为，科技应该严格留在它们自己的领域。

针对以上这么多组相反意见，我要提出个人的看法（或许是偏见）。简言之，我喜欢深度教学甚于广度教学，喜欢知识建构甚于知识积累，喜欢为求知而求知甚于功利主义，喜欢个性化教育甚于统一化教育，我支持公立教育，我喜欢以学生为中心而非以教师为中心的教育，我主张注重学生发展与个别差异的教育。这么看来，我可能会被认为是教育领域的自由派或改革派。

但同时，我也喜欢以学科为基础、有定期的测评、对学生高标准高要求的教育。因此，我也把自己归入传统或保守教育理念的阵营。

至于科技方面，我发现自己属于中间分子：新兴的科技代表无穷的希望，但我们应该将科技当作手段而非目的。一支铅笔可以用来写出斯宾塞式（Spencerian）的十四行诗，也可以用来戳别人的眼睛。电脑可以用来设计出反复练习的枯燥课程，也可以设计具有启发性的科学拼图；电脑可以用于教育、启发、娱乐与教导等用途，也可以促使理解迟钝、刺激消费主义、强化种族刻板印象。互联网可以创造一个更有活力与建设性的社会，也可以使人们疏远孤立，漠视他人的感受，甚至助长仇恨。

当一切顺利时，我希望可以与广大教育工作者和家长共同实践这套教

[①] 译者注：勒戴特是19世纪初期英国的手工业工人。英国工业革命带来机器生产自动化，很多手工业工人因此失去工作，勒戴特为防止失业而捣毁机器。

育理念，但若遇到困难时，我也害怕所有指责都将指向我个人，所以顺其自然吧。

  回顾历史，从360度的广角视野来看，我们可以清楚地看出，传递价值观、角色的模仿、掌握不同的符号与学科都是长久不变的重要教育目标。确认这些目标是一件相当重要的事。当我们展望新时代与新世界来临之际，忽视这些教育目标绝非明智之举。同样的，如果我们忽视世界上已经发生的重大改变，而且无法认清它们对未来的教育与教学方式将产生的影响，也同样显得十分短视。

第三章

未来的教育

孩子们在学校围墙之外的体验,发生了巨大的转变。但是直到现在,全世界的学生还是和他们的父母,甚至祖父母一样,用同样的方式学习同样的科目。

未来,一个人,或称为"有智慧的人",最重要的能力是能够在庞大的知识体系中辨认哪些是值得了解、学习的。

可理解的保守教育机构

罗马剧作家普劳图斯（Plautus）讥刺"世风日下"。他也许还可以补充一句："世界永远在变……而且越变越快。"大家已经了解到今日世界正在发生巨大的变化。无论在各专业领域、商业、农业、运输、传播还是在家庭，各行各业、各个阶层的情况，都已经和一个世纪，甚至四分之一世纪以前有明显的不同。缩减规模、重组、重新建造已经成为今日商业社会司空见惯的现象，预计未来世界还会重复这些以及发生其他更多未知的变革。

如果说过去100年里，学校没有发生任何改变，那是有点夸张。无论在美国或在其他国家，学校都出现了一些新课题（例如生态学）、新工具（例如个人电脑、录影机）和新实践（幼儿园的普及、为学习有障碍的学生兴办的特殊教育以及帮助身心有缺陷的学生融入"主流社会"所进行的努力）。如果一个人奇迹般地从1900年来到今日世界，他会发现，除了表面上的一些改变，大部分课堂上的事物都似曾相识——仍然以教师讲课为主、强调反复练习、前后没有关联的教材、阅读基本读物和每周拼字测验等教学活动。除了教会之外，很多学校和主管教育下一代工作的部门一样，基本上没有太大变化。

但是孩子们在学校围墙之外的体验，却发生了巨大的转变。现代社会的儿童有机会接触各式各样的媒体，这种情形在从前简直不可思议（今日工业化程度较低的国家，仍然对此现象感到震惊）：电视、手机、带光盘驱动的个人电脑、传真机、影碟机、个人音响和录影机，其他新设备不胜枚举。[①] 学生们借着这些先进的设备，可以即时与世界不同角落的朋友、家人甚至善意或恶意的陌生人联系。年轻孩子的习惯、态度和知识不仅受到周围环境的影响，更受

---

① 译者注：作者写这本书的时候是1999年，这几年又多了许多更新、更先进的设备。

到充斥于各媒体中的男女明星，特别是演艺明星与体育明星的影响。从过去穿越时空来到现在的访客，也许还能够理解教室里的活动，但却很难将课堂教学与今天十岁孩子的校外生活联系起来。坦白说，我个人就有这种感觉。

如果不是普遍意义上的教育，学校本来就是相当保守的机构。广义而言，我愿意护卫这份保守主义。经过这么长时间发展出来的各种教学方法，自然有它们的道理，相比之下，许多时髦的教学法索然无味，有时不但无效，甚至有害。教育界一直不缺乏实验与研究，但大多限于边缘地带。过去一个世纪以来，出现了许多极具人格魅力的教育家，他们进行了重要的教育实验，例如：玛丽亚·蒙台梭利（Maria Montessori）、鲁道夫·斯坦纳（Rudolf Steiner）、铃木进一（Shinichi Suzuki）、约翰·杜威（John Dewey）和尼尔（A. S. Neill）等人。他们的教学法都相当受欢迎，可能会使来自 1900 年的访客为之眼前一亮。然而，这些教育实验对当今全世界的主流教育造成的影响依然相当有限。

改造学校的力量

或许这么说有点冒险，但我还是相信目前的教育已经有了改观。现代社会变化之快之大，使学校根本不可能故步自封，或仅仅做一些表面的小调整。如果学校改革的脚步不够快，不够大，很可能会被其他对社会发展能够即时做出回应的机构所取代（虽然这些机构也许比较不富足，或不那么正规）。

教育的变革有前例可循。大约 300 年前，学校只为精英分子所设，而且大部分为宗教服务，但在接下来的 200 年间，教育的机会便开始向更广大的民众开放，也染上了世俗的色彩。教育之所以会产生这些变革，是因为在都市化和工业化的进程中，需要一批可靠的、具备相当识字能力的劳动力；随之而来的是集权式的教育主管部门的出现，这些单位不仅拥有权力，也负责拟定明确的教育计划。

教育的需求也发生了戏剧性的变化。100 年前，教育只培养一小撮受高等教育的精英分子，和具备基本识字能力的普通大众。时至今日，几乎所有的程序与功能迟早都会被电脑取代。为了吸引雇主，一般人必须具备相当高的文化水平，还要灵活富有弹性，不但要找出问题和解决问题，还要在他目前的职位被社会淘汰时，有能力转变角色更换职业。社会无法忽视大部分民众的需求。处于这个瞬息万变的时代，政府为了保持高度竞争力，就必须为自己的大部分未来公民提供良好的教育。而未来的教育至少必须足以应付以下几大潮流。

一、技术与科学的突破

当代最重要的科技发展，就是电脑的优势。不论是交通、通信、个人理财，还是休闲娱乐，电脑在我们的现代生活中扮演着重要的角色。许多学校由于怕赶不上这股科技潮流，都设置了联网的电脑系统。虽然学校常常只是把电脑科技作为教授传统的课程内容的简便而有效的方式，但某种意义上，这些科技附属品已经融入了学校生活。

未来，教育将会相当大程度围绕着电脑。电脑不仅仅只是用来进行教学与评测，电脑互动的思维习惯也将被提倡。那些完全没有电脑知识的人，即将落伍。举例来说，电脑教学会强调明确清晰、步骤分明的思考方式，但是精致的美学与道德判断则很可能被挤入边缘地带。同时（这似乎有点矛盾），电脑会增加个性化的程度，比如个性化的教学或指导。而从前只有富裕的人家才负担得起个性化教学。电脑技术可以针对学生的个别需求、学习风格、学习速度、掌握知识的程度，以及过往所学的教材和课程的记录的不同，个性化地指导所有的学生。确实，电脑终于让全世界的学生有机会实现进步主义教育提倡的"个性化"和"主动与动手"的教育理想。

电脑科技无异将全世界的资讯放到每个人的指尖。这既是祝福也是魔咒。我们不用再像以前那样，需要花很长的时间追踪消息来源或了解某个人的资料。现在这些资讯几乎在弹指间唾手可得（在不久的将来，如果我们想知道蒙大拿州的首府在哪里、韩国的人口有多少或欧姆定律，可能连打字输入的功夫都可以省去，只要对着电脑说出指令，电脑就会自动帮我们打印或说出答案，如此一来，一般人都可以获得快速的"文化知识"了）。

遗憾的是，互联网上没有品质控制，"人人都可参与"。真假资讯鱼龙混杂，网络上也没有可靠的方式可以将扭曲的消息或虚假的资讯剔除出来。人种学者雪莉·特克尔（Sherry Turkle）曾表示，有一个小孩坚信"每当税赋增加就会出现暴动事件"，因为这是电脑游戏"西姆城市"（Sim City）游戏规则里的一种常识。因此，要辨认真、善、美，判断网络资讯中哪些值得学习，就变成一件相当困难的事。

我们也可以说，这个世界本来就到处充斥着错误的资讯。但在过去，教育工作者至少可以选择他们喜欢的教材（排斥他们不喜欢的）。今天，每个人都能立即得到无数的资讯，这是前所未有的情形。

人工智能（artificial intelligence）和虚拟现实（virtual reality）这两项与电脑相关的科技，可能将在很大范围内笼罩和影响着未来的教育。大量的学校规划将不需经过人手，而是由人类设计的电脑程序来完成。从前只能从教科书和偶尔的户外实地考察得到的资讯，现在可以借着虚拟现实来获取。我们不禁要问：这些由非人类为人类准备的教材到底有怎样的价值？

有一个情况将和以前相当不同，那就是正规教育机构发出的文凭将变得不再重要。因为每个人都可以通过电脑模拟状况进行自学（如果不是全部，也是大部分），并展现学习成果。如果一个人可以先"阅读法律"，然后在电脑上模拟展示法律技巧，那么何必要花12万美元去读法学院？学习开飞机和进行神经外科手术也可以这样。

以前，大部分教育的目的是确保一个人在生产力旺盛的成年时期，能够做好他的常规工作。到了今天，这个目的的前提出现了两个错误。首先，几乎所有可以用计算方式处理的事都已经自动化了。其次，很少人会一辈子待在同一个工作岗位上，大多数人（不管是自愿或不得已）经常会从一个工作岗位、公司或一种工作的经济性质，转换到另一个不同的工作岗位、公司或工作的经济性质。

职场中爆炸性的快速角色变化与新发展也对教育提出了前所未有的复杂要求。该如何让孩子做好准备，让他们能够适应经常变换的工作，大多数教师与家长在这方面都没有经验。在没有前例可循的状况下，孩子们只有自己做好准备，以面对千变万化的"职业生涯"与生活状况。

以电脑为基础的教学方式与课程设计是科技对教育最显著的影响，而其他新兴科技的发展也会为教育带来改变。试想，科技研究能探测到在进行不同的问题解决或创新活动时，学生的脑部活动和血液的流动。这些关于学生"智力生活"的资讯不再只限于研究，它们还会对教学法产生重大影响，同时用来决定学生需要接受特殊教育还是传统主流教育。

我们在基因对学习和对不同才能的影响方面已经有了较深入的了解，这些研究很可能会运用到教室里，用来判断哪些学生可能在较短时间内出现优异的表现，哪些学生的学校学习将注定像爬山一样费力。有些专家认为，可以利用这些资料处理特殊个案，但另一些专家则极力反对以基因为依据做任何教育决策。改善学习、记忆力和学习动机的药物也将会越来越普遍。教师与家长将会面对过去只在科幻小说中出现的道德上的两难问题。

最后，生物学与医学的最新突破，可能会给教育带来最激进的改变。如果人类可以通过基因工程"设计"自己的后代，改变现有的基因组合，甚至当克隆人也成为现实和可能时，那么我们对人类所下的定义，和我们该如何成为人类社会一分子的观念，将会永远改变。人类进化的法则也需要被重新考虑。

科学与技术不仅仅改变了我们对真理的看法。新角色的产生，也对传统价值观提出了挑战。我们一系列的道德观念正在变化，我们对美的感觉也在受到影响。

二、政治趋势

随着冷战的结束，原有的20世纪国际关系受到相当大的冲击。与强大军事敌对力量持久抗衡，已经不再是一个国家教育和训练人民的主要目的，民主政府欣欣向荣。随着个人之间、国家之间的沟通日益便利，人类的某些互动模式变得更加吸引人（比如言论自由与迁徙自由），相反，另一些模式则可能变得较难为人接受（比如新闻检查或侵犯人权）。

即使是极力主张民主发展的人，也看到民主存在着一些恼人的地方。民主有不同的程度和形态。模仿民主的表面形式要比了解民主的内在价值容易得多。不论在美国或是其他国家，破坏民主原则比遵守民主原则更常见。的确，如果不知道某段话的出处，许多美国人可能分不清，该段话到底出自"独立宣言"还是出自马克思或恩格斯的著作（也许有人会好奇，如果东欧人参加同样的测验，结果是否会一样）。

在一些国家，社会的发展使个人得以依赖的某些安全网消失或被削弱了，许多犯罪势力利用政治上的真空乘虚而入。集权时代隐藏或被压抑的种族主义，以令人震惊的强大势力重新抬头。大规模的战争也许减少了，但却出现无止境的地方性冲突和邪恶的虐待行为，甚至出现种族灭绝的企图。

由于教育与价值体系关系密切，因此政治生态环境的快速变化，必定会对教育产生压力。教科书、教学计划以至世界观都要随之变化。教师在教授课程时，必须懂得在不同的主义学说、不同的种族与民族团体、过去与现在的政治与社会价值观之间如何把握方向。我们只要想想过去50年间东欧的教师所面临的状况就能明白。20世纪50年代，甚至20世纪90年代被认为真、善、美的事物，可能与现在的观念已经完全不同；但是当年受过教育的人——包括家长和教师——实在无法轻易忘掉他们早年学习并已内化的观念。借用英国诗人马修·阿诺德（Matthew Arnold）的一句话，他们也许"徘徊于两个世界之间……一个已经死亡，另一个正有气无力地降临"。

类似的混乱感觉并不仅限于前社会主义国家。当我们远距离来看20世纪发生的事件时，许多西欧与美国人士也开始重新思考，西方国家在重大事件中——例如第二次世界大战——所扮演的角色。许多不值得信赖的行径——例如所谓的中立国或与纳粹政府的勾结——过去一直都遭到否认。50年后的今天，要人们承认他们（或他们的父母或祖父母）当年的所作所为（或想做而未做成的事）是错误的，应该是一件相当痛苦的事。更矛盾的是，那些自认为最爱国的人——例如美国的右翼德国民兵——也终于开始赞同与他们表面支持的民主价值不同的美学标准和道德价值观念。

三、经济力量

即使是曾经不赞同民主制度和价值观的国家，现在也开始认同市场与市场力量的支配地位。全球各地属于"第三世界"的地区——中国大陆、俄罗斯、伊拉克、伊朗、非洲、拉丁美洲、东南亚国家联盟和南美贸易组织的成员，现在无不追求先进的科技，建立实力强大的公司，追求生产力。总而言之，在这前所未有的全球化的市场中，它们也都加入了永无休止的产品与服务竞争战。

为了能在这个无情的达尔文式"适者生存"的环境中生存，学生必须接受教育。在资本主义盛行、政策上主张资本主义或至少资本主义充斥着大街小巷的地方，比较容易施行这种（竞争）教育。但是，强调合作重于竞争的社会往往鼓励大家抑制个人的激情，由国家提供一个安全网，用来交换政治上的合作和沉默。生活在后一种环境中的人，很难适应或干脆就厌恶自相残杀的竞争社会。

全球化是政治、经济新环境中一个不可避免的重要环节。以前，经济活动多满足于区域性。孤立的经济形态持续了很长时间。而在新的时代，出现了更多的跨国企业、区域贸易联盟与渠道、国际投资和国际金融服务。国家必须认清并展现自己的竞争优势。处在这样一个快速变化、无人能掌控未来的经济环境中，政府必须在进攻与防守之间随时保持警醒的态度。金融机构每天流通的资金高达一兆美元，如果某个国家的股市骤然暴跌，几个小时之内，可以使全世界损失好几十亿美元。如果乔治·索罗斯（George Soros）说一句话，市场将会地震。

全球化的趋势可以分为生态环境和经济两方面。环境污染没有政治疆界的限制。净化或保护空气、水和外太空的努力，往往需要国家间的合作。而市场经济正好与这个原则相反，因为市场经济对短期的压力和利润的反应更甚于对长期性政策与需求的关心。此外，发展中国家常常会认为，先进国家提出重视生态的诉求背后，隐藏着维持不平等游戏规则的企图。除非这些问题会自动解决，否则学校的课程就必须加入生态学和经济意识。

许多现象虽然未必是市场经济的必然结果，但也是伴随市场经济的出现而产生的。数不清的新产品被急急推出市场，而这些产品之间的差异微乎其微。因此在做广告推销这些产品的时候，必须描绘得让人以为这些产品各有特色，或者有预谋地让一些商品过时，强调消费、商品主义和消费主义。呜呼，人们生活在这个世界上,好像不再需要接受任何的"学科思维训练",因为现行的生活形态似乎太切合人类心灵深处的喜好。如果一个人想学会如何拒绝市场的诱惑——最好吃的巧克力、最时尚的球鞋和最快速的摩托车,也许必须接受"防卫教育"才行。

最后,经济的成长将我们带到了信息社会、知识社会和学习社会。越来越多的人在服务行业与人力资源部门工作,与知识的创新、变革和交流息息相关。一个人被聘用或解聘的标准可能基于他知道什么、学习能力如何,以及他对相关知识领域的最新贡献。没有人能够躺在过去得到的知识和学历的桂冠上吃老本。只有那些在这个知识爆炸的社会中,持续展现自己作用的人才有希望得到社会的认可。

描述以上的经济现象,并不意味着我支持它们,或者暗示它们将永远处于主导地位。事实上,我对它们的感觉颇为复杂。管理社会或世界的方法很多,正如毁灭世界的方式也同样不胜枚举!无论是亚当·史密斯(Adam Smith)和米尔顿·弗里德曼(Milton Freidman)的资本主义,还是新加坡的李光耀和中国的邓小平的主张,绝对不是所有的选择。但至少在可预见的将来,世界上还没有看到其他更可行的替代方案。公民(特别是未来的公民)必须充分接受这个观点(或嫁接这种观点,如果你喜欢这个比喻),投入市场经济,并且能够抗拒其中比较不好的方面。

如何帮助学生做好进入市场经济主导的世界的准备,也许不属于学校教育的范畴。但其他机构一定十分乐意填补这个缺口。尽管如此,学校也不能把自己完全逍遥在这份责任之外。学校必须一方面考虑教授哪些技能;另一方面还要制定关于测评、进修、离开学校和从学校到工作之间的过渡等方案,这些都是教育与经济的交汇之处。学校课程重视或排斥哪些经济因素,也是一项重要的变数。校园中传达的不成文的信息也同样重要:学校是强调竞争还是强调合作,或者两者兼而有之?如果强调竞争,那么学校中弥漫着的是你死我活还是双赢的气氛?学校可以模拟市场状况,也可以提供对生命价值追求的不同途径;学校教育可以赞同市场经济,也可以反对市场经济。选择什么样的课程,的确是一个道德性的决定,也反映出教育工作者和决策者对"善"的看法。

四、现代社会、文化与个人趋势

经济前景的不明朗，使我们对未来社会、文化与个人发展趋势的认识充满挑战。让我们想象一下乌托邦的美景：生活在其中的人感到既舒适又安全，可以随心所欲和喜欢的人在一起，可以参加各种各样的娱乐与文化活动。同时，再看看反乌托邦的景象：整个社会被广告商和喜欢歪曲事实的媒体操控，种族冲突越演越烈，看似有无穷无尽的选择，事实上受到颇为愤世嫉俗的媒体的限制，隐私权和私人空间不断受到侵犯，原已明显的贫富差距日益悬殊。也许你会赞同塞缪尔·亨廷顿（Samuel Huntington）所描述的政治前景：信奉权威主义但经济实力强大的亚洲儒家社会，会和实施民主主义但较无秩序的西方社会发生冲突。

我们可以预言：传播媒体将无意中成为主导世界的教育机构。广播、电视、电影、杂志和广告，都将继续在全球范围不断传播更多有关重要角色与价值观的资讯。请大家回顾过去几年来，全球媒体关于"辛普森""戴安娜""多莉"和"深蓝"的报道。①

想要孤立某种特殊文化是一件极端困难的事。全世界的人都可以轻而易举地了解到其他成千上万人（甚至上亿人！）的观念、态度与生活方式。用我们的术语来说，每个人都会接触到，并且受到其他人真、善、美观念的挑战，这包括那些观念与背景和自己差别很大的人。伊朗的伊斯兰教、以色列的犹太教和美洲的基督教，都可以继续坚持自己的信仰，但同时也会受到来自其他教派人士和没有宗教信仰人士的"噪音"干扰。

有些人在接触了不同的生活形态之后，会觉得自己的观念正受到威胁（这种反应也许很正常），因此会在自己周围竖起高墙采取防卫措施，极力排斥外来观念的侵入。但另一些人，特别是比较年轻、勇敢又有冒险精神的人，

---

① 在安迪·沃荷（Andy Warhol）的"十五分钟"节目里，名声稍纵即逝。这里提出的新闻按顺序分别指的是：前橄榄球明星被控犯下两宗谋杀罪；英年早逝的英国王妃；第一只克隆羊；第一台击败人类国际象棋世界冠军的电脑。

则会借此机会扩大自己的选择空间。由于人人都知道自己有选择的权利（以及争取权利的办法），因此给以肤色、民族、性别或性别倾向作为标准来排斥别人的做法增加了难度。

简单地说，这就是所谓的文化现代主义。某些西方文明，特别是在欧洲和北美，现代主义的实践、规范和价值观正逐渐出现。近年来，通过媒体，居住在世界其他地区的人们看到另外的生活方式——可以自由选择工作、配偶、住所甚至价值观。在现代主义高涨的时代，个人的意见、运动、娱乐和时尚，都显得更加重要，相反，政治、宗教与意识形态的重要性则逐渐减弱。

人们刚刚开始接触新思想时，往往会受到极大的震撼。在某些国家，例如伊朗和过去的中国，凡是和"现代社会""西方""世俗社会"以及其他假想敌有关的事物，都会引起人们很大的反感和抵制。但同时，当他们摆脱那些虽然有安全感可也令人窒息的思想束缚时，却又对人类的各种可能性迷恋不已。在人类历史上，类似的例子多不胜数。震撼之余，人们固有的真、善、美观念也会受到挑战，甚至永远改变。

西方式的现代主义会不会继续存在，最后遍及世界各地，仍然是未知之数。伊斯兰教社会（如印尼和马来西亚）和儒家社会（如新加坡和中国大陆），都成功地吸收了西方大部分的科技与经济方面的专业知识，却没有接纳西方的自由的政治思想和放纵的社会风气。然而，无论正规教育接受还是排斥这些颇具争议的西方社会特质，随着全球关系的日渐紧密，西方社会的这些思想将会持续蔓延。

个人因素强烈影响人们对伴侣、住所、工作和生活形态的选择，这些"社会性考量"对世界各地的人都相当重要。但是个人生活的另一个层面，却没有得到应有的重视，尽管其重要性和以上各项因素不相上下。我这里指的是对人类情感、性格和认知的深入了解。我们这个时代，人类心理学的知识已经有了长足的进步，无论在中国、巴西还是丹麦，人们对思维运作的热衷程度有增无减。但是对个人思维的研究结果，并没有和个人对自己的教育责任联系起来。

到目前为止，教育还一般被认为是外部力量的责任；个体的思维仍然被视为密闭的黑盒。然而，现在人们已经比从前更了解思维运作的方式，具体地说是自己的思维运作方式。当人们对思维运作的了解增加后，也许会刺激人们去掌控自己的认知生活，这种想法在过去也许只存在于乌托邦。超认知（metacognition）、自我意识、内省智能（intrapersonal intelligence）、二级思考（second-order thinking）、规划（修正与反省）、系统思考以及以上各项之间的关系，不再只是心理学术语或"自救式"的噪音；换句话说，个人在决定要将真善美的哪些层面融入个人生活方面开始扮演更主动的角色了。

传统观念认为接受教育要趁年轻，因为过去人类寿命不会很长，而成年人的生活也没有太大变化。但时至今日，成人生活变化很大，人类的寿命也有不断延长的趋势，大部分国家的国民平均寿命都已经达到 70 岁，有些国家更高达 80 岁。于是终生学习不再是一句甜蜜的空话，而是成为必然的趋势。对于一向强调不断提升思想境界的重要性的某些民族和宗教团体人士而言，这种发展趋势十分受欢迎。但是对生长在不重视学习环境中的人，和向来对学校没有好感的人而言，实在无法对不断学习、进修、实践，特别是提升思考技巧与能力的过程提起兴趣。

应该把年轻人培养成喜欢学习、兴趣广泛、一生追求丰富内心世界的人。柏拉图有一句名言："教育的目的就是让每个人喜欢上他们必须做的事。"即使是在国际教育竞赛中表现优异的国家，似乎也缺乏这项美德的教育。从大多数人选择不用动脑筋的娱乐方式，逃避任何哪怕只带有一点点正式教育色彩的娱乐，就可以看出，无论政策制定者（包括我）认为终生学习有多么重要，这个观念都不容易推销出去。

五、知识版图的变化

知识在一直不断地增长，以往知识扩张的速度是缓慢的而且可以控制的。有人半开玩笑地说，1888 年逝世的马修·阿诺德，是世界上最后一个无所不知的通才。现在很难找到一个知识基础不是呈几何指数增加的学科。根据保守估计，每过几年，信息量就增加一倍；我最近听说，全世界的信息量每八天就增加一倍！即使以上的数字没有太大意义（非信息算不算信息？到底什么才算信息？）——人们倾向将信息资讯量化，又使我们更难决定，哪些是值得学习的"真理"，哪些是赖以生存的"真理"。

未来，一个人，或称为"有智慧的人"（intelligent agent），最重要的能力是能够在庞大的知识体系中辨认哪些是值得了解、学习的。最难能可贵的是，个人（或浏览器）可以将以几何指数增长的知识领域中有用的资讯，融合为有用的形式，供一般大众和决策者参考使用。

守旧的教育系统的问题在此便暴露无遗。前沿知识每十年就不同。研究分子生物学的朋友告诉我，如果超过三个月不看专业期刊，或不上网浏览本领域的最新发展，他们将被淘汰！即使在人文科学领域，人们在艺术和文学方面的观点也和上一代大不相同。但是直到现在，全世界的学生，还是和他们的父母甚至祖父母一样，用同样的方式学习同样的科目。当学生在大学里，通过阅读、上网或实习的机会了解到他们学习的学科中目前最尖端的工作实况后，常常是目瞪口呆，有的为之惊喜，有的则会大为震怒。

跨学科的学习成为当务之急。落实到实际工作中，很多问题都不是单一学科的知识就可以解决的。一个工作团队通常由不同学科的人组成，而最有价值的协调者是能够明智地将两个学科或多个学科的知识与技术结合在一起的人。当各学科本身的变化就已经相当快速时，协调者的工作就确实不那么容易了。因为往往要将完全不同的工作方式和思维方法结合起来，所以跨学科的工作挑战性很高。

依我个人的看法，应该在高中和大学继续教授学科思维。学科代表了人类有系统地思考世界上各种问题所做出的最佳努力，也是为跨领域工作做的必要准备。否则，这将使以学科为基础的训练的未来从业者，与学术界最先进的跨学科现实之间存在着令人讨厌的断裂。

知识版图变化之快可能让人手足无措。过去人们必须等很长时间才能阅读到最新的研究成果。感谢互联网，现在人们可以在几天之内就知道各方面的最新发现。印刷品已经逐渐变得拘泥形式，在某些先进的研究领域，有时甚至干脆放弃印刷品。每年都有崭新的研究领域和二级领域快速冒起，从前居于领导地位的领域，重要性却可能大大降低。在人人都可以得到大量资讯的情况下，一个人即使没有受过正式训练，也可以深入研究某个题目，甚至对学术界有所贡献。远程教学让人们不必亲身到大学校园，也可以追求更高一级的学问。正如我前面提到的，有天分有志向的人，可以在虚拟环境中展现自己的能力，省去了费钱费时的攻读学位学历证书的过程。

跨学科的压力，使所谓的识字观念也产生变化。除了传统的"三R"之外，还要加上各种不同的电脑和编程语言。具备数种混合识字能力的要求被提到日程上来。如果要操作超传媒装置，要阅读并设计网页，从事以电脑为基础的工作项目，就必须学习电脑绘图、电脑语言甚至音响方面的知识。可以肯定的是，以上的这些电脑基本知识的种类还会不断扩展，它们之间的相互关系也会被发现出来（特别是被那些热衷于设计自己网站的年轻人）。

知识版图的变化最显著的影响，就是改变了一种文化对真理的看法。当然，其影响不仅限于此。我们永远无法预料，一项新发明可能带来什么样的影响。举例来说，互联网的出现，一开始只是为了帮助由政府资助的科学家和军队人员能够有效地沟通。现在，互联网可以立即传播最新的艺术形式和各式各样的色情素材，包括色情文学。此外，互联网使得人们可以为自己设计、描绘形象，并且可以随心所欲地加以改变。新的沟通形式和艺术表现形式，发展了我们对美（或丑）、对善（或恶）的理解，但同时，对要如何规范互联网上的资讯，也成了政治与道德方面的话题。

六、超越现代主义：后现代主义

上个时代，在西方，特别是法国，兴起了一些不为普通民众所了解的知识新思潮。有人称之为后现代主义、相对主义、结构主义、后结构主义或解构主义（必须声明一点，以上主义各有所指），这几股新思潮联合挑战早期形成的其他一些观念。

从较温和的层面来说，"后现代的观点"谨慎地反对对特定问题的权威解释；企图唤起人们对不同的"声音"（通常是以前被压抑的）的注意；强调所有知识都具有"被建构的本质"。从较激进的层面看，它们甚至质疑知识与真理进步的可能性。后现代的"纯粹主义者"(purists)声称，知识的本质和权力有关，由执掌权力的人决定什么是真，什么是伪。当"霸权"（占统治地位的政治权威）改变时，真伪的观念也将随之改变。条文不能记载真理，因为文本自身有内在的矛盾。一切知识都可能是错误的知识，学者的任务就是要揭示这些无处不在的自我矛盾与内在冲突。

后现代主义通过几种途径引起一般人的注意：第一是讽刺，例如将一位传统学者文章中一个特别可笑的段落挑出来，并加以嘲笑，说明当前学术界的过失。第二是诡计，例如物理学家艾伦·索克尔（Allen Sokal），在一份名为《社会文本》(Social Text)的"后现代"刊物上发表了一篇文章。索克尔后来说，该文章其实是由许多无意义的段落拼凑而成的，目的是向解构主义者的典型文本开个玩笑。第三是丑闻，例如著名的解构主义学者保罗·德曼（Paul de Man），人们在他死后才发现他年轻的时候是个纳粹同情分子。

虽然我在尽力介绍后现代主义，但是应该说我本人无法容忍"纯粹"的后现代主义思想。我认为它们非但无法列举出其他作品的矛盾之处，反而暴露出本身的自相矛盾。如果标准只掌握在那些有权力的人手中，那人们何必要关注解构主义的论述？如果一个人必须关注某些论述（相反就无法用同样的时间关注其他论述），那么就要有可行的标准，但是这却又不符合后现代主义的观点。一个人不能同时既强调所有知识的相对性，又要求别人只是倾听并重视他的说法。这让我想起，一位教师对一群倾向相对主义观念的学生宣布，他想随意给学生评分。这么做马上"治好"了学生们的相对主义观点，并开始接受客观的标准。

然而这本书的目的并不是评价后现代主义学说和批评是否公平。我之所以介绍这个流派有一个特殊的目的。从表面上看，后现代观点完全否定我所提倡的真、善、美教育。的确，如果以后现代主义的观点来看，我的这个教育理想根本不可能实现。既然真、善、美都是虚构的，内部又充满矛盾，我们怎么可能正确地阐述它们？要想请大家注意对真理的不同理解，虽说政治立场上是对的，但也终将是没用的。

然而，我要在此提出休战协议。我愿意让学院和大学（特别是在选修课里）给后现代主义提供很大的空间，交换条件是他们允许我设计从幼儿园到中学的课程。不管后现代主义能为心智成熟的大学生和学者带来哪些价值，但对大学前的学生而言，除非他们思维严谨，否则一定会给他们带来更多的困扰。在我看来，当一个人的真、善、美观念确立之后，也许可以有能力对真、善、美观念提出挑战。但对成长中的心智来说，在他们还没有清楚认识真（或善、或美）为何物之前，就破坏他们接近真理的努力，我认为是一件不公平的事。我还要补充一句，想终止关于这三种传统美德的讨论的企图是注定要失败的。学术界已经重新展开了对美的研究。

且让我做一个类比。许多心理学系学生告诉我，弗洛伊德或皮亚杰的理论已经被推翻了。这时我就会问他们有没有读过这两位心理学家的著作，只有那样才能确定那些理论是否真的不值得一读！如果一个人读过某位仍然具有相当影响力的重要思想家的著作之后，再提出反对意见，而不是转用别人的意见，或只是怀疑该思想家的研究方式，那么我会很乐意聆听他的看法。尽管如此，我仍然相当佩服数位后现代主义学者的学术研究，例如：雅克·德瑞达（Jacques Derrida）[对康德（Kant）和笛卡儿的研究]，吉恩·方索瓦·李欧塔（Jean-Frans Cois Lyotard）（对弗洛伊德和马克思的研究）和理查德·罗提（Richard Rorty）（对古典认识论思想家的研究）。可惜的是，他们自己的学生常常只是反映他们的看法与研究结论，而不仔细研读和效法他们对重要思想的研究过程。

最后一点，就某方面来说，后现代主义的观点也许是正确的。科学的绝对真理可能是一个永远无法达到的目标，而关于美和善的概念也都在变，即使变化的速度缓慢，也仍然会继续不断地改变。以真、善、美传统观念为基础的课程，其内容不应该是一成不变的。相反，这些课程应该阐明现代文明对真、善、美的看法，当然还可以包含相反的看法与论点，以及它们对所有知识所造成的影响。更重要的是，应该鼓励学生不断寻找可以欣赏、谴责或思考的事物。我有传统主义的根——一直不断地和"纯粹"后现代主义斗争——因为我认为真、善、美仍然应该是人类永恒关心的话题。此外，我也相信启蒙主义思想，坚信人类已经在这三个我钟爱的领域有了显著的成就。

七、多元文化主义观点

后现代主义经常被误认为是多元文化主义,可能是因为关于这两种思潮的课程,都在文学院开设,有时甚至由同样的人来授课。这两大阵营的先驱人物,的确都是典型的西方人文研究学者,但后来就分道扬镳了。后现代主义者专注于对典范(canon)的认识论;多元文化主义者则攻击典范的体制,他们认为所谓的典范,不过是狭隘过时的想法与作品。

我对多元文化主义的看法和后现代主义的批判有细微的差别。我同意,坚持单一典范的做法很容易误导大家,在传统典范之外,还有许多作品与思想值得学习研究。(历史学者告诉我们,典范一向是松散组成的)此外,有些典范可以同时存在于各种历史、文化和意识形态中。的确,在一个多元化人口组成的国家,这种折中主义(eclecticism)不仅是必要的,同时也是必然的。最后,典范的内容是会改变的,决定权则在于各个社会中的教育机构。

标准和精确是我的两个重要考量。在此,我要第三次提到马修·阿诺德,这么做可能会让他觉得有点受宠若惊。我想借用马修·阿诺德的话来呼吁全体教育工作者:"让我们学习与传播世界上最好的知识与思想。"我也希望学生获得的资讯越正确越好。只要符合这两个原则,我相信以多元文化主义为依据设计的课程与方法将会是有用的。但是,如果多元文化主义在选择课程时,放弃高标准,只为了表明起源而选用次等的作品,我就会和他们分道扬镳。基于同样理由,我也不赞同以个人喜好、文化背景和政治立场为基础,为了获取所谓的有创见的虚名,在没有充分佐证的条件下改写历史。

让我正面阐述一下自己的观点:我希望所有的学生都对自己有高标准;我希望所有的学生都追求精确,并善用证据;我希望所有的学生都能尊重不同的群体与文化,但不能是毫无批判性地接受。

大学前的教育的确可以既有多元文化色彩,又能符合以上两项标准。虽然这样的教育不一定是多元文化教育的必然结果,但若要后现代主义的课程符合这些标准是不可能的,因为在后现代主义者的眼中,这些标准本身就没有合理性可言。

教育的十字路口

我的研究范围包括过去好几个世纪以来影响教育的常数，也包括未来可能影响教育的变数。把这些因素放在一起考虑，对任何一个教育工作者都是很大的挑战。一方面，他或她要决定如何才能以最理想的方式来让学生认识社会中不同的角色和价值观，提高他们的识字能力，进行学科思维训练，以及指导他们对真、善、美有深入的了解。除此之外，教育工作者还要随时留意世界上科学、科技、政治、经济、社会、文化与个人方面的最新发展，并且有所回应。最后，针对学术方面的各种资讯，教育工作者会将自己的做法尽量和后现代主义和多元文化主义的论述靠近；即使他们的一切论述都和后现代主义或多元文化主义有所矛盾，他们也无可避免地会受到这些颇具煽动性的世界观的影响。

我发现教育是保守的，然而保守主义未必不好。对于传递价值体系、符号系统以及学科思维训练，保守的方法应当值得提倡。但是在知识爆炸、学科内容不断更新的今天，我们还要及时地密切地注意课程发展的新趋势。如果要帮助年轻人做好准备，承担起社会上各种变化快速的角色，我们就必须发展出有创意的新方法。

和其他大量的教育观察者一样，我认为教育已经走到了一个十字路口。世界正在发生前所未有的大变动，我们面对的现状和过去的实践存在着极大的分歧，这种现象在人类史上也前所未见。的确，越是按照现代标准被视为成功的国家，越深刻认识到目前的学校教育不足以满足未来世界的要求。东亚国家开始提倡教育要培养创造性和更注重个体差异；欧美国家的领袖则慨叹，学校教育仍然对大部分人鞭长莫及；全球各地的教育观察家认为，流传了好几个世纪的知识创新和传递已经不再适用。我们无法想象未来的学校与教育将演变成什么样子，但可以预期的是，那一定是和我们以及我们前人所习以为常的教育形态大不相同。过去与未来的经验为我们提供了一系列的视野角度，我们对人类不断增加的了解则提供了另一个角度。

幸运的是，在我们追求新教育理想的过程中，发现了新大陆。从对心智的研究（心理学），对大脑的研究（神经学与生物学），到对文化的研究（人类学），让我们找到了好几处希望。过去这些年的许多重大改变，都和人类在这几个领域的新发现息息相关。我们现在就要以这些知识为依据，帮助我们重塑未来的教育蓝图，达到对真、善、美的深度了解。

第四章

透视心智与大脑

　　孩子们在学校围墙之外的体验,发生了巨大的转变。但是直到现在,全世界的学生还是和他们的父母,甚至祖父母一样,用同样的方式学习同样的科目。

　　未来,一个人,或称为"有智慧的人"最重要的能力是能够在庞大的知识体系中辨认哪些是值得了解、学习的。

科学知识与价值判断

参加学术讨论会时，我总是尽量避免和别人交换意见时出现不愉快的情形。然而，有一位著名的神经学者的演讲却激怒了我。面对一班有影响力的决策者，他大胆宣称："现在是大脑的时代。我们将会了解大脑每一部分的功能，以及各部分之间如何合作。一旦获得这方面的知识，我们就可以清楚该如何教育每一个人了。"

极端的言论引起极端的反应。在总结的时候，我挺身而出，提出反驳："我完全不同意你的看法。即使我们知道每个神经细胞是管什么的，也并不表示我们对如何教育下一代的了解更进了一步。"

演讲结束后，我和那位主讲人刚好分在一个小组讨论。我请他举例证明自己的论点。他立刻用语言教学为例："我们现在知道，孩子小时候很容易吸收各种不同的模式，特别是语言模式。因此我们应该在孩子刚出生的头几年教他们学习外国语言。"

"我觉得这个理由并不充分，"我回答道，"首先，一直以来每个人（以及每个人的祖母）都知道，小孩子能够轻而易举地学习语言，特别是口音，这种认识并不需要掌握大脑的知识。其次，有人认为，军队比父母和祖父母更能有效地教人学习语言。"

我继续说："但这不是我要说的重点。我想说的是，要教什么、什么时候教以及怎么教，都和价值判断有直接关系。与大脑有关的知识，不能对类似的决策造成任何影响。如果小孩子较容易掌握模式化的知识，那么可以教他们数学、音乐、围棋、生物、道德、礼仪和其他上百种事物，为什么仅仅是外语？了解大脑功能的知识，并不直接表示你知道星期一上午一年级的课要教些什么。每个地方对教授语言的看法都不一样，这要看你是住在瑞士、新加坡、冰岛还是爱尔兰。"

我们的讨论到此为止。我并没有说服那位主讲人。事后回想，我承认自己的言论有点过激。我承认，大脑的研究——另一个相近的领域"心智研究"（mind study）——是个非常吸引人的题目。我绝对不怀疑这方面的研究对整个社会，以及对我们这些关心下一代教育的人的重要性。但是我的主要观点不变。教育是一个非常重要的问题，绝非教师、学校董事局、国家教育部、神经学家或其他任何个人、团体可以单独决定。分析到最后，关于教育的决策，就是关于目标与价值观的决策。这样的决策应该由一个涵盖多方意见与资讯的群体共同制定，而不是由任何一个特殊部门，或那些有幸揭开人类心智秘密的人来制定。

我们希望教育下一代，让他们足以应付已经发生剧烈变化、还在继续以更快速度变化的世界。整个社会在制定教育决策之前，要掌握充分的资讯，要了解心理学（研究人类心智）、生物学（研究人类大脑与基因）以及人类学（研究不同的文化）等领域对人类的研究成果。在这个科学突飞猛进的时代，我们不能不留意这些知识，也不能只知其一，不知其二。

先天特质与后天塑造的行为

在心理学出现以前，教育以所谓的世俗心理学或民间心理学为基础。许多观念因此深深嵌入传统教育体系。有些说法的确有其根据，很难受到质疑和反驳。一般认为，年纪大的人懂的知识比年轻人多。年长者应该发言并示范，年轻人要静静聆听，从旁观察。应该奖励学习成绩优异者，处罚学习进展较慢或懒惰的人。教师的职责不仅在于了解他要讲授的内容、自己的专业和社会规范，教师本身也应该是道德伦理的典范。

令人惊讶的是，以上的传统观念引起了许多负面反应，甚至也有"民间式"的反对意见。有些人指出天然单纯的知识与智慧（相对年老昏聩的现象），强调儿童提出问题和活跃参与的重要性，指出胡萝卜加大棒的教育隐藏的危机，抑制天资较高的学生、安抚天资较差的学生的好处，认为只要一个人具备某方面知识，并且有能力传授给别人就足够了，至于他的个人生活或知识面都不重要。尽管如此，过去的观念仍然影响着今天的生活，表示这些古老的观念代表大部分人内心深处的想法。若想反驳这些看起来颇合情合理的观念，将不是一件容易的事。

心理学的历史常常被形容成有着长久的过去但短暂的历史。心理学历史正式始于19世纪后期，当时大学里开始教授心理学课程，颁发学位，设立实验室，出现了心理学刊物和组织，美国的威廉·詹姆斯（William James）、俄国的伊凡·巴甫洛夫（Ivan Pavlov）和法国的艾尔弗雷德·比奈（Alfred Binet）被视为最早的心理学家（而非哲学家、生理学家或教学法专家）。

心理学的目的不是为了解决教育问题，但是大部分的重要心理学者几乎都曾经讨论（有时产生实际影响）教育问题。少数几位颇具影响力的心理学家，例如：教师学院的爱德华·桑代克（Edward L. Thorndike），更是将教育列为主要研究课题。1910年，桑代克在新创办的《教育心理学杂志》（*Journal of Educational Psychology*）上，发表了一篇前沿性的论文，他在文中表示：

> 要了解教育的本质，心理学当能做出主要的贡献……完整的心理学可以让我们充分了解每个人的智力、性格与行为，找出人的本性发生改变的原因，教育的努力会带来何种结果……研究和人性有关的科学的一切进展，都足以帮助我们更有效地控制人的本性，并予以改变，进而促进大众福祉……在此，心理学帮助我们将心目中的教育理想，转化为实际的改变，并为我们清楚描绘出人类可能发生哪些改变。

20世纪上半叶的学院派心理学有两大特质。（心理分析对一般文化有相当显著的影响，但对学术界的影响却不太显著。）有趣的是，从知性的角度来看，这两大特质之间并不存在一致性，但是它们之间却往往产生协同作用。最近心理学界的"认知"潮流，可以说是这两者影响下的产物，虽然它们在今天的影响力已经不像在桑代克时代那么强烈，但在世界许多角落，以及本书许多读者的心目中仍具影响。

首先影响的是行为主义者的理论（有时称他们为学习理论主义者）。行为主义者在美国和苏联的影响力最大，他们的研究课题名副其实，包括：行为、明显的反应和可以客观观察与可靠测量出的努力与表现。心理学家只关心可以实际观察到的行为，而非隐于内在或主观的反应。行为主义者关心的是，关于一个人的思想、观念、梦、意识与意象等精神生活的想法，是否受牵制、被误导或存在无药可救的错误。至少从心理学家的角度看来，只有个体在不同环境下"显露"于外的、可以观察到的外在行为模式才是有意义的。如果一个人想鼓励某种行为，就要奖励或强化该行为；如果想节制某种行为，就处罚它，想要显得得体一点，那就停止奖励。最后，不受欢迎的行为就会逐渐消失。

有一则笑话很传神地说明了行为主义的基本认识特点：两位行为主义者做爱。事后，其中一位问："你看起来显得相当快乐。但是你可不可以告诉我，我的反应如何？"

行为主义对教育有何影响？首先，他们不鼓励教育工作者去推测学生的精神生活。发生在学生两耳之间的事（思想）并不重要，重要的是为学生描绘出他们的行为目标。因此，教师的职责就是借着教学与奖励，以达到特定目标，与此目标相抵触的行为就要避免或消除。举个例子，如果教师希望学生能按一定的标准写作或拼字，就要定一套模式让学生跟着模仿，如果学生的行为接近标准，就可以获得奖励，如果偏离标准，则施以处罚或予以忽视。从行为主义者的观点来看，别人对拼写的看法、学生所用的小技巧、喜欢的方式和对自己的表现的感受等都不重要。

至于那些比较困难、不容易呈现在学生眼前的问题，该怎么办呢？他们还是用同样的方法解决。首先，把复杂的行为模式分解成比较简单、有规则可循的一个个部分，让学生将这些分散的行为模式模仿得尽善尽美（类似的例子包括写一篇文章或解答一组数学题）。然后，再将各部分行为"组合"起来，在这个过程中，要耐心地修正那些暂时性的错误，直到获得满意的表现为止。

这个学派的极致代表是教学机器。不需要人的协助（当然，不包括设定教学机器的程序），坐在电脑终端机前的学生做出种种行为反应，然后不断地通过正面（或负面）的强化手段，直到他将一系列行为成功串联起来为止。现在，教学机器可能是电脑，因此有人将类似的教学活动称为"操练至死"的教学（drill-and-kill）。

即使是最极端的行为主义者也承认，有些孩子的学习能力的确较其他人优越。但是行为主义者强调的是纪律与努力，虽然他们可能无法为这些唯心主义的概念提出令人满意的解释。这是从行为主义创始人华生（J. B. Watson）那里延续下来的。华生说过一段非常有名的话，他宣称，如果能给他心目中的理想世界，他可以把任何一个孩子训练成任何一种大人。根据这种阿基米德式的杠杆原理，只要投注时间、耐心，适当以奖励和惩罚为武器，就可以得到满意的结果。

只要大家看看全国统一测试和以评价成果为基础的教育，就不会认为行为主义现在已经不复存在，赞成与反对以上这两种做法的人士，往往将注意力完全集中在学生的考试成绩，或当局要求的评价结果上。很少人关心这些成绩是怎么获得的，也不关心特殊或一般思维模式是否可能鼓励或阻止理想中的行为表现。试问，哪一种统一测验可以看出答案背后的思考过程？

我们对行为主义的讨论就到此为止。学生的表现因人而异，这一点引导我们开始讨论被20世纪50年代心理学家奉行不渝的心理学第二项特质。它和智能的本质与运作有关。我称之为特质观点（trait view）。

大家都知道，世界上最早的智力测验是由艾尔弗雷德·比奈于大约一个世纪前在巴黎进行的，目的是预测哪些学生在学校学习中将会遇到困难，哪些学生可能学习表现优异。比奈认为，类似的测验应该以非正式的形式进行，而且每个孩子在经过严格小心的训练之后，智力都会有所进步。然而他的这些观点，并没有影响到接下来整个世纪的智力测验设计。

当智力测验被移植到美国之后，人们对智力测验产生了截然不同的观念。首先，美国人将智力测验标准化与"模式化"了，如此一来，每个接受测验的人都可以和同年龄层的其他人相互比较。年轻的学生（新招募的士兵、埃利斯岛的新移民和其他被"选中"的人）开始接受智力测验；他们接受教育的能力以及未来读书与生活的途径，都将取决于他们的智力商数，简称智商（IQ），这个数字代表他们在特定的语言或图像测验中所展示的智力特质数量。

有些人相信智能的可变性，但是大部分心理学家却不以为然。他们发展出另一套想法。他们认为，智能是基因遗传或天生的，代表一种普遍的能力，通常用 g 代表一般智能；一个人与生俱来的智能是很难改变的。他们主张，心理学家应该在一个人尚年幼时先确定他的智商，并将智商作为他未来应该接受什么样教育的基础。这个观念对一般大众产生相当大的影响，比如 20 世纪 20 年代，心理学家刘易斯·特曼（Lewis Terman）和散文学家沃尔特·李普曼（Walter Lippmann），在《新共和国》（*The New Republic*）杂志上的辩论；20 世纪 60 年代后期，阿瑟·詹森（Arthur Jensen）对早期干预计划的批评，例如"起步计划"（"Head Start"）；以及 20 世纪 90 年代中期，对理查德·何恩斯坦（Richard Herrnstein）和查尔斯·莫瑞（Charles Murray）颇具争议性的著作《钟形曲线》（*The Bell Curve*）历久不衰的讨论，等等。

我们可以明显地看出这两种观点之间的冲突。行为主义学者认为，任何事都有可能发生，教育者的工作就是帮助所有的学生达到高标准的行为表现；支持智力测验的人士则认为，一个人的能力与局限大多是与生俱来的。虽然这两派思想相当不一致，却可以和平共存于同一个教室中。智力测验可以帮助教育工作者勾勒出对学生的期望，或许也可以据此加强对孩子某几方面或某一方面能力的培养。无论学生天资优异或愚钝，都可以根据行为主义者的奖励原则施以教育。简而言之，基因决定了一个人智能的特质，行为主义者的方法则让人能够充分发挥个人特质。

我必须承认，以上的描述看来似乎有点讽刺的意味。这种未加调整的做法，恐怕只会出现在狂热主义者身上。再者，很少教师（或家长）只相信行为主义者或特质心理学者的看法。教师与家长的做法比较富于实用主义色彩。他们会依据测验成绩追踪孩子的表现，并经常举行拼字比赛，颁发金星以资奖励，以上种种做法显示，他们也普遍深入地受到来自实验心理学的影响。

认知革命

我们尽可以不停地批评心理学与教育学理论，但这些理论终究不会受到丝毫损害。只有一些彼此间有根本差异的理念，具备改变观念、改变现实的潜力，或者（像改良行为主义者所说），先改变行为再改变观念。

20世纪50年代中期，行为和人文科学发展出一套新观念，并广为流传。这些观念的来源与含意各有不同，但是当它们联合起来之后，便形成了对上述两项心理学正统的挑战势力。利用历史学者的"后见之明"，我们知道这股骚动被称为认知革命。

认知革命的核心概念就是"心智呈像"①（mental representation）。认知心理学者相信，每个人的大脑里都存在着某些观念、图像和不同的"语言"，这些心智呈像很真实也很重要，是科学家研究的对象，也是教育工作者要改变的东西。一般外行——更不用说柏拉图（Plato）、亚里士多德、笛卡儿和康德等赫赫有名的哲学家——长久以来一直相信，每个人的思考都要借助于心智呈像。但是行为主义者却霸道地将这种观点排除于科学心理学之外。

一个更荒谬的说法是，呈像观点的提出主要是机器的作用，而非人的力量。我们可以说，这已经是电脑时代了，电脑不再只是速度很快的计算机，它们已经学会了下棋，并执行逻辑证明。因此我们也可以说，电脑也具备呈像（有组织、有顺序的逻辑符号或命题），或借着呈像来执行任务或转变呈像。如果连机器都具备呈像（一般人对这一点仍有争议），那么要说发明电脑、编写程序并解释结果的人类不具备心智呈像，岂非太不合情理了？

一旦将呈像的观念重新纳入心理学的范畴，各式各样的问题就容易讨论了。人类具备哪些呈像？哪些呈像是与生俱来的？呈像本身如何自然变化？怎么样或在什么程度上才可以人为加以改变？哪些呈像是比较特殊的？不同的人会不会偏好不同的呈像？认知科学（认知革命爆发之后产生的跨学科领域）的

---

① 译者注：用"心智呈像"这个术语来表示人的大脑里形成的观念、图像和语言的存在形式。

许多研究都在努力寻找以上各个问题的答案。

呈像观点的提出，使一般人对心理学早期两大主流的看法，产生了革命性的改变。从此，人们不再将行为视为唯一的研究重点。甚至有人认为行为是心智呈像的附带现象（epiphenomena）（或者说是心智呈像的影子）。个人心智呈像的状态（固定的或流动的）相当重要：这些都是引发行动与非行动的动力，也是行动意义的诠释。在拼字的时候，学生仍然有时对有时错，但是认知主义者注重的不是错误的多寡。科学家们重视的是如何找出学生遵循的规则、运用的策略，以及他们如何理解授课的内容、考试成绩、父母的反应和他们自己在拼字比赛中的表现。

同样，智能不再被视为与生俱来、可以改变（不可改变的成分可能更高）的"黑盒子"。相对的，我们将智能视为各种不同心智呈像的组合。人类也可能天生具有某些心智呈像，例如：认为物质是独立永恒的能力和可以辨认构成所有人类语言的声音的能力。然而，正如我们可以改变电脑程序中的某项指令一样，当一个人逐渐成熟，经过一连串经验，以及与其他呈像互动后，原先的呈像也会有所改变。举例来说，每个人都天生具备辨别音位差异的能力，但是如果一个人不停地听到或渐渐听不到某些音位，这份与生俱来的能力就会因而变得更敏锐或渐渐衰退。所以，智能只是一种代号，只有在一个人能够更明确地陈述实际心智呈像，并知道如何改变它们时，智能才能发生作用。

传统观念与认知革命的观念，可以在不同的状况下共存。一个人可能认同个人特质（例如单一智能）的重要性，并同意个人特质是可以改变的（例如：通过严格的塑造过程，或者创造影响力更大的心智呈像）。一个人也可能认同心智呈像的重要性（语言是一套兼有句法和语音的呈像），但却同时怀疑环境对呈像的影响（从生理时钟的角度来看，这些呈像或许已经显得过时了）。尽管心理学论述想给行为主义与认知主义之间划分清楚的界限，但实际上，很多人同时采纳这两派理论。

社会科学上的革命，不一定会对实际生活造成迅速而明显的影响。大部分教育工作者不太了解心理学研究者观念上的改变；即使有人知道这方面的发展——或许他们读了《科学美国人》（Scientific American）这类的刊物——也不见得会将新观念立刻转换为创新的教育实践。认知革命展示了一系列新观念，我认为这些新观念都对教育有着深远的意义。现在就让我介绍其中六种最重要的观念。

一、发展的观点

感谢瑞士心理学家皮亚杰（Jean Piaget）的先驱研究，让我们不再以为小孩子只是小型或无知的大人。相反，我们相信小孩子用他们特殊的眼光看这个世界：婴儿的世界充满了感官的认知和动作；幼儿世界开始出现不同的象征符号（例如文字与图像符号）；年幼的学龄儿童能够处理不同的概念（例如：数量与时间），只要这些概念有具体的实物可依附；青少年开始能够通过文字或逻辑符号做抽象推理，而不用经常参考实物或实例。

重要的是，发展的过程没有明显的年龄区分。在一群七岁的孩子当中，有些人可能还没有发展出"具体的心智呈像"能力。大部分人也许处于中间阶段。少数早熟的孩子可能已经开始运用比较抽象的方式思考，而抽象思考通常出现在青少年时期。

皮亚杰之后出现许多研究，更进一步完善对这些发展阶段的认识，当然也包括一些不一致的论述。尽管如此，皮亚杰的理论基本上仍然为世人所普遍接受，该理论深具教育意义。教育工作者了解发展心理学之后，知道如何配合学生的心理发展，在不同的阶段教授合适的教学内容。他们也可以了解到即使孩子的年龄和体形相仿，不同孩子的心理发展速度也不尽相同，所以最能帮助到孩子的课程与例子也不一样。因此，他们会对声称适合所有学习者的课程或教学方式，持存疑的态度。

发展心理学的角度一般考虑到孩子了解真理的程度，即对身体、生物或历史的理解。这一点反映了皮亚杰本人对小孩认知能力的变化有着浓厚的兴趣。例如：孩子们很难理解数量和数字的守恒，尽管用实物来示范物理的变化，孩子们还是很容易对时间和速度的概念混淆不清。心理发展上的差异还会影响到教育的其他层面。孩子们有自己独特的道德观，他们注重的是一个行为造成的伤害有多大，而不是行为者的动机。他们对艺术的理解也存在着类似的局限，低年级的学生认为，越接近真实的图画越好，当他们步入儿童时代中期，在写作上会避免用比喻或修饰的语言来描述，而偏爱明确的表达方式。

二、普遍的心智呈像

另一位研究儿童认知的重量级人物乔姆斯基（Noam Chomsky），不是心理学家，而是语言学的先驱，这一点也许并不值得大惊小怪。乔姆斯基多年来一直认为，语言是一种非常特殊的认知系统，具备独特的心理和神经学呈像。在这一点上，乔姆斯基和其他一些学者都对皮亚杰的观点持反对意见。皮亚杰认为，心智呈像是一个涵盖很广的模式，普遍存在于语言、数字和空间等不同的领域。

乔姆斯基的理论相当重要，因为他认为，孩子一出生就具备了几种心智呈像，出生后顺着狭窄的方向发展。在孩子出生后的头几年，那些用来发展语言的心智呈像会和身体的其他器官一样，以特定的模式逐步发展。同时，每个人似乎还都有着其他不同的智能结构，专门分别用于了解数字、空间关系、音乐或了解他人。所有正常人都具备相同的心智呈像群，只要没有受到重大伤害，这些呈像都会以特定的方式，按照特定的时间表逐渐发展。举例来说，在孩子刚进入学校的头几年，所有正常的孩子都会开始讲话、算数、理解和解释他人行为的动机。

面对这种天生论的观点，我们也许不禁要问，那教育工作者还能做些什么。事实上，乔姆斯基和他的研究伙伴也无法回答这个问题，即使他们有答案，恐怕也不会是我们所喜闻乐见的。毕竟，教育工作者对学生的眼睛或肝脏的发展无能为力，而乔姆斯基则以这些器官做比喻，来说明心智的功能。

然而，我们还是可以从中看出几层意义。第一，如果各个智能"器官"（例如表达和处理语言或数字的部分）在其发展过程中，有标准的里程碑，那么找出它们是什么就相当重要。那样才能确定它们是否正常，还是有偶尔的缺失或异常。第二，许多教育活动——例如阅读——都需要心智呈像之间的互动，这些互动需要涉及说话、图像与语言呈像共同参与，不可以任其自然发展。第三，不同的象征能力（symbolic capacities）的运用将产生不同的结果。

各种自然语言不仅在语音、语法和语意方面不同，在不同文化甚至同一文化环境中，一个人选择说话（或保持沉默）的"实际"情况以及不同身份的人说话的态度，都有显著的区别，心智呈像本身无法辨认这些实际运用时的模式。在每个特定的文化中，这种工作应该由教育工作者来完成。

目前为止，主张普遍心智呈像的观点主要被运用在语言和其他与认知有关的领域。然而，最近有人致力于开发这方面的能力，并通过达尔文式的观点进行研究。进化心理学这样认为：正如语言（和数字或空间的）能力在发展的过程中必须因应环境做最佳调整，人类其他的能力也可能具备普遍性特质，这些可能也是进化了几千年、不断适应环境的结果。某些普遍特性也存在于道德领域（例如：凡事追求公平）和美学领域（例如：人们特别容易被周围不常见到或听到的事物所吸引）。教育工作者请注意：当各位在设计课程时，也许可以参考美学与道德方面的普遍心智呈像。

三、智能的不同模式

就我本身的研究而言，我在研究心智呈像时，特别注重个体的差异。乔姆斯基和他的同事们为大脑划分出不同的区域，每个区域都具备特殊的呈像形式和各自的发展（成熟）过程。然而，仅仅通过观察它们的表象和辨认这些区域还是不够的。

根据我的分析，所有人都至少具备八种独立的智能形式。每种智能都代表一种解决问题，或创造在一种或多种文化环境中都被重视的作品的能力。我们必须依据一套标准辨认不同的智能：这包括大脑特定部位的呈像，感受符号系统中的符号的能力，而天才与专家等特殊人才展现的智能是优秀而独立的。

智力测验可以测出语言和逻辑（数学方面的智能）现代的学校相当重视这两方面的智能。智力测验有时也会加上一些关于空间智能的例子。以整个物种的角度来看，我们每个人都具备音乐智能、身体运动智能、自然观察智能、关于自己的智能（内省智能）和与别人有关的智能（人际关系智能）。此外，人类也有可能具备第九种智能——存在智能（existential intelligence），即倾向于提出与思考关于生命、死亡和根本现实等问题的能力。每一种智能都具有本身特殊的心智呈像形式，事实上，也可以说每种智能就是一种心智呈像的形式。

上述智能是人类特有的，这个观点和乔姆斯基认为人类存在普遍的心智呈像的理论一致。但是人与人之间存在着个体差异，这些差异可以是性格上和气质上的差异，也可以是不同智能组合上的差异。所有人都具备这些智能，但是没有人（甚至连双胞胎都不例外）的智能强项的组合是一样的。此外，各项智能的组合和彼此之间的关系，都会因为个人的经验和背景并随时间的推移而改变。

如果以上的描述大体正确，那么对教育的意义就相当重要。过去的学校一直施行统一式的教育，即用相同的教材、相同的方法甚至相同的测评方式教育和评估所有学生。这样的教育表面上看起来非常公平，但是我认为，除了对少数在语言与逻辑方面天赋很强的学生之外，这种教育方式其实很不公平。如果我们要提倡适合全人类的教育，并且能够帮助每个人发展他或她的潜力的教育，就应该对教育有新的设计。

简单地说，学校教育应该提倡个别化与个性化。我们要尽可能了解每个学生的心智呈像，了解得越详细越好。然后尽量在可能的范围内，重新改造教育，以追求下列两大理想：（1）学生可以用自己的方法了解教材的内容；（2）让学生有机会用自己和别人都能接受的方式展现他们所学到的知识、评量他们的学习成果。稍后当我讨论以真、善、美为核心的教育时，我会着重介绍个性化的教育。

四、关于早期呈像正反两面的看法

现在几乎每个人（回应与我争论不休的神经科学家）都承认，孩子刚出生的头几年是健康、认知、人格发展和孩子完全成长的关键期。在孩子生命的早期，还没有接受正式教育之前，他们已经对身边的世界开始有自己强烈的看法，包括对物质世界、自然世界和人类世界等。

这些概念非常实用。例如：即使把一些物体从孩子的视线范围中移走，他们仍然知道，这些物体还存在，此外，他们也知道不同的东西有不同的使用方式（可以将橡皮筋和石头或一堆太妃糖做一比较）。孩子们了解，有些东西具备自行驱动的能力，有些东西则要借人或外力驱动。他们也知道，所有人都和他们一样有自己的心智世界，其中充满了企图、恐惧和欲望。

好消息是，人的普遍心智呈像是准确而有适应性的。不幸的是，某些在幼儿时期发展出来的概念缺乏良好的基础。举例来说，小孩子认为，长得像他们的人就是好人，不像他们的人就是坏人。他们还认为，会动的东西就是活的，不会动的就是死的。他们相信所有东西都受到一股看不见的神奇力量的驱动。类似的错误概念不胜枚举。许多儿童文学和戏剧，都喜欢加入广受儿童喜爱，但让成人觉得好笑的神奇色彩。

再者，早年的呈像——或是错误观念——不会随着年龄的增长而消失，反而会变得更顽固更强烈。即使是接受了正式学校教育的学生，还是会继续保留某些错误观念，这些错误的观念可以是关于进化论、歌剧和纳粹大屠杀等各个方面。人们之所以会继续保留早年的错误观念，可以归结为几个原因：（1）早年的心智呈像是超乎想象的强烈；（2）教育工作者不了解早年形成的心智呈像的影响力，因此将它忽略了；（3）许多成人将累积的信息资讯或文化观念，误认为是经过修正的心智呈像；（4）受到一些外在的压力，不得不学习过多教材内容的结果。受到这些普遍因素的影响，即使是就读于最顶尖学校的一流学生，也免不了继续保留错误观念。许多优秀的认知心理学研究者，都对这种"未受学科训练的心智（unschooled mind）"的惊人耐力有详细的记录。

这其中蕴含着显著的教育意义，但也相当令人气馁。充满学生心智的种种概念——包括优秀学生的——都很少根植于现实。进化论并非一个不断走向完善的持续过程；歌剧并非只是过去的文化遗迹；纳粹大屠杀虽然发生在过去，但类似事件在未来仍然有可能重演。这些心智呈像尽管充满谬误，但是却无损其存在的顽固性。如何去除错误观念，以正确概念取而代之，应该是正式教育的中心课题。

五、高级认知能力的必要性

我们希望所有学生都获得基本事实，并具备基本识字能力。到目前为止，尽管大家对教育议论纷纭，但还没有任何一位教育工作者质疑基本事实与基本识字能力的重要性。我们希望学生能超越这些基本能力，不仅是因为那样他们才能够应付更复杂、更精细的概念，还因为职场对基本能力以外的能力的要求越来越高。

近年来，心理学家深入研究所谓的高级认知能力，包括：解决问题的能力、发现问题的能力、规划能力、反省能力、创造力与深度理解力。此外，他们也注意到一个人以自己心智世界为思考对象的能力。例如：回想自己记忆的能力（超记忆能力，metamnemonic capacities）、反观自己思考内容的能力（超认知能力，metacognitive capacities）以及思考自己心智呈像的能力（超呈像能力，metarepresentational capacities）。

除了哲学家之外，以自己内心的心智世界和思想为思考对象，可能是一个相当新的现象。我们大多数人在大部分时间里都像莫里哀小说中的人物佐丹先生（Monsieur Jourdain）一样，到最后才发现，自己原来一生都以散文的方式说话。一个人也许可以进行有效的深度思考，但却从未试过以超然的角度审视自己的思维过程。有人表示，像亨利·詹姆斯（Henry James）和但丁（Dante）这样的伟大作家，他们的心智世界精细到从来没有被思想打断过的程度。

对我们这些普通人来说，也许很值得清理一下自己的思想，评估我们的思维在什么状况下表现最好，什么状况下表现得不理想，如果我们希望用有效的方式掌握学科知识，应该采取哪些策略和辅助方式（就我们所知，亨利·詹姆斯、但丁甚至莎士比亚，都是超认知的实践者）。

今日世界，我们可以有机会很幸运地借助科技带来的丰富呈像，补足个人认知的局限。从前，如果一个人心里没有形状的概念，上几何课时就十分困惑；但是今天却可以借着电脑将影像呈现在屏幕上，用种种方式促进对该影像的了解。同理，记忆辅助工具或者加强思考自己心智呈像能力的工具，都会在我们掌握和追求爆炸性新知识的过程中为我们带来无穷的帮助。对许多人来说，电脑的各种功能，例如：陈列清单、资料库、显示与储存的功能，正势如破竹般取代了过去手写笔记、记在手腕上的备忘录和个人无限延伸的记忆力。

无论有没有科技的帮助，许多教育机构都越来越重视学生对自己思考过程的认识。只要我们不因此陷入蜈蚣式的困境——应该先迈出哪只脚？——这种自我意识对教师和学生都有好处。它还可以刺激学生们去寻找他们所学的不同学科之间的关系，也包括与真、善、美有关的课程内容。

六、认知以外的范畴：个性、动机、情感的角色

不论智能是什么，也不论智能到底包括哪些种类，一个人具备与生俱来的智能潜力总是好的。有优秀的教师和科技的辅助当然更好，因为这两者都能磨砺我们的智能，丰富我们的心智呈像，对了解自己的学习与知识结构有很大的帮助。就像为了加强我们的身体健康，我们可以了解有关身体的知识，并经常观察身体组织与功能的变化，同样，我们也可以通过策略性地观察自己的心智呈像及其过程，改善我们的思考能力。

不幸的是，当教育工作者过度注重认知的时候，便相对地降低了对其他因素重要性的考虑。其他因素中最重要的应该是动机。如果一个人具备强烈的学习动机，在学习过程中努力的程度和坚持不懈的可能性就会相对较大，遇到困难非但不会退缩，反而更激发起战胜困难的勇气，即使没有外来的压力，也仍然会为了满足好奇心或拓展自己的知识领域，而不懈学习。

但是，为什么有人具备学习动机，有人没有？行为主义者将动机和得到奖赏直接联系起来，然而现代心理学家的研究结果却掴了行为主义者一巴掌：学习动机是内在的，也就是说只有当学习者认为学习本身是一件很有趣、很有意义的事，才能获致最佳学习效果，而不是因为有人承诺会给予物质奖励。米哈利·奇森米哈尔利（Mihaly Csikszentmihalyi）曾经提出"流畅状态"（flow state）的动机力量，一个人会因为过分专注身体或思维活动，而暂时失去空间感、时间感、世间的利害关系甚至痛苦的感觉。

达尔文对内在动机（intrinsic motivation）的看法也值得在此一提："如果一个孩子热衷于做某件事，无论这件事多么不重要，只要他坚定不移地去完成，都会受益无穷。千万不要因为认为这件事对他将来没有用处，就阻止他去做。"

什么可以强化动机？年幼时快乐的游戏时光，对孩子来说是相当宝贵的经验，因为他们在游戏中探索不同的物质与领域，并借此获得对事物的深入了解。当孩子开始探索一个新领域时，身边大人的认同也相当重要；小孩子非常渴望得到自己所爱的人的认同，大人可以从旁帮助孩子适应知识的领域、体会学习的乐趣与努力。某些文化向来注重练习、学习和公开表演的反复过程，而且这个不断反复的过程本身就包含了奖励的性质。为更好地教育孩子，让孩子在鼓励他们不断进步的环境中成长将非常有帮助。

多元智能的理论还包含另一层含义：如果一个人参加属于他专长的领域的学习活动时，他就会有强烈的动力，而且也比较容易取得进步，避免不必要的挫折。因此，教育工作者不但要引发全体学生的学习动机，也要为具备不同天分的学生，安排使他们很快就能从学习中获得奖赏的活动。

我们开始重新审视情感在学习中扮演的角色。情感的功能就像一套初期警告系统，告诉我们，学生喜欢参与哪些课题或活动，哪些课题或活动让他们感到困扰、无法理解甚至排斥。因此，创造一个充满愉悦，具有趣味性、启发性和挑战性的学习环境，是教育的重要使命之一。此外，学生比较容易学习、记住和运用那些使他们产生强烈情绪反应的经验——当然希望是正面的情绪反应。

将情感因素和认知主义的观点进行整合，是一项永无止境的挑战。刚开始，认知主义者为了简化研究工作，不喜欢涉及情感方面的问题，他们认为这些软性的、哭哭啼啼的麻烦问题，比较适合放在心理分析师的沙发上去解决，不适合摆在实验主义者的实验室里来研究。然而事实证明，如果研究人性时忽略了动机和情感因素，那么辅助学习与教学的方法将受到局限。人类终究不是电脑。因此，在最近几年，认知主义者也提出了不同的模式，表示情感可以如何建构、引导和影响心智呈像。这使我们认识到一项简单的道理：如果一个人想要接触、掌握并灵活运用某些事物，在过程中一定要加入情感的因素。相反的，一般人对缺乏情感因素的经验，不但不投入，而且很快就会淡忘，最后恐怕连心智呈像也荡然无存。

从心智的研究到大脑的研究

到目前为止,我尽量避开讨论大脑。之所以如此,部分原因是尊重我知识上的前辈。行为主义者和特质心理学家都不喜欢把什么都和大脑联系起来,他们认为大脑是一个黑盒子。故意避开心智的理论和生理上的基础,心理学家坚称:"智能就是智力测验所测出来的东西。"就连那些(包括我在内)一向不理会行为主义者与特质心理学者的心理学家,也不敢贸然为大脑说些什么。如果大脑可以解释一切,那么心理学和其他人文学科就不值得存在,而我更没有理由对那位扬扬自得的神经科学家提出强烈的反对意见!

当然,对当今的大部分思想家来说,心智与大脑的分离,只不过是术语上的花招。我是一个唯物主义者。我相信心智世界中的事物都是大脑的产物,但是我也要补充一点,大脑存在于人的身体之中,并在千变万化的人类环境中发展。我不相信天上的神灵、任何超感官的沟通以及任何无法具体形容的天使或魔鬼。我有时候会对花过多时间沉迷新世纪思潮(New Age)的学生说:"如果你们觉得心智和大脑不同,何不逐个部分将大脑切开,看看分解完之后还剩下什么?"

如果我持有这种看法,怎么能够继续反对大脑蕴藏所有心智秘密和所有学习关键的说法?

首先,关于大脑的研究,只不过是对人体一个器官的研究。为了从心理学角度研究大脑,不但要运用心理学知识,也要运用到神经学知识。说得更精确一点,假如某一个神经细胞柱受到某种刺激时会产生某种反应,我们该如何形容这个刺激?是一张脸、一个椭圆形、一个移动的形体、小强的祖母还是任何一个微笑的白头发女人?我们无法简单地用神经学术语回答这个问题。此外,还要运用到心理学上的认知理论:器官(或者它们的神经细胞)到底会对什么实体产生反应?该如何正确地描述这些实体(至少不会让人误解)?它们在大脑中是以何种方式呈现出来的?如果顺其自然,神经解剖学家可能和对物理学一窍不通的汽车机械师一样。他们知道哪个零件属于哪个部分,但是却不懂马达运作的情况，如果汽车的某一部分坏了，而损坏的方式超出他的理解范围之外，他就很可能不知所措。

其次，大脑不能独立存在。大脑存在于人体内，而人则存在于文化内。大脑可以在各式各样不同的文化中发展潜力，但是一旦神经发展（有了观念后不久）开始之后，个人所处的文化就对大脑组织与结构起决定性作用。大脑也许有不同的区域，专门连接人类的面孔或一连串语音所传达的刺激。至于要接触哪些面孔和哪些语音——以及它们对感官形成的影响——却不是由大脑来决定的。感官的形成，向来是一种文化现象。所以我们必须时时谨记，大脑存在心智之内，而心智在特定文化中发展，因此每个心智都反映出所属文化的特点（文化本身也是随时在变的）。当大脑接触到不同文化的融合时，各种相辅相成或互相抵触的信息，也会以某种程度呈现在心智世界中或达到和谐。

最后，也是最重要的一点是，教育的特色就是一套价值标准，并遵循这套标准。教育不仅只是教与学。还要决定教什么、怎么教、为什么要教与学这些内容？这些决策都离不开具有决定性结果的价值判断。虽然人类对大脑的了解已经细到神经突触，但是我们不能依赖大脑本身来做价值判断。无论对心智、物质或形而上学的探索多么大胆创新，仍然无法跨越"是"（is）和"应当"（ought）之间的鸿沟。

你可能会反对，有关大脑的知识可以告诉你什么事有可能发生，什么事不可能发生，有些事该怎么做，有些事为什么办不到。我的回答是："不要太早下断言。"关于大脑的组织与大脑功能的知识，或许会对学习和教学法产生某些影响。但是若想知道一件事到底可行与否，唯一的方法就是试着做做看。如果能将神经科学认为不可能的事做成功了，那么结果就是成功了。这种成功也只会改变我们对大脑的看法，但却不会改变我们对教学法的看法。

举个例子：让我们假设大脑的两个部分（我们称之为空间皮层和音乐皮层）相距甚远，而且彼此之间没有太多联系。根据这个假设，一个简单主义的神经科学家会做出以下结论，如果某项技巧的熟练掌握与否和大脑中掌管音乐的区域有关，那么就和一个人处理空间信息的能力完全无关。但是我们有位冒失的教师忽略了这个理论，坚持先让测试对象接受音乐训练，然后测试他们的空间能力。结果令许多人大吃一惊，接受音乐训练的测试对象在空间感的某些方面，竟然超过大部分没受过音乐训练的受试者。

神经科学家的理论被否定了。

当我们仔细观察学习者"活的"大脑时，我们会有很多发现。也许大脑中两个原来没有任何关联的部分，产生了新的神经连接之后，加强了神经系统的潜力。也许对音乐和空间的了解，除了一般认为掌管音乐与空间思考的大脑组织之外，还和大脑其他部分有关系。例如，音乐与空间思考可能会关系到以前不为人知的皮质下组织，皮质下组织负责为这两种不同的感觉形态发出数量相近的指令，又或者，音乐是一种普遍的动力，最后会产生一连串优越的非音乐表现（从这个方面来说，空间并无特殊之处）。以上两个例子可以得出同一个结论：现有的关于大脑的知识无法预测学习的结果。

教育和大脑

我不想被误认为是神经学的反对分子，因此有必要在此重申，我相信有关大脑的研究不但本身相当重要，也给社会科学家与教育工作者很多启发。我花了 20 年时间研究神经心理学，并且不断吸收关于大脑的最新知识，如果有机会，我也钻研比较专业性的论文。我热爱生物方面的知识！

前面讨论的认知主题，对大脑的研究会产生直接影响。我们了解不同的神经组织模式是大脑不同发展阶段的基础。我们也对大脑机制对普遍心智呈像与个别智能的作用做了说明。关于神经网络方面有大量令人兴奋的研究，都记录了早期大脑模式与心智呈像的发展，以及如果想让心智呈像发生根本上的改变，必须经历什么样的经验（及范围如何）。关于情感的敏感度和认知能力之间的关联与互动关系，也有了大量敏锐细致的记录。唯有在超记忆（metamemory）和创造力等最高层的认知能力方面，大脑科学尚未出现突破性的进展。

大脑科学不仅仅只是补充了既有的知识。许多关于大脑的一流研究，都来自对原先被认为关系密切、实际上是独立分离的能力的研究；或者是对原先被认为互不相关、实际上却有关联的能力的研究。举例来说，大脑科学的重要成就之一，就是深入分析原先被视为单一能力的"记忆"。我们现在知道大脑中存在着不同形式的记忆：短期记忆和长期记忆；语义记忆（普遍性）与事件记忆（特定事件）；运动记忆与语言记忆。同样，大脑科学发现，说、写、看的语言符号在大脑中的处理方式是相同的，但它们和大脑处理数字符号的方式很不一样。不同的数字能力由不同的大脑半球执掌。某些直觉上似乎没有明显关联的能力之间，例如辨认颜色与阅读之间，也存在着相当有趣的联系。

最近，许多人将焦点集中在新的图像技术，以此观察大脑活动的实况，以及探测大脑活动时涉及的组织，这些技术一定会让我们对大脑的功能有全新的认识。这类研究让我们了解，大脑中特定的部位和特定的活动有关，如指认事物与记忆音乐段落等，另外还有研究显示，在某个特定区域中，新手处理信息的方式和专家不同。

让我在此列举几项关于大脑与心智研究的重要发现，这是所有关心教育的人都应该记住的。我知道大部分研究都以动物而非人类为对象，所以我只列举那些我认为也适用于人类的研究结果。

1. 早期经验的极大重要性

所有的经验都很重要，但是一个人生命早期的经验对随后的一生尤其重要。因此，教育（广义的教育）应该从一个人刚出生的头几个月就开始。

2. "用进废退"原则

只是有大脑组织和它们之间的潜在联系还不够。大脑组织如果没有接受适当的感官刺激，灵活应用，它们终将萎缩衰退或改变功能。

3. 早期神经系统的弹性（较专业的说法是"可塑性"）

年幼的孩子即使丧失大部分神经系统，仍然有办法生存成长。但随着年龄的增长，大脑变得越来越没有弹性，若想补偿失去的能力或功能，也会变得越来越难。

4. 动作与活动的重要性

当一个有机体积极探索新领域、新素材，不断地提出问题、寻找答案时，大脑处于最佳学习状况，也最能保持其功能。被动的经验只会使大脑的功能渐趋衰弱，而且很难造成持久性的影响。

5. 人类能力与天赋的特殊性

人类的大脑并非只是一部工作效率时好时坏的机器，相反，大脑是由许多不同的区域与神经网络组成，每一个部分都驱动不同的能力。老天并不完全公平，有些人的确比别人具备更多的潜能与天赋，但令人惊奇的是，一个人所具备的不同能力之间是相对独立的，一个人在某方面领先，但在其他方面可能不如别人。

6. 音乐在童年时代可能扮演促进其他能力的角色

许多有趣的研究一致显示，在童年时期学习乐器，可能对其他认知领域有正面影响，这些领域包括学校教育所重视的认知能力。（我先前提到关于音乐与空间思考的例子，就是引用这类研究。）这项新鲜的研究仍然需要经过不断重复实验验证。尽管如此，这类实验显示，某些活动也许在促进其他经验的发展上有特别的表现。

7. 情感密码的关键角色

情感因素在学习中扮演的重要角色，已经逐渐为一般人肯定。对一个人的情感造成影响的经验（也寄存在脑中），会常常被保留与利用。如果一个人大脑受到损害，无法将经验和情感结合起来，那么这些经验以后可能也很难被保留或利用。

例子还可以不断地增加，如果我再过10年或20年之后才开始写这本书，以上的清单可能大不相同。新的图像技术非常重要，因为它使我们能够将在动物身上进行的实验结果，运用到人类身上。

写到这里，虽然我好像提到的很多都是关于生物学的内容，其实我还没有提到基因和遗传，而这两个领域可能是人们在心智研究中最热门的讨论话题。我和大部分科学家看法一致，认为遗传对人类行为的影响与重要性，超乎一般人想象。无论是研究广义的智能（心理测量学），或是音乐或空间等特定智能，似乎一大半的变数都取决于基因。就是说，以一群人为研究对象，大约一半的变数和个人的基因有关，其余一半则与个人经验（与众不同的经验）有关。

尽管这个话题相当吸引人，但我认为它对教育的影响不大，至少对美国白人社会是这样。原因很简单。孩子们和教师都受到个人遗传基因的影响，而这种影响至少目前为止是无人能改变的！教育必须注重其余那一半与非基因或环境因素有关的变数。这类研究还指出，未来的研究应该录取遗传系数，看是高达 0.8，还是 0.2（后者表示大部分的变数都取决于环境因素）。

如果我说到现在我还不了解：未来人们可能想改变自己的基因组成，或根据胎儿的基因成分来决定是否堕胎等一些生死攸关的选择，那我就显得太不真诚了。这种扮演上帝角色的行为，将会对我们的文化机构，包括教育，造成极大的破坏。我衷心祈祷这种事不会发生。

即使不那么极端，发生的可能性较大的情况是，对人类大脑的研究，将对设计孩子们学习特定的课程（针对个别学生设计的课程）和制定教育政策（对团体而言）有帮助。假设，我们检查出，某个人的大脑中通常用来处理书写语言的部分没有被启用，如果谨慎使用，这样的资料对于诊断相当重要，而且很可能对治疗很有帮助。不幸的是，这里也隐藏着资料被滥用的可能性，比如任意给人贴标签，或过早决定治疗的方式、治疗的范围或结果，在进入这个勇敢新世界的同时，我们应该怀着高度的警戒心和谦卑之心。

科学与实践的差距

对于研究心智、大脑和基因的科学家来说，这是一个激动人心的时代。在我这一代人的一生中积累了大量关于认知和神经科学方面的知识，当然，我们的学生的一生中一定会有更多这方面知识的发现。完全不理会这些知识很不明智，但也千万不要被这些发现冲昏了头脑。

记住：在科学发现和教育实践之间从来没有一条直接的途径。每一个数据，每一个论点，都可能引向不同的建议，而这些建议之间甚至可能是互相矛盾的。举例来说，《钟形曲线》（*The Bell Curve*）一书表示，智能是很难改变的。这个论断使作者理查德·何恩斯坦和查尔斯·莫瑞得出这样的结论：不值得资助像"起步"计划（Head Start）这样想加强幼儿智能发展的教育项目。然而，就在何恩斯坦去世前不久，他告诉我，一个人对相同的数据可能得出迥然不同的结论——正因为智能很难改变，我们才应该投入更多的资源去试着帮助改变（我补充一点，也许我们试的是错误的方法，那么新方法、新技术或许能够有效地提高智能也说不定。事实上，全世界的孩子们只要是到学校上学就已经能够在智商上有稳步的提高了）。

同样的，我们也应该对神经科学和认知科学的论断持半信半疑的态度。我们这些认知学者常常因为一些论点而遭到攻击，比如说"为了使婴儿的大脑正常发育，需要在出生到三岁期间不停地对大脑进行刺激"。刺激婴儿诚然比不理他强多了，但是过度的刺激可能产生反作用。我们务必要记住，推出这类论断的研究大部分是以低级哺乳动物为研究对象，并且是在实验室这样的非自然环境中完成的。我们同样要记住，除非在多种环境中广泛试验过，否则很难说这些研究结果是否可行，未来的技术辅助将会帮助弥补以往关于人类潜能研究的不足之处。

现代西方人常常认为人类科学仅仅是发生在人体皮肤以内的事。我则不这么认为。对我们这个身体所处的文化进行研究，至少要和从心理学和生物学入手的研究一样重要，教育的决议不能不从多方面来考虑。所以，现在是时候考虑人种学者、人类学者和其他文化观察者的意见了。

第五章

文化对教育的影响

在我对东西方创造力的比较研究中,我发现"模仿"和"建构"都可以作为教育的起点。重要的是,每个孩子都应该有足够的机会使用另一种方法,否则可能会引发潜在的危机。儒家文化训练出来的学生,也许具备纯熟的技巧,却较难在新环境中展示这些技巧。积极的西方学生也许自认为较有创新精神,但无论是在熟悉的岗位上或接受一项新工作时,常常缺乏扎实的技术。

全世界最好的学前教育

意大利东北部有一片丘陵地带，在帕尔马（Parma）和博洛尼亚（Bologna）之间，有一座名为瑞吉欧·艾米利亚（Reggio Emilia）的城市，有13万居民住在那里。艾米利亚-罗马涅地区（Emilia-Romagna）是欧洲最富庶的区域之一，土地肥沃，物产丰富－水力发电极为发达，那里还发展少数科技型的轻工业。这个地区繁荣的经济与文化活动可以上溯到中古时代后期。该地区在艺术、工艺和剧场等方面的成就，为意大利全国所景仰。那里的居民各属于不同的团体，例如：狩猎俱乐部、文学社或农业合作社等等。在意大利，参与政治活动被视为是高层次的活动。过去50年来，瑞吉欧·艾米利亚几乎都是由左翼政府执政，即使世界各地的社会主义政权纷纷瓦解，当地居民仍然继续拥护民主化、社会化和强调集体为主的政治体系。

第二次世界大战后不久，有一位名叫洛里斯·马拉古齐（Loris Malaguzzi）的年轻记者住在瑞吉欧，他在无意中访问了附近一个被炮火轰炸过的小村庄，他为自己的所见所闻感动不已。由于他学过教学法，他决定留在瑞吉欧地区，为当地的孩子创办优良的学校。接下来的几十年，他不知疲倦、充满创意地和一群热心投入教育事业的年轻人（之后越来越多人加入他们的行列），创办并改进了许多为婴儿（零到三岁）和学前儿童（三到六岁）设立的学校。20世纪90年代初期，根据《新闻周刊》（Newsweek）的报道，瑞吉欧的学龄前学校已经领先世界。我通常不太相信这类评比，但是这次却例外。这个迷人的地区拥有的22所市立幼儿园和13所婴幼儿中心，的确与众不同。

某个上午如果你到该区任何一所幼儿园参观，你首先会被眼前美丽宽敞的校舍所震撼。瑞吉欧地区的校舍空间充裕宽敞，采光好，校园里精心布置了盆栽植物、美观的椅子和沙发，整个环境看起来充满色彩与舒适感。他们特别设计了隐蔽的小区域供孩子休憩,还有室内花园和公共空间供教师们会谈用。大部分教室都由一个中央广场向外散开,流畅相连。教室和室外活动区有便捷的通道连接,天气好的时候,可以看到学生三五成群,在地上玩耍。排列整齐的书架上,陈列着几百册书籍和教具——从彩色的几何图形、早餐吃的谷类食物样品,到贝壳和可以资源回收的木棒——学生在该学年中都有机会(或重复)接触到与这些教具相关的知识。一切井然有序,看不到一丝杂乱,整个空间显得很灵活,相当吸引人。

到此,我对瑞吉欧幼儿园的描述,似乎并没有让你觉得它们和世界上其他资源丰富、吸引人、设备齐全的学校有什么两样。使瑞吉欧幼儿园卓尔不群的是学生日常参与活动的类型与品质;教师之间、教师和孩子之间的互动都以高度的爱心与尊重为基础;全市大约有一半的学生在这里上幼儿园,提供的是免费教育。

每班都把学生分组,每组学生用几个月的时间研究一个他们感兴趣的主题。通常最吸引孩子的主题,是那些可以有丰富的感官刺激,能够刺激思考的主题。多年来,孩子们最喜欢研究的主题(有时会在不同时期重复研究相同的主题)包括:日光、彩虹、雨滴、影子、城市、蚂蚁城、瑞吉欧中央广场上的狮子、罂粟园、孩子们为鸟儿盖的娱乐园以及传真机的运作情形等。孩子们从许多不同的角度探索这些物体、主题和环境,他们会深入思考在研究过程中出现的疑问和观察到的现象,最后创造出代表他们兴趣和学习的艺术作品,例如:素描、油画、卡通、图表、连环画、玩具模型或复制品,这些作品代表了生生不息、无法预测的艺术表达形式。

最后,如同每个故事都有一个结局,当主题研究告一段落的时候,孩子的创作会被陈列出来供家长、其他孩子和社区里的其他成员来观赏学习,欣赏孩子在学校学习的过程中受到的关爱和教导。许多主题启发下创造出的作品,或印在书上,或巡回展览,或陈列在自己或其他学校的墙上展出。许多参观者一致认为,这些作品可不仅只是看完即弃的、可爱的儿童创作,而是深具艺术性与启发性的艺术创作。

虽然孩子们美丽的艺术创作深深吸引教育工作者和参观者的目光,但这却不是瑞吉欧教育的核心。我认为，他们教育的特殊之处在于教师和学生之间、有时还包括与家长或社区其他人士之间的互动，在于教室里参与实际教学活动的教师和学校里一些特殊同事如教学法专家或设计专家之间的交流，最重要的是在于教务人员每天都记录学生在课堂上的情形等等。

瑞吉欧·艾米利亚的教育工作者，发展出一套重视学生意见与活动的教学技巧，并且不断改进。他们花很多心思探索不同的经验，还经常将新的发现当作以后数周探讨的主题。但是这样的课程无法事先规划。相反，学生对特定经验的特定反应，将成为"课程"的基础和驱动力。下周（甚至第二天）课程的主题，可能出自这周课程的结论、问题或困惑，只要有成果，就会继续循环进行下去。孩子们和教师不断思考一个活动的意义，它会牵出哪些问题，如何进一步有效地探索和拓展活动的深度与广度。

请试想以下的情形是一个什么样的学习过程。假设孩子上学的第二天，天空出现了一道彩虹，从中央广场仰望天际就可以看到。有一个孩子或教师注意到空中的彩虹，然后引起大家的注意。孩子们于是开始讨论彩虹，也许在教师的建议下，有些孩子开始素描。但是突然间，彩虹消失了，孩子们又转而讨论彩虹从哪里来，现在是不是到另一个地方去了。有一个孩子碰巧拿起手边的三棱镜，观察光线透过三棱镜的情形。他把同学们都叫过来，大家开始用其他透明的导管做实验。第二天又下了一场雨，但是雨后的天空多云，看不到彩虹。因此孩子们便在暴风雨过后设立了观察站，这样，只要彩虹一出现，他们就可以利用不同的仪器测出。如果彩虹没有出现，或者他们没有看到彩虹，学生们便会讨论没有看到彩虹的原因，并思考更好的方法，准备抓住下次彩虹的出现。

彩虹计划于是发起。接下来几周，孩子们阅读并写作有关彩虹的故事，研究雨滴，用水龙头在草地喷水产生薄雾，制造类似彩虹的现象，记录绚丽的双彩虹景观，玩手电筒和蜡烛游戏，观察光线透过不同的液体和容器时，会出现哪些不同现象。彩虹计划刚起步时，没有人可以预知整个计划会发展到哪个地步，以前进行过的计划显然会影响教师的做法（最后，也会影响学生），但是多年以来，这种开放式教育一向是瑞吉欧地区教育最重要的特征。

教师的责任是记录孩子们讨论的过程、个别的动作、反应、图案以及孩子们的其他工作内容。这是一份持续的、充满挑战性、相当值得的工作。教师们发展出一套精细的系统，清晰记录整个过程发生的所有事，因此只要有人对某一个孩子个体或团体活动有兴趣，都可以参考这份记录。记录者除了用纸和笔做书面记录之外，还经常利用录音带、录像带和照片等媒介。记录有时似乎有过多之嫌，也许没有人会从头到尾把记录全部看一遍。但是他们认为仍然有必要将学生在校的情形详尽地记录下来，因为我们永远不知道什么时候，哪一个字、哪一幅画或哪一个时刻的记录，会帮助我们了解这个孩子，可以对教师产生启发作用，甚至解释一些令人迷惑的现象。正如到校访问的摄影师必须不断地拍照，不然就可能错过珍贵的镜头，身为记录者的教师，也必须事无巨细地记录学生在校的活动，这样才不会错过任何有重要价值的话或作品。

我还观察到一个颇为有趣的现象：瑞吉欧·艾米利亚幼儿园里的大人，将许多时间花在记录上，孩子们看了之后也跟着模仿。我不止一次看到孩子拿起记录夹，在上面写下歪歪扭扭的字和记号，好像正在记录其他小朋友在做什么。还有什么比这更能证明学徒制的影响力？！我们当然还注意到，教师们努力使孩子们的涂鸦记录起到建设性的作用——比如，当孩子发现特殊事物时，马上加以评论和表扬。

瑞吉欧幼儿园用的大部分主题都与自然界有关——植物、动物、物体（例如：石头）和自然现象（例如：暴风雨），这倒不值得奇怪，因为这些事物能够引发孩子们相当高的学习兴致和感觉。有些以工艺品为主题，甚至有时还会出现相当新颖的主题。

让我们看看孩子们是如何解释传真机的操作方式。这个活动有两层意义：首先，意大利的孩子们和他们在美国华盛顿特区姐妹校的孩子们，通过传真机互相传递信息，这两个地方的小小学者，分别在两地仔细观察这个神秘的机器。孩子们最初的解释是，传真机是个神奇有魔力的机器，但是到了最后，他们也从电子和数码的角度，提出正确的解释，至少让我来解释传真机的原理也不过如此。孩子们共同学习，有时候可以对一个主题达到相当深入的了解，套一句术语，就是"共同建构"（co-construct），甚至以大人的标准来看，也是相当了不起的。

为什么要创造并记录这些活动？许多人喜欢找出实用性的理由，例如：指导他人（包括来自《新闻周刊》的代表）；向家长展示孩子在学校的学习内容；通过观察加强技巧；鼓励教师之间充分讨论；教导关于彩虹或其他主题的知识。以上这些，可能都是记录的其中一部分作用。但是身为访问者、老朋友，偶尔还是瑞吉欧的工作伙伴，我有不同的答案。

瑞吉欧和其他出色的教育机构一样，有需求就有方法。换句话说，整个瑞吉欧的教育团队，几十年来不懈努力，就是为了创造最适合整个社会的教育，这包括教师、家长、物质环境和地区，最重要的当然还是成长中的孩子。美丽的环境是学生学习的第一课。接下来的课程则与参与教育工作的人士有关：孩子们属于一个为他们提供无限支持的大家庭，成员之间经常沟通，而且将乐趣、责任和学习天衣无缝地结合在一起。

在这个开放式的环境里，所有丰富的经验都被保留并珍藏，这不仅仅是基于实用的理由，也因为将对日常生活的探索化为个人经验并从中学习，这个过程本身就蕴含着无限的价值。瑞吉欧的记录者也许会这么说，他们的目标是捕捉并公开孩子们之间自然使用、共同创造的上百种语言，这些语言包括口头语言、身体语言和艺术语言。

用我个人的行话来说，瑞吉欧鼓励、培养并发展学生的多重呈像和多元智能，如此一来，便为学生提供了绝佳的学习入门，切入该社会珍视的真理、美感和道德标准。瑞吉欧的教育鼓励孩子用多重有趣的方式，探索物质世界、生物世界和人文世界。学校准备了具启发性的教材，吸引孩子的兴趣。校方和整个社会观念一致。学校也为孩子的一生示范了彼此尊重的人际关系。

瑞吉欧的教育团队对他们的做法很有信心，他们从中取得了相当大的收获。他们对以研究他们为目的的来访人士所提的问题，没有很大的兴趣。瑞吉欧人（如果我可以创造这个词的话）没有太大兴趣记录孩子在正式或标准化环境中的学习状况，他们不喜欢设计长久不变的固定课程，也不愿意制定通用的测评方式。对于瑞吉欧经验传遍意大利甚至全世界，他们的心情其实非常矛盾。受到外界的瞩目与重视固然是件好事，但是没有人清楚这一种教育方式是否一定适用于其他地区。我们也不确定这个不辞辛劳、有时还被围攻的瑞吉欧教育团队是否想将他们的经验推广到世界各地。瑞吉欧教育当局无意将学龄前教育的模式提升到小学或中学层面（但是过去几年来，确切地说到1998年底以前，左倾的意大利中央政府，一直由一位瑞吉欧籍人士执掌，他对瑞吉欧的教育表现出前所未有的兴趣，至于这份兴趣会持续多久，现在还很难预料）。

以政策为导向的教育工作者也许会惊讶地发现，瑞吉欧的教育团队并不热衷于追踪他们六岁毕业生的日后生活情形。如果你继续追问，瑞吉欧的教师或行政人员也许会如此回答："看看我们社会运作的情形就知道了，我们的社会现况就是这种教育成功与否的最有力证明。"

来自外地的朋友和好奇的寻访者们，当然想探究这些问题的答案。因为他们想把瑞吉欧的理念和经验移植到自己国家的土壤上。美国、斯堪的纳维亚[①]和世界其他国家，都试图重建瑞吉欧的经验；可以想象，来自世界各地造访瑞吉欧的人络绎不绝（他们都随身携带记录设备）。感谢"瑞吉欧孩子"（Reggio Children）这个父母组织起来的团体的设立，他们已经开始在瑞吉欧和世界各地举办研讨会和夏令营，示范瑞吉欧的教育经验。

但移植不是件容易的事。瑞吉欧是世界上一个非常特殊的地方，物质资源与人文资源都异常丰富，并且具有太平盛世般的开放精神。几十年的历史、一位天才领袖人物的启发（马拉古齐于1994年逝世）、教职员工们全心奉献——而教职员工们本身可能亲身经历（甚至创造）了这种学校教育——才共同创造了瑞吉欧教育模式。最难模仿的是，瑞吉欧的教育工作者将工作视为生活，不但平时加班加点，更热心地在许多周末和暑假都照常工作。也许不是所有瑞吉欧的教育工作者都嫁给自己的工作，但是他们对工作的奉献精神从不减退。

瑞吉欧经验的某些方面的确可以移植到其他地区，但是它的大部分教育都和它独特的地域环境以及参与教育工作数十年的当地人士有密切关系。此外，还有许多因素影响瑞吉欧的教育，尽管我们还不知道它们的影响有多大，

---

① 译者注：Scandinavia，是北欧几个国家瑞典、挪威、丹麦、冰岛的泛称。

或如何影响。这些因素包括：该地区的民主制度、居民的思想境界、崇尚社会主义的政府、丰富的资源、宗教（但反对教权的）背景、马拉古齐的理想与实践以及其他受到瑞吉欧教育工作者景仰的教育家——皮亚杰、蒙台梭利、维果斯基（Vygotsky）、杜威和布鲁纳（Bruner），以及马拉古齐（Malaguzzi）组织的教育团队的活力和气质、瑞吉欧教育工作者的特殊经验、访问者的长期观察、对世界其他地方经验的学习等。毫无疑问，今天的瑞吉欧是以上这些因素和其他因素的综合体，别的地方无法完全复制。美国人认为，只要到瑞吉欧参观一个星期，再回家花上一两年时间，模仿当地教育的关键特征，就可以复制另一个瑞吉欧。这种想法令瑞吉欧人觉得不可思议，我也相信他们的怀疑不无道理。

我并不是说瑞吉欧教育或至少瑞吉欧经验的一部分无法在别处实施。美国许多地方已经在努力尝试，这些学校分布在密苏里州的圣路易斯市、俄亥俄州的哥伦布市、马萨诸塞州的阿默斯特、加州的洛杉矶和美国首府华盛顿特区。各学校所处的经济与社会条件都不一样。为全国最富裕家庭孩子而设的私立学校学生们坐豪华轿车上学，家长们则在忙于乘私人飞机往返各地和参加慈善舞会之余，挤出时间到学校担任义工。而在由政府津贴、为郊区最穷家庭的孩子设立的学校里，孩子们通常由亲戚或邻居接送上学，他们的父母忙于工作赚点外快为孩子买上学的衣服。不用说，每一所"美国的瑞吉欧"都因环境和服务对象的不同而沾染了浓厚的地方色彩。

现在请注意，我在描述瑞吉欧和受瑞吉欧影响的学校时尚未讨论到的地方。我没有提到基因和大脑，也没有涉及学生和教师的智能。并非我故意回避这些问题，而是当我们谈到教育机构时，自然而然会先谈到这种教育所在的文化背景，以及从日常活动中表现出来的社会规范与价值观。

将文化视为讨论重点，决不表示对心理学和生物学的否定；相反，这两个层面都很重要。一般学校——值得效法的学校也一样——都是社会与文化的产物，代表社会与文化的目标、价值观，以及如何创造与解释社会意义。这些独特的社会环境及其特殊的历史与价值观，共同决定了在孩子的教育中，哪些事可能做到，哪些事不可能发生。

文化转变

不久前,我到新加坡访问时,和一个刚见面的八个月大小男孩合影。我知道婴儿初次见到陌生人常常会吓得哭起来。为了避免出现这种场面,我用了两个惯招。首先,我不直视小男孩的眼睛,而是让他用自己的方式观察我。其次,我把自己的眼镜摘下来给他玩。

我这两招对几乎所有美国孩子都管用的办法,这次却不灵。不管我怎么试,他不但不玩我的眼镜,甚至连碰都不碰一下。我问了他的父母才知道,原来他们教他不准碰任何人的眼镜。我和其他新加坡父母聊天发现,除了特定的玩具之外,家里不允许小孩随便拿起什么就玩。原因有二:第一,这些东西很贵重;第二,小孩可能会受伤。(我想到第三个原因:小孩要学习控制自己的冲动。)

对我这样的美国人来说,这种限制有点苛刻。我认为一两岁的孩子尽可以玩家里的东西,大人只要把可能对孩子造成伤害的东西拿开就好了。一般而言,美国人认为探索是美德,如果孩子模仿大人的举动,大人都会觉得好玩。依我的观察,瑞吉欧的教育也一样。当一个四岁的孩子拿起写字板,假装记录同学的精巧设计时,教师们一定会很感动,并将孩子无心的模仿转化为"教育机会"。

新加坡发生的事,让我联想起十年前发生在中国大陆的另一件事。我太太和我带着我们从台湾领养的儿子班哲明到南京访问,儿子当时18个月大。我们每天都让班哲明自己把钥匙插到金陵饭店房间的钥匙孔。无论成不成功,他都会兴致勃勃地不断尝试。但是我注意到,碰巧从我们旁边经过的中国老人,都会帮我儿子把钥匙插到孔里去,然后用失望的眼神看着我和我太太,好像在责备我们:"你们这两个没有知识的父母,难道你们不知道怎样教育孩子吗?你们不应该让他自己乱试,承受挫折,而应该告诉他怎么做才对。"

发生在新加坡和中国大陆的这两件事引起我的深思,因为它们似乎代表另一种本质上非常不一样的育儿方式。在美国和其他西方国家,人们通常鼓励孩子自己解决问题、发明创造。当一个孩子玩大人的眼镜，或试着把钥匙插入钥匙孔时，我们认为这是孩子的正常发展。西方人借着探索、尝试新方法、试验与修正，在现代世界掌握了一定的领导权，例如：科学与技术方面的进步，向海洋与外太空的探险等。我们认为这个世界充满挑战，孩子们有朝一日必须迎接这些挑战，我们相信，让他们去面对未知的世界是一个好的开始。

毫无疑问，生活在受儒家思想影响的社会中的人，也希望孩子们做好面对未来世界的准备。传统上，进入社会需要掌握许多传承已久的训练和完成许多成人长期扮演的角色，因此，应该由成人来示范比较合适。我们在很多方面都可以向过去学习，我们对未来的恐惧也很大，因此不能用缓慢、随意的方式学习这些重要的事物。如果有可靠的模式可循，为什么不把它教给孩子，让他或她能够更漂亮地迈出一步或更进一步？如果让孩子独自摸索，他或许进步缓慢，更有甚者，他可能被自己的无效工作吓倒而放弃学习。

家长和教师对这些小插曲也许会有不同看法。有人接受西方"你自己试"的做法，有人则偏好"向有经验者学习"的主张，也有人像我一样，认为以上两者各有好处，特别是还要看所处的社会环境。有充分的证据显示，儒家文化模式造就了许多高素质人才，西方的教育成果比较多样化，最好学校的毕业生往往在能力和创造力两方面都表现优异。

的确，在我对东西方创造力的比较研究中，我发现"模仿"和"建构"都可以作为教育的起点。重要的是，每个孩子都应该有足够的机会使用另一种方法，否则可能会引发潜在的危机。儒家文化训练出来的学生，也许具备纯熟的技巧，却较难在新环境中展示这些技巧。积极的西方学生也许自认为较有创新精神，但无论是在熟悉的岗位上或接受一项新工作时，常常缺乏扎实的技术。

还可能有另外一种情形。在西方，我们知道，创造力往往源自个人动机和独立解决问题的过程。以表彰个人成就为主的诺贝尔奖就是"独行侠"的极致例子。儒家社会则采用集体合作的方式创造新科技，并因此在经济方面取得了辉煌的成就。近年来，西方也开始受东亚社会模式的影响。许多工作场所都将生产工作交由小型团队自行负责，科学研究工作也逐渐需要数十，甚至数百名工作人员的共同合作。

西方在过去几个世纪以来以非正式的方式，近年以比较正式的方式，开始朝新方向探索：即系统化地检视其他文化。世界各地的人都会对不同于自己的群体产生某种程度的好奇。人们致力于将自己和邻居或敌人区别开来，即使是希望从中找到自己的同盟或联姻的伴侣。但只有西方国家发展出一套完整的知识，用来记录看起来和我们不同的个体的信仰、作风与态度。

传统上，人类学家属于游离的人群。出于某种原因，人类学家往往和自己的文化疏远，花多年时间居住在不同的文化区域，学习不同的语言和事物。无论他们喜爱还是厌恶异国文化，他们最终大多会回到自己原来的社会，讲授和写作关于他们研究的人种。这种情形现在仍然存在，但有几点已经改变，包括：对这种探索的迟疑态度；科学研究方法的精细化（将研究重点放在语言学或血缘结构上）；可靠记录方式的出现（拍摄影片和录影带）。19世纪西方人首次接触的异国文化，现在已经越来越少了。

现在，大多数的人类学研究地点，都不会离自家太远，研究的对象可能是与自己差异性不太大的社会，或者是本身文化中的特殊之处（例如：研究自己村子里或邻村的女巫或变性人）。此外，人类学家不再只是保持超然的态度，而是常常找机会和研究对象建立个人关系或予以帮助。

人类学不再是一个"奇异"的行业，相反，人类学的研究方法和假设已经融入社会科学的主流。举例来说，心理学研究者对有关文化的问题与方法产生越来越浓厚的兴趣。

在心理学"崇尚物理学"的时期，心理学家尽力模仿物理学的研究方法，建立单纯的实验室条件，把所有熟悉的或与环境相关联的痕迹都摒除在试验之外。这种做法可以上溯到行为主义时期，而且仍然存在于某些心理学和认知科学研究中。许多研究者，特别是那些注重人类发展的学者认为，这种脱离现实式的研究方式会妨碍研究的成果。事实上，一个人从受孕开始，就已经被特定文化的假设、偏见和观念团团包围。这些预先存在的概念无可避免地影响着一个人的思维、情感和发展模式。毋庸置疑，教育机构也会很大程度上受到所属文化既有的目标与假设的影响。的确，学校教育别无选择地要么去包容本身文化的价值观，要么与之极力抗争。

许多心理学家在人类学家的研究工作影响下，离开实验室，开始研究那些曾经被他们忽略的日常生活。举几个例子：研究者仔细观察父母和孩子沟通的方式，观察他们说了什么或没有说什么，还要看他们都用了哪些语言和非语言的方式传递信息。他们也观察孩子们之间的游戏、冲突、激励和教导的情形。当心理学家把目光转向学校时，他们将教室当成一个社区，研究一些特定的价值观是如何被传授的，有哪些反应和互动是被允许或被禁止的。他们特别注意家庭内部以及家庭与外界的关系；他们探究媒体在不同年龄孩子的社会化过程所扮演的角色；他们也观察教室里的实际情形，看孩子们如何建构与分享知识，是通过互助学习、团队合作，还是互联网？这些调查使特定的文化观念和实践清晰凸现出来。

现在再让我们回到瑞吉欧·艾米利亚的学校，但我想先介绍几位心理学家的研究方式。

所谓"学习"（learning），现在专指在特定的环境中、具备特定的特征与目的，缓慢而不确定地向不熟悉的新领域逐渐探索的活动。在瑞吉欧·戴安娜学校就读的学生，都喜欢关注自然界现象，并用文字或作品将它们记录下来或者和其他人讨论。学生们可以和他们的教师或同学一起学习。所谓的"活动环境"（project environment）在这里也是特定的，其范围仅限于学校的四面围墙之内。戴安娜学校的学生在家、和家人出外郊游或和其他学校孩子玩耍的时候是否也对自然界保持同样的兴趣，就不得而知了。

知识现在被视为是分散式的（distributed）。换句话说，知识不仅仅是存在一个人的头脑里，知识也可能和个人自己的观点、他人的观点以及来自人为或技术资源的信息结合。这一点在瑞吉欧经验中得到充分证明。瑞吉欧学前教育的许多成就是惊人的，学生在理解和技能这两方面都达到很高的水平。如果我们认为理解和技巧原本就存在特定学生的大脑中，那显然是不对的。依我所见，知识不是局部性的。瑞吉欧的成就是集体努力的结果，不单单是学生集体合作的结果，也需要有相当知识的成人给予持续性的支持，引导学生深入探索（通常将成人的支持称为"脚手架"），学生们还受到所使用的媒体功能与局限的影响。有一个问题值得探讨：如果随意选一个孩子，在没有同学、大人、相应的语言行动帮助的情况下，看这孩子自己能了解多少？

以文化为导向的社会学家向来不反对使用术语，他们提出"合法外围参与"（legitimate peripheral participation）的过程，也就是孩子们首先观察有技能的大人工作，在潜移默化中学习。学习始于观察，接着参与外围工作，然后是正式的接收明确口头指导的学徒生涯（apprenticeship）。以文化为导向的心理学家则强调场所、环境与习惯的重要性——在一个资源丰富、有足够人力物力支持的环境，学习机会便会自然而然产生。这些学者强调"个人知识"（personal knowledge）的重要性，而个人知识是需要花时间在一个特定的环境中循序渐进习得的。这种知识很难通过语言指导来传授。"个人知识"对任何知识领域的有效工作，如收集蝴蝶、打网球、学数学或音乐等都相当重要。

以上这些概念都是瑞吉欧经验的核心部分，其实瑞吉欧经验中最重要的方面都属于"摸不着"的东西。它们包括学校美丽舒适的环境，校园中丰富的学生作品与评语展示，成人之间、成人与孩子说话时的温和态度，早晨的音乐，个别准备、充满爱心的午餐和点心，安静而灵活的午休时间，充满活力却不粗野的操场活动，贯穿数个星期或数个月的主题活动以及季度性或一年的计划。大人将格调定好，孩子们注入活动的精髓，孩子们学会之后，再将他们的知识和训练，传递给像他们当初一样"外围参与"的更年幼的孩子。

这些具有文化色彩的观念，没有完全改变我们对孩子的认知、社会以及情感发展的认识。大部分的知识发展还在人的大脑里进行的。最后，除非学生将知识融会贯通成自己的知识，否则他们还是无法运用。我们这些国内外的心理学家，都越来越重视知识的社会性、关联性和分散性。知识生成于人与人之间的关系。我们内化的知识，大部分都来自他人的榜样和动机，我们会在家庭、学校和更广大的社区等社会环境中将知识具体化。

文化研究的洞察力

在不同文化中，数百种关于抚养和教育孩子的研究，否定了两种相互对立的观念。一是为心理学家和生物学家所偏爱的"普遍性"的观念。这个观念表示，人类内心深处几个重要的层面都非常相像，即使有一些差异，也都是表面而微不足道的。麻省理工学院以普遍性观念为导向的语言学家，在他们派送的铅笔上刻印这样的话："莫被环境吞没！"传达的信息是：不要被文化或环境的表面差异蒙蔽了。

当结合我们的切身能力时，这种观念得到较好的支持，例如：我们如何理解三维空间中的物体，又如繁殖下一代和储存足够食物等与生存有关的行为。但是这种观念在以下情况就显得不那么恰当，比如如何用语言达到特定目标——他们是直截了当地提问，还是用难解的方式表达，或是充满魅力地倾听？又比如如何向孩子介绍一个玩具——只是把玩具递过去，示范一次，让孩子自己看录影带，或者花很多时间和孩子一起玩，还是开玩笑故意不把玩具交给心急的孩子？就如何让孩子认识一种玩具的方式来说，不同的文化也会采取不同的做法，有时甚至同一族人可能有不同的做法。

二是人类学者和某些多元文化主义者所偏好的"独特性"观点。"独特性"观点认为，每一种文化都有其独特性，因此只能用特属于该文化的方式来检视。有些文化发展出非常特殊的世界观，例如：托马斯·库恩（Thomas Kuhn）的"竞争科学模式"（competing scientific paradigms），就无法移植到另一种文化中，也无法和其他文化做比较。我们尽最大努力也仅能够了解到该文化的一部分，所用的方法也通常是通过艺术作品或引人注意的奇闻逸事，将这类观念传达给对该文化陌生的人。有些观念可能很难用其他的象征符号来传达，例如：日文的 amae、德文的 Gemütlichkeit 或中文的 hao-xue-xin。（如果我在此提供注解，就会背上破坏原文"独特性"的罪名。）企图用统一标准衡量不同文化是一大禁忌。

严格地说,"独特性"的观念也站不住脚。因为所有人一定会面对一些共同的压力与需求,因此不能说彼此之间完全无法明白对方的立场。不完全的解释总比不解释好。此外,很多人都能成功地理解两种或三种文化,在不同的文化之间穿梭自如。如果我们真的无法了解其他文化传统,就不可能达到这种境界。奥立佛·萨克斯(Oliver Sacks)在研究太平洋波贝岛(Popnpei)居民受教育的情形时发现,单一教育体制也可以自由地接受对立的文化传统:

> 最先进的天文学和地理学和世俗世界的历史以及他们神秘神圣的历史享有同样的地位。学校教授学生关于梭光(shuttle light)、板块构造和海底火山知识的同时,也要求学生深入了解本身文化传统的神话。例如,远古时代的故事:先民如何在一只神秘的章鱼利达奇卡的带领下建立波贝岛的故事。

还有比普遍性和独特性观点更能有力研究文化差异的方法。每个文化都有一些普遍性的需求;每个文化都有特定的资源并尽力保存它们;每个文化都有自己的历史,也发展出一套行为规范与禁忌;每个文化都是特定生态环境的产物。基于以上及其他因素,在某种程度上形成一套可行的研究方法。在错综复杂的因素影响之下,不同文化发展出不同的生活方式。世界上有一些地区,用该文化特有的方式解决问题,能够维持长时间的稳定。在其他一些地区,规范和行为模式则显得比较灵活、甚至混乱。

一个文化解决问题的方式方法,有时很容易被外文化所理解,有时则显得神秘晦涩。但是只要努力,加上良好的意愿,再辅以生动的说明,就一定可以增进对其他文化的了解,也可以让别人更了解自己的文化。如果想让自己的真、善、美观念不至于有无可救药的地方狭隘性,这些努力都是很重要的。

运用于教育中的文化观念

我要采用简要的方式和大胆的拟人法来讨论这个问题。每个文化都希望孩子们学会某些知识，具备一定的价值观，熟悉特定的技能。每个文化都很重视孩子在智力、道德、社会、情感和伦理各方面得到发展。父母、同伴、教师、专家、亲戚、媒体、学校和不同的科技，都肩负着教育的责任。此外，还通过奖励、处罚和制度来进行示范、激励或威吓。

文化本身对这个问题会做出选择。虽说这种选择不是有意的，但却不可避免。这些选择通常是看不见的，并且受到文化内外不断改变的因素的影响，而形成自己特殊的风格、特征或"构造"。

比如实施教育的团体。大部分的传统文化中，通常由父母、长辈和宗教组织负责教育下一代。在世俗世界，学校接管了许多教育功能。像美国这类高度世俗化的社会，同伴和媒体在教育中扮演的角色，远比教会与早期的学校来得重要。未来，由强势科技提供的教材和样板将成为主要的教育媒介。

再以发展的不同层面来说。在宗教主导和人种相对一致的社会里，道德和情感教育通常被认为是学校的责任。但在世俗化的社会里，学校大体上不必承担这项责任，因为人们认为那应该是家庭和教会的责任。如果孩子和父母同住，又或者教会得到社会的尊重，这么做没有问题。但是如果没有以上两点的支持，情况可能会变得较为复杂。要么根本没有任何机构负责道德与情感发展教育，要么孩子被迫从街头、黑帮或媒体当年捧红的偶像那里接受粗糙的道德和情感教育。

最后再让我们看看教育的实际内容。在许多社会中，学校的课程都由教育主管部门来决定，很少让公众参与对学生要掌握什么知识的公开讨论。父母、家庭和教师通常会帮助学生学习核心课程。非集权社会会提供不同的课程，也倾向于将授课的方式留给教师自行决定。如此一来，教育的执行就会出现不同的结果，有些学校坚持高标准，有些学校设的标准较低，或无标准可言。即使在同一所学校里，也会看到不同的成果，因为教育成果往往受到学生努力程度、家庭标准、教学风格、教师的能力和社会要求等诸多因素的共同影响。

瑞吉欧以外的其他好学校

历史学家大卫·泰克（David Tyack）曾经表示，世上没有所谓"最好的体系"。在每一级教育中都可以发现多种优秀的教学方式。即使是那些想重建瑞吉欧模式的人也必须了解，教育不可避免地带着浓厚的地方色彩，也会打上父母、教师和社会特征的烙印。

根据我的游历和阅读经验发现，世界各地对不同年龄层的教育有着相当不同的期望。在我们这一行流传着一则笑话：最好是让孩子上法国的托儿所、意大利的幼儿园、日本的小学、德国的中学和美国的大学。我并不是要证实这种假设，只想举几所学校和教育机构引人瞩目的教育方式和有效实践供大家参考。这份简短调查的主要目的是让我们知道，有效的教育方式不止一种，而且学校教育会反映出各自不同的文化背景。

几种优秀的学前教育

在日本和其他受到铃木天才教育法影响的国家，四五岁的孩子就可以单独演奏小提琴或和弦乐团合奏。他们之所以能达到这样的成就，得感谢日本的铃木进一发明了一种天才教学法。孩子在出生后不久，就开始聆听小提琴音乐。他们每天观察自己的妈妈拉小提琴，孩子自己也在一段短时间内用儿童小提琴开始练习。如此一来，孩子一边沐浴在音乐里，一边按照精心规划的课程进度学习他们喜爱的曲子。这套教材的设计理念是利用小提琴琴弦的位置安排和孩子容易掌握的指法，让孩子很快就能演奏他们喜爱的旋律。孩子们也常常和同学们一起演奏，有的同学程度比他们高，有的稍低。通过严格的控制和耐心的教导，当学生上小学时，都已经是熟练的演奏者了。但是，这套教学法不太注重孩子音乐创造的潜力。

铃木教学法表现了日本文化的几个特质：对艺术的极度尊重，如果一个人想学习并精通某些传统技能，一定要先学会欣赏该工艺或技巧。（铃木教学法的课程内容虽以西洋音乐为主，但是铃木本人常常强调，他也可以用同样的方法教插花，或演奏亚洲传统乐器）在训练过程中，其他人的共同参与也很重要。母亲是孩子的启蒙教师。所以，传统上大部分日本妇女都不参加工作，就是希望可以全心全意培育孩子。此外，其他孩子也扮演重要的角色。孩子们被要求共同学习，彼此启发和互相支持。许多幼儿教育都致力为孩子营造一个和谐的集体学习氛围，就如多年后他们在工作场所所需要的那样可以和别人和谐相处。

在美国，有一些孩子就读于"光谱教室"（Spectrum Classroom），其教育理念建立在我提出的多元智能理论之上。光谱教室准备了丰富的教材，以刺激儿童各方面智能的发展。这些材料包括：科学性的陈列、活的动物、艺术与音乐教学材料、游戏和拼图等等，好像把托儿所或幼儿园变成一所儿童博物馆。在一年之内，教师会鼓励孩子使用所有的教具，借此锻炼他们各项智能的发展。如果孩子不愿意接触某些教材，教师就要试着帮助学生"跨越"障碍，即尽量通过孩子喜欢的教材，自然地引导他们接受原本不喜欢的教材。到年底的时候，每个家庭都会接到一份光谱报告。这份报告记录了孩子智能的强项和弱项，并建议家长在家或在社区里，可以和孩子一起做哪些活动，以鼓励孩子从多途径来发展个性。

虽然美国人对光谱教室所知不多，但是光谱教室和铃木教学法或瑞吉欧经验一样，都相当尊重文化传统。首先，这套教学方法的基础理念是重视教学材料与技术，认为应该让孩子有机会玩各式各样的东西，而且种类越多越好。其次，承诺对个体差异的尊重。重视每一个孩子，鼓励每个人都应该尽全力发展与众不同的特质。光谱教室鼓励孩子面对新的挑战，因此教师特别用心帮助孩子，将注意力从他们喜欢的教材，迁移到有所抗拒的教材上，逐渐面对和克服困难。最后，光谱教室在鼓励孩子集体合作的同时，强调每个孩子都是独立的学习者，是研究特定课题的独立心智。

一个教育体系当然可以同时使用铃木教学法与光谱教室的环境，但是必须首先了解，这两种教育理念源于两个迥然不同的文化传统。东亚文化对艺术和工艺的尊重程度较高，而现代西方的观念则认为要为孩子提供各种有趣的教学材料。如果要让铃木教学法在西方社会发挥功效，西方的成人就要学习东亚社会母亲所扮演的强大支持力量。同样的，如果要在强调和谐关系的文化中推广光谱教室的概念，日本人就要学习尊重个人的目标与需求，了解每个孩子都与众不同，因此需要用不同的方式教导。

中国、日本和美国的小学

日本小学首先要确保孩子喜欢学校，并且能够文明有效地与他人相处。学校花很多精力来鼓励孩子发展合适的人际关系与行为。一般人还保留过去的古板印象，认为日本人的教育就是在军事化的教室里死记硬背式地学习。但是，现代的日本小学生必须在教室中面对很多具有挑战性的问题。教师鼓励学生花相当一段时间共同研究，找出解决之道，而且最好有原创性。在小组讨论时，孩子们不但有机会了解别人的想法，同时也明白团队合作有时候要比自己闭门思考要有效率得多。教师把自己当作培育者，他们不追踪孩子的学习成果。他们认为，只要孩子自己努力学习，并能得到家长的适当支持，就一定会有进步（如果孩子没有进步，家长通常会求助于私人补习，而不会去影响学校的正常教学）。

虽然学习很重要，但是小学教育的主要目标是培养出善良、有责任心和守纪律的孩子。因此日本小学生在学校花很多时间维护环境的清洁美观，担任领导工作为其他人服务，为自己的错误负责，为遇到困难的同学提供援助。学校允许和鼓励孩子们在适当的时间尽情玩耍。学校被视为孩子有一天无可避免要进入的社会（也许是理想化的）的缩影。

在中国小学里，学生可以用毛笔画出惊人漂亮而细致的中国画。在观察实际教学情形之前，这些画作和铃木教学法的小提琴表演者一样令人不可思议。中国教师一笔一画仔细地反复示范精确的运笔技巧。在家里，学生也按照范本上的指示，练习笔画顺序和不同的笔法。通过观察教师"生动"的示范和照帖临摹，学生一遍又一遍地练习每一个笔画。教师不但观察学生练习的情形，还常常握着学生的手，示范如何运笔。认真指导、师生合作，每一节课下来，全班四五十个学生几乎个个都能熟练地画出金鱼、竹子或熊猫。

这种盲从的教学方式似乎只能教会学生如何模仿复制。但是，许多学生在画以前没学过的题材或不可能画过的事物时，也能大体演绎得中规中矩。由此可见，仔细观察和细心临摹练习笔画，显然可以帮助学生增强技巧，并取得惊人的进步。

这两个例子显示，两个深受儒家思想影响的社会，教育的方式却存在很大的不同。两者都尊重工艺，重视练习，制作漂亮的物品，进行无懈可击的表演。但是在日本，教育的过程大多放手让孩子自己去学习。学生们要学会如何与他人合作以及在学习的过程中彼此帮助。就中国的教育来说，教师仍然是不可或缺的中心人物，而且这种形象通常是男性代表。比较以上两种教育方式，在日本学校里，比较容易培养学生的集体创造力。而在接受中国式教育的孩子中若出现创造力，也相对是个人的。值得注意的是，日本在20世纪出现了许多优秀的科技团队，而中国的天才则大多属于科学领域或以个人为主的艺术领域。

在美国印第安纳波利斯的"奇异学校"（Key School）（亦即现在的奇异学习中心）和其他受奇异学校模式影响的学校里，学生定期接触为他们的多元智能特别设计的活动。学生每天上的课程（包括音乐、外语、身体运动课程）都是为刺激某一种智能的发展而特别设计的。此外，学生每天都可以上被称为"小组"（pod）的选修课程，还可以在"流畅教室"（flow room）里学习和参与他们喜欢的单一智能或智能组合的活动。学校的课程以阶段性主题为主（例如：墨西哥、印第安纳波利斯的"重生"、图案和鸟类等等），学生或独立或和小组一起学习，受主题启发，他们也可以自行设计学习活动。活动完成后，要把活动介绍给全班同学，并接受大家的评价，整个过程都用录像机录下来。学习活动可以充分展现学生们的兴趣、对主题的研究和各种智能的组合。

奇异学校反映的是美国风格。奇异学校非常重视学生的选修课和选择权，因此学生可以按照兴趣参加"流畅教室"的活动和小组活动。这样信赖个人知识与学习动机，可能与儒家文化显得有所冲突。许多以活动为主的教育，例如瑞吉欧，学习活动反映的是学生的兴趣。但是在美国，学习活动通常很少以集体形式进行，而是由一个学生独立完成，或由两人小组执行。所以活动进行得顺不顺利，大多取决于孩子的学习动机强烈与否。教师大多时候居于幕后。受到美国社会对可靠性的重视的影响，美国学校相当重视学生从活动中学习到什么，以及如何记录这种学习成果，呈报并说服掌握教育经费的当局（通常属持怀疑态度者）。

正如中国与日本一样，美国国内的教育也存在着许多差异性。许多在奇异学校附近的学校，学生必须学习核心课程，这些课程也许受到赫希的影响，或受到私人基金支持的爱迪生计划（Edison Project）的影响。每个年纪和年级的学生都要学习和掌握预定的概念、字词和知识领域。定时测试学生对知识的掌握程度，如果考试结果优良，就会受到奖励，如果还没有充分了解课程内容，教师就会鼓励学生加油努力。每升一个年级，课程内容也随之升级，以避免不必要的重复或漏洞。这种教育方式对没有学会识字的孩子特别有帮助，指定的教材帮助学生循序渐进地学习，使社会未来的公民都可以具备相当的知识水平。

的确，核心课程和奇异学校都不同程度反映出明显的美国文化价值。特别在一个多元化的社会，形成一个"合众为一"（e pluribus unum）的单一政体是一个永恒不变的观念。这可以上溯到19世纪40年代霍瑞斯·曼恩（Horace Mann）创立的公立学校（common school）。此外，核心课程也在另一个角度展现了美国的价值观。美国教育机构通常根据学生学会多少知识、了解多少概念、达到多少行为目标，来判断学校教育是否有效。美国人很喜欢数字，也很喜欢知道学生到底学了多少东西；无论是报纸的新闻还是教育当局，都注重学生有没有掌握可以衡量的适当行为。此外，我很不喜欢看到他们常常将一些表面现象当作学习的成果。只要看看我们对电视智力竞答节目和游戏节目的陶醉程度，多少可以反映我们对公立教育的看法。

世界各地的中学教育

在德国，许多学生在中学阶段就开始为进入职场做准备。学生们每周花好几天时间，在医药、银行或机械行业工作，学习它们的工作内容，了解该行业工作要掌握的知识以及大概的工作情况。大部分是实习的形式：学生在现场工作，由师傅和熟练工人指导他们发现问题并解决问题，示范技巧帮助学生达到熟练的程度。那些在实习中表现良好的学生，毕业后可以在实习公司得到一个职位，而那些希望升读大学的学生也因此了解了一般职场的实际状况。

北欧和斯堪的纳维亚半岛国家也受到德国的影响，他们的教育理念显示了该地区长久以来的两大价值观念：首先，他们相当重视实际职业场所，以及实习工作和职场规范之间的象征性关系。其次，他们认为，如果年轻人和年长的师傅建立长久的关系，很可能培养出良好的工作精神。的确，在某些德国学校，学生一直固定跟一些教师学习，这样他们之间就容易建立起深厚的师生关系，学生能够得到教师家人般的支持与鼓励。

40年前，新加坡还是一个相当贫穷的国家，当年很多孩子晚上是饿着肚子睡觉的。新加坡没有任何自然资源，唯一的资源就是三百万国民的脑力与体力。今日，新加坡的生产力与国民收入在全世界各国中名列前茅，在国际竞赛中新加坡学生也常常名列前茅。

新加坡学生在数学、科学与科技方面，都小心跟从一系列指定的教材和课程训练。所有教学皆以英文为主，这不仅反映新加坡的殖民历史，也反映出英语已成为商业世界的通用语言。和德国一样，新加坡的教育也有自己的轨迹，打算继续接受大学教育的学生，就必须循学习更多富挑战性的课程和多种语言的途径。学生们都非常用功，每天平均要花四到五个小时做家庭作业。父母陪着孩子一起学习，有时还额外聘请家庭教师或特别的教师来辅导，在这个崇尚权威主义的社会，绝对不能容忍懈怠。他们认为，所有毕业生都要为社会的进步出力，个人目标通常必须服从社会的利益。

新加坡和日本一样，成功地将儒家的价值观与实践，和在竞争激烈的国际社会成功生存的知识嫁接起来。其他的亚洲"小虎"（中国香港、中国台湾、韩国）也都成功地融合了曾经对立的传统，然而，近期的亚洲经济不景气，似乎也暴露了这种系统的某些限制。这几个社会都极端重视教育，提倡好好学习、天天向上的美德，学生的努力不是为了达到个人的成就——如德国社会学家马克斯·韦伯（Max Weber）对清教徒文化的深刻描述，而是和整个社会的成功紧密联系在一起的。

位于纽约市东哈勒姆区的东中央公园中学，和其他属于核心学校联盟（Coalition of Essential Schools）的学校，他们的教育重点不要求学习固定的课程，而是帮助学生善用自己的头脑深入思考。这些学校承诺遵循九项核心重点，例如：学生是工作者，教师是教练，每个教师负责的学生不超过80名，他们比较注重深入学习经过挑选的教材，而不倾向于广泛学习许多主题。他们的口号是"少就是多"。学校的行政人员致力于完善行政与教学系统，以实现学校的教育理念。

一般来说，像东中央公园中学这样的学校，每节课的时间较长，每班人数较少；学习的主题与选择尽量减少，历史、文学、艺术和科学、数学常常由跨学科教学小组授课。他们鼓励学生提出探究性的问题，例如：这个课题为什么重要？证据是什么？它会带来哪些不同的影响？学生不是修完特定数目的课程，或得到某种分数就可以毕业，而要能够积累到一定数目的学习成果和表现。他们的学习成果不只由教师，还要由具有专业知识的社区居民共同评定。

类似东中央公园中学这样的"另类学校"，从零开始，经过几十年的努力，在当地形成独特的教育风格。即使有其他的教育模式可用，这些学校的创办人和行政人员还是依然坚持发展自己的制度与实践；而且持续不断地反省和修正自己的优缺点。他们特别注重如何解决学生之间的纠纷，甚至也文明地解决教职员之间的意见冲突。我们可以从他们的做法中看到美国的民主精神：怀疑上行下效的行事模式；偏爱创造新制度，而非改革既有的制度；发展出可以在新环境崭露头角的思考方式；吸引社区个人与团体的参与。学校是理想化的社会缩影，也包含了冲突和解决之道。

当然，有些美国学校没有经常改革的必要。在新英格兰地区，像菲利普斯·安多弗（Philips Andover）、菲利普斯·埃克塞特（Philips Exeter）和罗克斯伯里拉丁学校（Roxbury Latin School）等私立精英学校，一向教授传统课程，而且坚持严格的高标准，提供丰富的课外体育与艺术活动，举办学校报纸等半学术社团。这些学校的教师学历要求很高，而且需要很长时间在学校工作，学校期望他们的学生成为未来社会的领袖（学生们也以此自居）。这些学校融合了新加坡的严格和东中央公园中学注重分析、民主等教育特质。许多美国人都希望到这类学校接受教育，遗憾的是，这类学校的学费相当昂贵，入学要求也很高，因此只有极少数人读得起。

另一个相似的教育项目——国际学士课程（IB，International Baccalaureate）最早从英国兴起，现在全世界有数百所公立与私立中学采用IB课程。IB课程也是教授固定的课程，举行各项测验，测验结果由外界人士评分。但是学生学习的内容不只限于固定的"核心课程"，还包括各种艺术形式，以及一门教授知识理论的跨领域课程。IB课程对要从世界一个地区搬到另一个地区的家庭特别有吸引力，因为IB课程在全世界范围内提供课程与标准的连贯性和一致性。在这个逐渐全球化的经济体系，IB课程的教育理念应该会越来越受欢迎。一点也不奇怪，IB课程现在已经向下延伸到小学与初中。有趣的是，瑞吉欧模式对IB学校头几年的小学课程的设计影响至深。

优秀的以色列文理学院位于耶路撒冷，资质优异的学生在此学习内容丰富的艺术与科学课程。所有学生都要参与社区服务。他们经常讨论伦理问题；学生甚至和科学或其他领域工作的专业人士一起讨论科学家在实际工作上面临的道德两难问题。

在这个学院修课的学生，是从初中开始入读。来自以色列阿拉伯社区的学生如果天资卓越，即使他们年龄较小也已经可以就读，这些未来学者需要接受特殊的额外教育（他们称之为"发现计划"），这样，他们就可以和多数比较占优势的学生一起竞争。几年前，该校的一个阿拉伯女孩就获得全国数学最高分的荣誉。该校毕业生通常年纪轻轻就已经相当成功，学校会鼓励他们回母校，帮忙教育下一代天才学生。

在我以上介绍的所有学校中，以色列学院最为雄心勃勃，他们有难度很高的跨学科课程，同时对学术与伦理予以同样的关注。学校不是一个冲突激烈的社会的避难所，相反，该校建立在犹太人与阿拉伯人共同生活的区域，学生们经常在一起讨论社会上争议最激烈的问题。在著名的三十六号教室，伊斯兰教、犹太教和东正教学生常常辩论到凌晨一点钟，但是几个小时之后，大家仍然是朋友。该学院拥护犹太人的一套价值观，这和学院创办人罗菲·安姆兰（Raphi Amram）这位深具远见的教育家的信念有关。以色列学院已经和美国以及其他国家的一流学府建立学术关系。以色列的例子让我联想起一句谚语：可能的事今天已经完成了，不可能的事明天还要继续。以色列学院的成就在一向战争冲突不断的中东地区，为精英分子和热心参与的人士提供了一个良好的模式。

学校的目标

我从瑞吉欧·艾米利亚开始，举例说明在世界不同国家，或同一个社会中的临近地区，学校如何从本身的文化特征中脱颖而出。由于历史、地理位置、课程的需要与期望、可利用的资源、文化与个人的目标的不同，每所学校都有自己特殊的目标。家长与教师平日表现出来的信念与态度，也会对学校的品质和学生的素质产生相当大的影响。

有效的教育可以存在不同的形式中，但是必须具备几个共同的要素。学校管理者，管的不论是一所还是一群学校，都必须有明确的教育目标。章程也许有帮助，但这只是代表目前的状况和考虑，不能适应变化。学校的管理者必须清楚教室内的运作情形，希望自己的毕业生是什么样的，决定学生升级或毕业的标准，以及如果达不到这些目标，应该建议怎样的课程修正等等。

坦白地说，这些要素都是理所当然的条件，不值得特别强调。谁有理由反对以上各项？在重视权威或种族一致性很高的社会，大家对学校应该如何运作比较容易达成共识。

但是，有三个因素往往会影响学校教育目标一致性的实现。首先，构成社会的各个群体，常常喜欢迥然不同的学校和不同类型的人。比较容易的做法是忽略这些差异，或找出表面上每个人都满意的解决方法来应付，而不是面对挑战，努力达成真正的共识。

其次，即使已经具备明确的目标，却不知道如何去达到，并且如何判断目标难以达成或已经落伍，也是一个难题。教育工作者不是实验科学家，他们无法在自己可控制范围内进行重大实验，即使可以，他们也很可能不愿意这么做。

最后，现实情况和文化随时都在变化。适用于100年前，甚至20年前的教育目标，现在不见得适用。一个人开始工作前几年所受的相关教育特别能够反映这个情形。100年前的人，如果学会拉丁文、希腊文，或者20年前的人学会微积分，表示他已经为步入社会做好准备了，但是在今天，解决问题、超认知、适应快速变化的职场和具备某种特定的智能，可能被视为更有价值的品质。

如果学校教育的目标是在传授角色扮演、价值观、符号技巧、学科知识和对真、善、美的了解等方面，就和本书主旨相吻合。然而，我们往往忽略了我们的直觉和一些不言而喻的常识。再者，许多重要知识都是隐藏的，很少被谈论，而是借着长辈的行为和态度表现出来。这些都蕴含于文化之内，无法奇迹似的改变或转移到其他地方。如果所有参与学校教育的人都了解，学校的成功和继续繁荣壮大，需要整个社会持续稳定的文化支持，学校就有可能继续繁荣壮大。

对社会科学的了解对创造学校的积极形象有很大的帮助。说得更明白些，我们不应该肯定皮肤里面的东西（大脑）还是皮肤外面的东西（文化与其价值观）哪个比较重要；我们不应该认为神经科学或认知科学和文化人类学之间，有着截然相反的目的，或你死我活的斗争。相反，这两种观点一样重要，一样不可或缺，也一样会造成长期影响。瑞吉欧、新加坡和德国教育的成就（或没有做到的部分），部分原因和每个地区的特殊情况有关，部分原因则取决于学校教育如何明智地开发学生们的心智呈像、癖性和智能。如果我们要有策略地思考全人类最好的教育，就要以心理学、神经学、生物学和人类学的最先进的观点为知识基础，另外，我们还要将科学的新发现和人们长期以来积累的传统知识结合起来，为教育下一代服务。

第六章

为深度理解而设计的教育

让学生研究各种学科的目的，不是期望他们变成该领域的小小专家，而是训练他们的思维模式，这对他们理解未来要面对的世界将有所帮助。如果他们以后想更深入地了解这些学科，或想专注某一科作为未来的职业，他们会找时间和工具去实现的。

教室透视图

过去20年来，美国出现了一种新兴的教育机构。教育的对象主要是希望学习某些特定技能来提升个人谋生能力的年轻人。虽然这类机构也称自己为大学，但是从许多方面来说，其运作方式完全和大学教育的传统或应有的目标背道而驰。

一个典型的例子就是凤凰城大学（University of Phoenix）。20世纪90年代末期，这个以特许经销权方式经营、以营利为目的的学校，在美国十几个州，总共设立了47个校区，学生人数超过4万名，成为美国规模最大的私立学校。学生可以获得包括护理、教育、资讯科技和商业等各领域的学位。和其他美国大学不同的是，凤凰城大学没有校园，没有图书馆，也没有固定的师资队伍。这所大学的教师并非来自学术领域，而是在他们教授的领域有实际工作经验的人士。

无论从哪个角度看，这所大学都谈不上有知识生活，只有能够在商业方面立竿见影的知识才被认为是有价值的。学校尽可能以最有效的方式，让学生获得他们想学的技能。上课时间大多安排在傍晚或晚上。学生（年龄大概都在23岁以上）可以把车直接停在教学大楼附近，上完课后立刻开车回家。许多功课都可以在家中的电脑上完成。"方便"是最大的特色。该公司的董事长威廉·吉布斯（William Gibbs）表示："来我们这里上课的学生，并非真正想受教育。他要的是教育为他们带来的好处——更好的工作、升迁的机会和在会议上发言的能力等等。他们希望借教育获得实质的利益。"这些学生就像受欢迎的快餐店顾客一样，对大学提供的服务相当满意。

我在前一章里，提到好几种进入大学之前的教育模式，并且说明它们各自源于不同的文化背景。我们也可以用同样的方式，分析凤凰城大学，看看这类教育机构如何符合美国年轻忙碌的上班族,希望获得新技能与专业知识的需求。以我所见,这所大学非常鼓励学生灵活运用所学知识,展现个人对知识的理解能力。

然而,我的目的不在于贬低或褒扬凤凰城大学或美国各地类似的实验性教育,这些教育机构有的是由大型企业兴资办学,有的是以营利为目的。相反,我只想简单指出这类机构哪些方面和我所重视的教育目标背道而驰。凤凰城大学是一个纯粹的实用主义教育,至少到目前为止,还没有显现对真、善、美或谬误、丑陋、不道德等问题的兴趣。他们对这些美德之间的关系,或任何借美德创造更美好的社会这类问题也没有兴趣。该公司最近改变了一项规定,宣布学生不需要具备任何人文背景,此一做法似乎正好印证了我的上述立场。

负面的例子就讨论到此为止。现在让我言归正传,谈谈我个人喜欢的教育模式。

错误的起步

探讨教育问题时,"逆向计划"(plan backward)是一种很合理的思考方式:先决定希望一个人在接受完某个阶段教育后的结果,例如初中毕业生应该是什么样的人。接下来的挑战是,找出一个教育方法来达成既定的教育目标。

其实也不难找出许多教育系统失败的原因。设计者希望把他们认为重要的知识与技能全部教给学生。想在有限的时间内,教授尽量多的知识。这个错误方式的致命缺点就是企图让课程涵盖排山倒海般不断扩张的各种知识。

另一种错误的教育方式,就是掩饰社会的差异,试图讨好各个群体,所以只好这里教一点、那里教一点。这种方式一般出现在不同的文化或对立阵营竞相要求得到认可的时期。由于没有一方要强烈反对另一方,为了确保每个利益集团都满意,教育的内容只好按同等分量或一定比例将他们的意见都拼凑在一起。

这种刻意普遍化的教育方式,只会破坏课程的设计。我们必须教科学,但科学的科目何其多（生物、物理、化学、天文学、地质学，更不用说还有社会科学和信息科学），我们都如何一一顾及。我们必须教艺术，而艺术团体又多不胜数，我们的课程中怎样包括视觉艺术、戏剧、器乐、声乐、古典芭蕾和现代舞，还有不同艺术形式在文化中的表现。

另一种在美国常见的解决办法是，表面遵循正式的课程内容，并向标准测验低头，但是真正的做法却是关上教室的门，做自己想做的事。有时候，"自己想做的事"也是好的，毕竟世界上有许多好教师，但是班级之间缺乏协调，不顾"门外的人"的感受又会引起不愉快的经验。正因为如此，美国学生在每年的感恩节，总要学习清教徒的故事，这实在是没有必要的重复；我最近发现，马萨诸塞州有一所小学，他们的教材中不断重复温帕诺格印第安人的故事，却不教世界其他地区和美国本身的历史。缺乏协调性与认同感，使从一所学校转到另一所学校的学生常常发现两所学校的课程没有任何相通之处。

为理解而教

我提倡教导学生理解重要学科的思维方式。我选的学科是科学、数学[①]、艺术和历史。在以上各学科范畴之内的课题，学生都应该进行深入的学习。至于是哪个学科或课题，并不那么重要。我不认为学生必须学会以上所说的各个学科；就数学来说，他们不必学习欧几里得的所有证明、代数或三角的所有方程式；也没有必要学习每一种艺术形式和所有的历史事件。

学生在探讨一些重要的问题时，应该有相当的深度，并借此了解科学家、几何学家、艺术家或历史学家遇到该类问题是如何思考和如何解决的。即使学生只研究一种艺术形式、一种科学或一个历史年代，还是可以达到这一目标的。有一点我必须强调，让学生研究各种学科的目的，不是企望他们变成该领域的小小专家，而是训练他们的思维模式，这对他们理解未来面对的世界将

---

① 数学应该是所有大学前教育的重要部分。我在此将数学设计进理想的课程中，但是当我在后文讨论进化论、莫扎特音乐和纳粹大屠杀时，并未触及数学。

有所帮助。如果他们以后想更深入地了解这些学科，或想专注某一科作为未来的职业，他们会找时间和工具去实现的。

要想顶着骂名，撇开其他学科实在不容易，更别提还有每个学科中许多希望引起大家注意的方方面面了。这就是为什么全世界只有极少数的教育工作者坚持这么做。为了培养学生的文化水准，每五分钟变换一个话题（"同学们，纳粹大屠杀就谈到这里。现在让我们讨论全息图。"），似乎比深入讲解几个特殊的关键概念要吸引人得多。但是，没有学科思维作基础，学生的文化水准便缺乏认识论的根基，并且这样的文化水准充其量只能说是概念与事实的大杂烩，不知什么时候才能应用出来。此外，在缺乏学科结构与凝聚力的情况下，学生可能很快就会把所学的内容忘掉。如果有人怀疑这个说法，不妨在几年后测试学生曾经学过的任何科目中的材料，看他们还能够记住多少，或者，更极端的做法是，测试那些坚持在学生的课程中塞进大量孤立的事实与概念的政策制定者，看他们能记得多少，并将这些官员的成绩公布！

现在我要介绍我的教育理念。一个人对某种观念、技能、理论或某方面知识真正理解后，才能适当地运用在新的地方。一个记忆力很强的人可能相当了解某个主题，但是他或她可能只记得相关的信息，而对于如何将之运用于另一个不熟悉的情形却一筹莫展。

要了解学生的理解程度，可以用严格的测试：提出学生从来没有接触过的题目或主题，看看他们能不能对这些现象做出相应的判断。如果一个人对某个主题有相当的了解，在他的思考的过程中就会自然而然引用到相关的资讯或概念，或会指出还需要哪些相关的信息或资源来帮助说明该现象。相反，如果一个人的理解是有限的，那么他很可能陷入困惑，或只能引用一些表面上看起来有关系的资料来解释。

假设有一个人相当了解瑞吉欧·艾米利亚的教育理念。如果他参观一所受瑞吉欧精神启发、以八到十岁学生为对象的学校，他就可以判断，该校学生的学习活动是否前后连贯，学生可否借此增加对某些问题的理解，以及活动的记录是否正确有效；或者学校在学习活动即将结束时，让年龄较大的学生参与记录工作，这项创举可否视为对瑞吉欧模式的改良等等。

如果一个人对瑞吉欧经验了解有限或有误,那么就很可能会列出一份瑞吉欧特征的清单,看看新学校都具备了哪些特征。如果这所新学校让学生参与记录活动的工作,他很可能认为这是不对的,并因此给这所学校较低的评分。一个完全不了解瑞吉欧教育精神的人,不是两手向上一摊表示失望,就是只会注意新学校有没有采用和瑞吉欧一模一样的彩虹计划。

凤凰城大学也许能够成功地让学生有机会学习某些实用性的学科。但该校所缺乏的是让学生关心和了解生命中其他更广泛的主题,例如:世界为什么会是这样的,我们应该并且可以怎样生活等等。

理解的困难

如果理解是一件容易的事就好了!参考了众多研究材料后,我在《未受学科训练的心智》(*The Unschooled Mind*)一书中提出,即使是一流学校的一流学生,对大部分的教材内容也不甚了解。这些"确凿的证据"就出现在像麻省理工学院和约翰·霍普金斯大学这样一流学府的物理系学生身上。这些学生在课堂练习和期末考试都表现相当优异。但是,在离开教室后,如果让他们解释一些简单的现象,如:掷一枚硬币的受力状态,或小球从弯曲的管道射出之后的轨道,他们的表现会怎样?不仅有一大部分学生(通常超过半数)无法做出正确的解释,更糟的是,他们的答案往往和没有学过机械学的同伴或小孩一样。尽管接受了多年的学校教育,但是这些大学生的思维方式基本上仍然和没有受过训练时一样。

人们当然希望这种情形只发生在物理系。可惜事实并非如此。几乎所有的自然科学学科都存在类似的现象。学过进化论的学生仍然相信,进化的过程是由一只看不到的手在操纵。而事实上进化是随意的基因突变的结果,少数突变后的生物侥幸存活下来,并繁衍出下一代。学过天文学的学生坚称,地球夏天时比冬天热,因为夏天时地球距离太阳比较近。如果这种说法正确,那么像澳大利亚和阿根廷等位于南半球的国家,7月份的气温也应该比较暖和才对。

当我们检视其他学科时，也会发现类似情形。学数学的学生往往"严格运用公式"。他们先背公式，然后把数字套进公式进行运算。但是如果看不到某个公式所需的某个要素时，他们就不知所措了。如果他们忘记了公式，要他们自己从头推导出公式的可能性极低，原因是他们从来就没有真正理解过公式。对他们而言，公式只是一串记忆而已。

最后，像历史、文学或艺术这样的传统人文学科的学生则是满脑子的教条（script）或刻板印象。所有人都从经验中提取典型的规律；我们社会每个孩子的头脑中都已经建构起关于如生日会、到快餐店吃东西或逛购物中心等的刻板印象。由于这些刻板印象的存在，各个年龄层的人，都会以自己熟悉的模式为基础来解释和记忆新的事件。如果新事件符合已经内化的既有模式的主要特征，这个行动方案才是合理的。可是，我们怎能永远依赖那些过去的印象呢？

让我举个例子。不少五岁孩子都有一套"星球大战"的教条：生命就是善与恶两股势力的斗争，而善的一方通常最后获胜。事实上，许多电影和电视节目以及很少的真实生活事例符合这套教条。更多的历史事件和文学作品展现的要比这套教条复杂得多，如果想探究第一次世界大战或美国内战的起因，或是领会霍桑（Hawthorne）和奥斯丁（Austen）小说的写作动机，就必须考虑到许多大大小小的因素并加以整合。学生在课堂上应该学会在面对类似的历史与文学事件时，如何做出更深入的解释。当他们遇到全新的或不熟悉的题目时，例如：一个发生在其他文化的故事，或者一场在世界另一个角落发生的战争，即使是平时表现优异的学生，也会返回原始的思考方式。这时他们常常套用"星际大战"中"好人－坏人"的教条。

理解的障碍

理解的最大障碍来自幼儿早期发展起来的观念。儿童不需要接受正式教育，就可以发展心智呈像，了解无生命的物体、有生命的物体、他们自己的思想或者别人的想法。这些观念通常是随着经验的累积自然发展而来的。

正如我先前提到，这是一个关键的问题，因为这些观念中有不少顽固的严重错误。这些错误的观念在孩子生命之初的幼小心灵刻下强有力的印记。长大后他们在学校学到的知识，似乎应该使这些烙印变得模糊；如果只是看孩子们学习数字、事实或定义，任何一个观察者都会惊叹孩子要学习的知识数量之多。尽管如此，早年的大部分错误观念仍然没有受到丝毫影响。让人沮丧的是，当他们离开学校，孩子们会渐渐忘记在学校所学的内容，而幼儿时期就镌刻于心中的错误观念却屹然不动。

以生物学为例，有人错误地认为进化是一个技术过程，尽管受过多年教育，仍然认为进化的最高结果就是现代智人（Homo sapiens sapiens，聪明的人类）。这就如同拉马克学说（Lamarckian），认为这一代为适应环境而产生的重要改变，将会传到下一代身上。就历史来说，即使反面的例子不胜枚举，许多学生仍然继续相信世界上的人可以简单地分为好人和坏人，而人的一生就是摩尼教式（Manichaean）①的正邪两股势力永无止境的交战。此外，他们也受到现代主义谬误的影响——任何一个过去的时代都和现代没有分别，他们无法分辨哪些事件发生在十几年以前，哪些事件发生在一个世纪或者一千年以前。正因为如此，学生很难理解纳粹大屠杀的各个重要方面：他们无法相信这件事件就发生在他们父母或祖父母的时代，不知道这个历史事件里面的人在很多方面和他们自己很像，大部分人都有缺点，有些人则有说不出的同情心。他们也不知道，在今天的波黑和卢旺达，类似的大屠杀仍然存在。

教师在不知不觉中促使儿童早期形成的错误观念继续存在。这些坏影响包括：以考课本内容为主的考试，即仅以教科书或教师上课提到的内容作为考试范围，而不考查学生会不会用新的方式灵活运用所学的知识；选择题，学生只要从几个简单的答案中选出一个正确的答案，不用自己动脑筋去想答案；还有一个令人不安但是却相当普遍的现象，就是只要学生顺从教师的意思，教师就不会对他们要求太紧。此外，最致命的一点是"进度"这个老魔鬼。如果教

---

① 译注：摩尼教式（Manichaean）的教条就是简单地将世界上的力量分为正义和邪恶两大阵营，双方进行你死我活的斗争，非将对手铲除才罢休。

师决定无论如何要在特定时间内把整本书的内容教完，这无异于保证大部分学生都无法真正理解课程的内容。

我提倡课程应该深度探讨每个科目中少数重要问题，以上的这些事例为我提供了最强有力的支持。只有通过多个角度深入探讨一个重要的主题，才能认清自己早年形成的错误观念，此外，也只有接受对学科思维有深度理解的人的指导，才可能获得对主题透彻的理解。让我们回到前面的比喻，我们首先要将早年错误观念的镌刻磨平，然后最好借助正确的引导，重新刻下正确的烙印。

认清理解的障碍后，就可以明白我前面提出的看法，即教育应该同时考虑认知和文化的因素。要了解早年形成的错误观念的威力，就必须从心理学与生物学的角度来看。换句话说，必须先知道这些错误观念当初是怎么形成的，为什么在没有强大外力干预的情况下，几乎很难改变。同时，我们也必须明白，许多现存的文化现象——例如：考试、教科书、教师和学生之间传统肤浅的互动关系——都强化了那些错误观念。

为了加强理解，我们必须先认识认知与文化，认清什么样的心智呈像需要改变，建立正确的文化机制，对抗妨碍深度理解的因素，最后找出判断"认知纠正手术"是否有效的办法。

学科专家

和天真的学生以及满脑子信息但仍然相当无知的成人不同，专家是一些真正对他或她的个人专业有与众不同的思考能力的人。专家已经成功地获得一系列正确的观念印记。专家的专业知识通常是经过长时间持续沉浸在某一特定领域、学科或工艺，或拜传统的学徒制所赐，积累多年经验而成。专业训练的一部分就是不断地将一些被一般人所接受，但却与专业知识相抵触的个人习惯和观念消除。同时，专业训练的另一部分功能是帮助建立符合现代思维和实践的观念和习惯。

举例来说，一个重要的科学理解是：关联性（correlation）不等于因果关系（causation）。两件事同时发生，并不代表是一件事引发另一件事，虽然在一般人的常识中往往有这种错觉。比如，我们发现长年抽烟的人，比较容易患肺癌，因此我们就轻易下结论（也许这个结论是正确的！）：抽烟致癌。

然而，营养不良的人也可能容易患肺癌，所以营养不良可能也是导致肺癌的原因之一。但是这种关联一般人凭直觉认为比较似是而非，因此倾向于找出可能性较高的变数。于是人们认为，也许抽烟的人所受的教育程度比不抽烟的人低，教育程度偏低的人可能生活比较贫困，生活贫困的人比较没有能力负担均衡的饮食和良好的医疗。因此，人们认为营养不良和贫困有直接关联，而不认为它是导致癌症的主要原因。

还有一系列的可能性存在。抽烟与癌症背后的潜在原因可能是压力。压力大的人比较容易选择抽烟，压力大的人也比较可能得癌症。也许，压力的确会增加一个人抽烟的可能性，降低停止抽烟的可能性。如果把这两项因素加起来，患癌的可能性就更高了。现在我们认为，如果降低一个可能导致癌症的主要变数的发生，就可以有效减少患癌症的机会。

最后，据说名字的起始字母属于字母表从 A 到 Z 的前半部者，患癌症的可能性高于名字的起首字母属于从 A 到 Z 后半部者。这其中也许存在着某种因果关系，但应该纯属巧合。

我举这个例子的目的，并不是要找出导致肺癌或者其他癌症的原因，而是想借此说明科学领域中的系统思考与质疑方式。当然，从表面看，"抽烟致癌"和"姓氏字母拼写致癌"的逻辑是一样的。只是常识却使一般人偏爱第一种假设。那些学过像科学家一样思考的人就明白，这两项假设其实都无法成立。我们必须制定研究计划，寻找合适的实验参与者，探讨这两种假设的因果关系，看看是哪一种也许两者同时都能或都不能经得起科学方法的考验。

我认为，如果一个人能够深入探讨某一领域的问题（例如癌症、贫穷或压力的原因），要比粗略涉及许多领域上百个各自不同的问题，更容易学会科学的思考方式。

对照一下，让我们看看哪些是破坏历史思考的陷阱。举例来说，假如有人发现了一份文件，文件中有关于圣经人物所罗门王的资料。一个没有受过历史训练的人，很可能就会相信这份文件是真的，也相信它描述的是一个和我们十分相似的人。另一个没有受过历史训练的人，则可能得出相反的看法，认为这份文件是伪造的，因为那个时代的历史资料只有少部分能够保留到今天，而且，作为古今闻名的所罗门王属于一个久远的历史时代，因此他代表的是一种与我们完全不同的人。

当然，以上两种说法都不合理；受过历史训练的人会用完全不同的方法来分析这件事。首先，他会先了解这份史料是在什么情形下被发现的，其次他还可能用碳十四年代测定法（如果他比较倾向于用人文的研究方式，还可能用语言分析）来检定该文件的年代。如果他找到的证据能够证实这份文件的年代是真实的，他便会考虑这份史料所呈现的所罗门形象，是否符合古今希伯来领袖人物的形象。在考证的过程中，研究者或许还需要阅读当时的其他历史资料以及后代人的评论。最后，他知道所罗门王确实存在过，他代表的是一个和现代有很大区别的文明。因此，他在试图描绘新的所罗门王形象时，就会避免受到现在主义（presentism，"所有人都和我们一样"）和疏离主义（exoticism，"所有属于我祖父之前时代的人，都和外星人一般遥远"）的影响。

我要再强调一次，要获得这样的思考方式并不容易，绝不是花 35 个星期时间，修一门从柏拉图到北大西洋公约组织（NATO），或从埃及艳后到克林顿总统的闪电课程就可以速成而得。这里的关键是，学生应该了解历史学家是怎么工作的，才能做出合理的推断，比如越南战争的成因或马丁·路德·金（Martin Luther King）的性格。学生应该知道科学家是怎么思考的，才能够评估有关艾滋病成因的讨论，或者该不该服用荷尔蒙来提高生育能力、防止脱发或骨质疏松等问题。

现在大家应该清楚，为什么以学习"事实"为基础的教育方式，在将来未必可行。要想得到学科思维的训练，绝不仅仅是用事实填满脑袋就行，而应该深入研究某一事件的细节，从中发展出学科思维的脉络。将来，所需要的事实、定义、表格和细节就在我们的手指尖。我们只要在电脑上打出简短的指令，或者对着电脑冲口说出"爱沙尼亚的首都在哪里"或"厄瓜多尔的地理位置"，答案就会呈现在我们眼前。纯粹的记忆将成为一件不合时宜的事。学生要查询某类信息，只要告诉他们如何使用最新版本的电子百科全书。教育的艺术将变成如何帮助学生掌握主要学科领域的最新动向和研究成果。

增进理解的四个途径

理解没有捷径，然而从积极的角度来看，有许多办法可以增进理解。以下是我和哈佛大学零点项目组的同事总结出来的四个有效方法。

一、向有启发性的制度学习

一些古老的学习制度，例如学徒制，就给我们提供了很好的线索。新手学徒花很多时间跟在师傅身边学习。每当有新的问题出现时，师傅就会抓住机会，按照徒弟当时的技能水平和理解程度，教授他如何解决问题。当徒弟的工艺逐渐成熟，所遇到的事例越来越多，他们就有更多的机会去展示自己的初步理解，并得到适当的反馈。

一些新式机构也值得我们学习。我最爱以科学博物馆和其他能够让参观者亲自动手操作的博物馆为例。这些场所鼓励儿童按照合适自己的步调进行探索。当然，这样的学习机会本身不会带来理解。但是博物馆的展览鼓励孩子去验证自己的观点，看看哪些可行，哪些不可行。比如说，学生可以通过不同的管子把球发射出去，预测球如何落下和可能的着落点。可以在球身贴上会发光的点状物，以便观察轨道。展览还可以包括模拟（simulations）和虚拟现实（virtual realities），如此一来，便可以观察球运动的状况，验证自己假设的正确性，然后凭借往往令人惊讶的新发现对自己原有的观点（以及观点背后的既有"印记"）加以修正。

亲手操作的经验通常可以帮助儿童发现既有的思想中哪些是不正确的。通过激烈的讨论、适当的指导与支持，有天分、反省能力强的孩子就会推演出较正确的观点。新观点又可以通过新的观察和发现加以检测和修正。

二、直面错误的概念

再进一步,我们可以直接指出学生的哪些既有观念是不正确的。如果有一个孩子认为毛衣之所以会让我们感到温暖,是因为毛衣本身会产生热量,那么家长或教师可以建议孩子晚上将毛衣留在室外。如果毛衣本身会发热,那么第二天早上毛衣应该是热的(至少比旁边的石头或其他衣物热一点)。但是如果毛衣的温度(用温度计测量)和旁边其他东西的温度相似,这就对孩子原先认为毛衣本身会发热的观念提出挑战了。

那么如何刺激学数学的学生正确运用运算法则呢?合理的做法应该是让学生们像发现公式的数学家一样,看看自己能否推演出一套正确的公式。试想,要求出某一交通工具前进一段距离所需的时间,我们可以将各种交通工具、秒表和设置不同的跑道和障碍物的房间交给学生。然后要求学生预测每一种交通工具可能要花多长时间走完某段距离,要求学生思考如果想改变某一种交通工具的速度,或者提高竞争力,应该如何改良交通工具的性能。

通过类似的活动,学生将会发现许多不相关的变数——交通工具或障碍物的大小、形状、颜色和房间的面积等等,以及相关的变数——交通工具的平均速度。有人可能会推演出一个公式:距离 = 速度 × 时间。即使有些学生自己无法推出这个公式,至少事后学习该公式时,也会比较容易理解该公式的含意。现在他们对该如何运用相关(或不相关)的变数来解决手边的问题就显得比较有经验了。

最后,关于教条和刻板印象,最好的纠正方式是采用不同的角度来思考问题。教条和刻板印象反映的仅仅是特定时间的特定观点。如果学生积累了足够的经验,并能从不同的角度来思考某种情形或事件,他们就比较不会提出过于简单或单一维度的解释。举例来说,如果学生能够从多角度探讨美国革命战争,他们将会得到对事件更丰富的认识。这些角度包括,从英国的角度来看,他要对付一个叛乱的殖民地;从法国的角度来看,他对殖民地本身没有太大兴趣,但是对超越英国这个竞争对手却很感兴趣;从殖民地保皇党的角度来看,为了自身利益着想，他们希望继续效忠宗主国。

教育心理学家劳伦·瑞斯尼克（Lauren Resnick）曾经指出，不确定的经验无法瓦解错误的观念和增进理解。错误的观念往往十分顽固，持有错误观念的人们对反证无动于衷，就像宗教激进主义人士一样，常常无视科学证据对不合理预言的否定一样。然而，对许多人来说，当内心深处的观念受到挑战，至少会迫使他们注意到问题的存在；不论目的是要为这个观念辩护，或者寻找更好的观念，都会某种程度上增进理解。

三、促进理解的架构

我和我在哈佛大学的同事大卫·珀金斯（David Perkins）、维托·佩伦（Vito Perrone）、丽贝卡·西蒙斯（Rebecca Simmons）还有斯通·维斯克（Stone Wiske），一起开发了一套以理解为核心的学习模式。最关键的观点是，将理解视为一种表现（performance），公开展现自己的理解并有能力去操作。学生应该一开始就接触各种可以促进他们理解的例子，并且有充分的机会练习和发展自己的理解。唯有借各种机会应用自己的知识，才可能促进他们对学校功课和校门以外的生活的理解。

"理解的表现"这一说法似乎有点自相矛盾，因为我们一般认为理解是内部活动，是发生在两耳之间的心智呈像。如果教与学成功，那么我们没有理由怀疑大脑中的不正确的心智呈像将受到挑战，正确的观念将得以建立。将理解当作是表现的一种是有益的。

在艺术和体育里可以找到类比。如果要求学艺术、音乐或体育的学生，在星期六早上，坐在考场上接受标准化的笔试或电脑测验，以测试他们对该专业的掌握程度，大家可能会觉得好笑。这三个领域通常采用启蒙式的教学。从一开始，学生就观察其他有经验者（通常也是年长者）示范必要的动作和理解——演奏新曲子、练习新舞步、示范如何抢球或如何在比赛中应付强硬的对手。孩子们看过需要掌握的步骤的示范之后，进行练习并尝试运用出来，注意自己有没有进步，和其他伙伴进行切磋，教练不时地从旁指导更能让他们受益无穷。

在一个提倡"理解"的学校或课堂上，应该创造类似的氛围。新手观察年长的学生和教师如何进行那些他们最终也被要求执行的活动，比如，写论文、口头讨论、与他人辩论、解释科学现象、做实验、创作和评论艺术作品。他们会去观察和思考：什么活动是有价值的，为什么有价值；根据什么标准，为什么这样；自己的表现怎样才会有进步，怎样就不能；增进理解在知识与社会方面有什么意义。有一些必要的表现已经有既定的模式可供观察参考，还有适度的空间留给学生去探索。在教育中，"环境就是一切"。学生应该在以理解为核心的活动环境中学习。

我们对理解的研究不单单是呈现一种教育理念，还包括可以适用于所有课程、不同年纪和不同学习方法的学生的教学法。这个教学法不是由一群常春藤学校的教授，坐在自己的办公室里闭门造车的结果。相反，这个教学法是经过好几年时间，有多位来自新英格兰地区的教师参与科研而发展出来的。其间，曾经在美国和南美各地的多所学校实际运用并检验过这套教学法。

第一，我们要说明什么是"理解的目标"。简单地说，它是代表一个人在某一学习过程中希望达到的理解程度。学习的目标无须太多，少而精就足够了。这里且让我进一步借本书讨论过的例子加以说明：

> 生物单元的理解目标可以是"学生将了解进化的力量如何影响个人、群体或整个物种"。
>
> 音乐课程的理解目标可以是"学生将了解莫扎特和他的歌剧作词者达·蓬泰，如何共同创作出有力动人、准确刻画当时社会冲突的好歌剧"。
>
> 现代史课程的理解目标可以是"学生将了解纳粹大屠杀和20世纪其他大屠杀事件的异同处"。

人类生存的意义、内战在美国历史上的地位、济慈诗中的哲学主题、为什么会有负数以及负数和正数有何不同等，这些主题都可以作为学科探讨的主题。

第二，认清"生成主题"（generative topics）和"本质问题"（essential questions）。这些为了提高学生学习兴趣的课程，它们都符合两大标准。第一个标准是，它们必须与中心主题和所标榜的理解目标有关。学校生活相当短暂，没有足够时间讲授偏离中心主题的题目或例子。第二个标准是，生成主题要让学生参与其中。如果某个主题很难吸引人，也许应该试着找出一个有趣的切入点。当然，教师越优秀越容易博得学生的信赖，那么他教什么主题，都能引起全体学生的好奇心。

就我们选择的三个研究领域而言，里面有大量的生成主题。学生们在生物课上也许会被问到，热带雨林为什么会有那么多的物种；学生在艺术课上面临的挑战可能是，想象歌剧中的某一幕，三个演员用外语演唱三种不同歌词时会出现什么样的情形；学生在历史课上可能要思考，为什么一个大家心目中最文明的国家的领袖们会做出种族灭绝的决定。

第三，也是最基本的一点，就是识别和传播"理解的表现"。简单地说，学生必须知道他们该做什么和如何表现他们的理解，以及他们的表现将受到哪种标准的衡量。学生不应该受制于神秘的测验（不用锁起门来考试），而应该从一开始就通过参加各种活动的机会表现自己的能力。他们应该获得充分的机会进行练习和得到有益的反馈。让学生对学习表现和展现对学习的理解充满信心，而且认为那是一件值得他们骄傲而非令他们感到担忧或羞耻的事。

基于以上的认识，"理解的表现"或许可以包括：预测某一物种在生态系统发生剧变时将发生什么改变；创作一首足以表现美国现代社会代沟现象的曲子和歌词；分析当今两个族群之间的敌意冲突，比较与纳粹大屠杀的异同处。

第四，也是"理解的途径"中的最后一点，就是进行式的评估。现在大部分学校的评估方式，都是在单元学习结束时进行一次测验。考试内容在考前一律保密。大多数学生通常不知道也不在乎自己的学习表现，只想知道最后的考试成绩。相反，在一个强调理解的环境中，学生可以不断从教师或其他人那里得到反馈，知道自己表现如何，同时，也得到实质的建议，帮助如何提升自己的表现水准。评估的标准是公开的，欢迎学生提出讨论或辩论。他们有充分的时间对自己的学习进行反省、练习和接受指导帮助。

理想的情况是，一段时间后学生就不用依赖他人来评估了。他们像经验丰富的专业人士或专家，渐渐将评价标准内化，知道该如何将自己的表现，和理想状况或者其他程度较高或较低的学生作比较。正因为如此，追求学习表现自然而然成了一件令人愉快的事。如果学生（像熟练的艺术家或运动员）对所学的内容已经有了相当透彻的理解，那么公开的表演就会出现"流畅"（flow）的境界。

我们的方法乍看起来也许带点行为主义的色彩，因为我们注重学生行为的品质。套一句古典行为主义学者的术语，提供学生不熟悉的材料作为考试的内容，就好像评估一个"被调包"的技能一样。

"理解的途径"唯一带有行为主义色彩的地方是，所有的评测对象都必须是行为，因为我们无法直接评测一个人的心智呈像。如果仔细深究，就会发现这个方法也处处表现出与认知主义观点的密切关系。从一开始，我和我的同事之所以有兴趣探讨关于理解的问题，正因为发现一个人早年的心智呈像对个人影响之强大，而且往往充满误导，只有尽全力加以修正，才可能重新建立正确的观念。

其次我们喜欢采取的指导方式是直接指出不正确的观念，鼓励学生正视那些阻碍正知正见的错误观念，并加以修正。我们希望学生直接而明确地讨论自己的想法。学生如何看待自己的学习，正是我们对理解架构的一个研究课题。

最后，如果学生没有改变他们心智呈像中初始的主要错误观念，很可能无法成功地面对不熟悉的新挑战。从绩效的观点看，理解要面对的最严格考验是能否发展出正确而灵活的心智呈像，这样的考验肯定不符合行为主义者的想法。

和任何新教育方法一样，"为理解而教"也无法马上很完美地实行。这种理解观表面看起来很简单，然而却需要花一定的时间才能掌握。首先，各项因素之间是分离的，教师和学生都不清楚他们要做什么事、为什么这么做以及什么时候开始做。相反，如果由专家来实行，就可以顺利地将四大要素有机地结合起来，每一个教学单位都有自己的目标、绩效和评测，成为一个天衣无缝的整体。最好各个年级的教师都认为这套教学方法非常实用，而且有动力持续实施下去。而这套教学法的创造者，包括我在内，亦最好这样做。

四、理解的多元切入点

最后，基于每个人都拥有不同的心智模式，而且每个人都受到本身特殊的心智呈像的影响，我在这里提出第四种方法。每个学生都会用个人特殊的方式学习和掌握课程内容。这第四种方法等于是多元智能理论和追求学生理解绩效的教育的联姻。因此，我认为这是帮助所有学生增进理解的最佳方式。如何利用多元渠道增进理解，将是接下来几章的重点。

其他参与者

首先要确定目标，然后时时将目标谨记于心。除此之外，其他"成员"的参与也非常重要。现在我来介绍理想的团队成员。

◇ **训练有素的热心教师**

若要实施以理解为目的的教育，教师首先要接受并理解教材的内容。教师必须有成为专家的自信，成为学生眼中的专家。他们也要相信理解的重要，并准备好将理解融入自己的生活。没有什么办法比让学生亲自观察训练有素的成人如何运用所学知识，更能够打动学生。这就是为什么年轻的音乐家喜欢聆听教师的演奏，网球学生喜欢和自己的教练打球。因此，当学生发现教师"只说不做"时往往会感到失望。

教育家李·舒尔曼（Lee Shulman）坚信，学会某一学科的知识很重要，但只是学会知识还不够。如果两个人对某一学科有相同的理解程度，也许其中只有一个人知道怎样将这些知识传授给一无所知的学生，使学生能够积极投入，还能消除学生既有的明显误解，建立更稳固更灵活的理解。师范学院的教师必须帮助他们的学生获得这种教学法知识，以便他们准备好如何将所学的知识运用到未来的课堂上。教师必须时刻留意哪些活动、功课、问题或评估方式最适合学生，看看它们是否和以理解为核心的课程相吻合，也可借此观察学生的理解程度。

再者，教师只是靠自己以前的专业训练是远远不够的。所有学科都在不断发展进步，有些学科，例如自然科学，更是以惊人的速度在发展。学科的范围在变化，跨学科合作的机会也正以可预测或出乎意料的方式与日俱增。因此教师们不能落伍，应该有强烈的与时俱进的意识。而且，当学生们注意到教师在不断进修提高，他们对学科的最新发现也会表现出高度的兴趣。

当然，也有许多教师对自己所教的学科知识缺少深刻的理解，有的甚至缺乏吸收新知识的动力。如果缺乏一群热爱知识，致力为自己和学生提升理解深度的教师，那么以理解为目的的教育将难以成功。令人欣慰的是，只要教师有求知愿望，帮助他们获得深刻理解的办法还是有很多的。但是求知的动力必须发自教师内心。

◇ **对学习有准备、有内动力的学生**

如果学生健康、安全，带着强烈的学习意愿来到学校，教师的工作可以说已经完成了一半。但是在世界各国，连富裕的美国也不例外，许多学生到学校时都没有做好学习的准备。令人更难以接受的是，即使是健康活泼又有安全感的学生，依然对学校提供的课程提不起太大的兴趣。

碰到对学校不感兴趣的学生，大家很容易责怪家长、学生本人或是去年的授课教师。有时候，要确保学生健康安全又有很强的学习动机，的确不是一件容易的事，也不是一位甚至一群教师能做到的。但是，我们应该先了解事实，再下结论。从开学的第一天起，即使成功的概率很低，教师也必须想办法尽力激发学生的学习动机。教师本身对自己所做的事要有坚定的信念与信心，这也是一种关键的动力。

杰出的校长黛博拉·梅尔（Deborah Meier）回忆道，她和她哥哥在20世纪40年代，到扬基球场（Yankee Stadium）看著名的外场手乔·狄马吉欧（Joe DiMaggio）打球。梅尔崇拜他英俊潇洒和气质优雅，而她哥哥则希望有一天自己能够有"神奇的乔"一样神奇的球技。梅尔以无比怀旧的心情，回忆那个年代许多人对狄马吉欧狂热的崇拜和对偶像的模仿。然后她一针见血地表示，面对我们的学生，"我们必须当他们的乔·狄马吉欧"。

在知识爆炸的今天，学生必须具备能够自己学习的能力。他们要自己订学习目标，记录自己的学习成果，检视自己的思考与学习过程——哪方面进步了，哪方面持续不足——他们能够在自己的教育过程中帮助自己。更重要的是，当正式学校教育结束后，持续学习应该变得很自然——有时独自学习，有时候集体学习——完全由他们自己决定，最好能够活到老学到老。

◇ **科技的帮助**

科技本身既非有益也非有害，它只不过是一种工具。如果软件不会思考、不具备理解的能力，即使是当今世界最先进、速度最快的电脑对我们也没有用处。相反，如果教师具备强烈的教育热忱与动机，加上他们的头脑、几本书、几支粉笔、一支铅笔和满腹知识，也可以成功地引导学生获取理解。的确，苏格拉底当年连黑板都没有，他激发思考和理解的方式，是他提出的智慧问题、提问的顺序和方式，他也对那些讨厌的人提出的问题进行一一反驳。

如果我们完全忽视现代先进科技为我们带来的种种机会，那是很不明智的。录影机可以用生动的方式帮助学生解决数学问题或观赏艺术珍藏。数据库为学生收集和使用与他们居住的世界、社区和个人生活息息相关的信息提供方便。互联网让学生们可以和世界各地的人分享他们感兴趣的事物。联网的个人电脑与扫描仪可以让学生们尽情书写、制表、画图、作曲和修改，与同伴分享自己的作品，甚至接受世界各地的专家或学生们的评论与审核。

但请注意，科技本身不会达成这些有益的用途。经验丰富的教育工作者，应该根据每个人的情况检视他们的目标和决心，并建议哪种科技可以帮助学生达成个人教育目标。这是一个实验性的过程。也许不久之后，人工智能系统自己就能判断，它们在哪方面对学生有所帮助，哪方面还存在不足，以及需要如何改进。

◇ **社区的支持**

即使学校拥有所有必要的条件，也不一定能保证教育有效成功。还有另外一些力量，对学校里发生的一切事物，该支持什么或反对什么具有很强的影响力。

在不同的教育环境中，这股力量的构成可能有很大的区别。家长、学校董事局成员、社区的重要代表、地方（州）和国家级的教育行政当局和一般民众，联合起来都会影响学校的课程安排、评测方式以及决定毕业生是否具备足够的理解力等议题。

不用说，如果上述人员对教室里的情形一无所知，而他们之间又争吵不休，或者他们共同反对现行的教育目标——无论该目标是获得核心知识还是深度理解——那么教育都很难成功。再者，即使是某些政策有良好意愿，也可能会破坏教育计划。如果毕业考试或大学考试的命题取向着重对事实性材料的叙述，而非测试学生对课程探究理解的程度，那么以理解为目的的教育将会面临什么样的命运？

学习不见得只在教室围墙之内进行。科技可以带我们遨游全世界，然后再回到现实。家庭的支持相当关键。社区居民和机构也会对孩子的教育做出极有益的贡献。实地考察就是其中一例，但绝不仅止于此。学生在社区中应该有导师，也可以借学徒制度和实习的机会学习，校外机构的专家应该亲身到场或借科技虚拟现实的方式造访学校。工作场所的变化相当快速，现在许多人通过互联网或虚拟办公室在家工作。大学前的教育必须考虑到新时代的多元面貌与情形。

事实上，我已经绘出了我的教育蓝图，其中心目标或主要任务就是以学科理解为目的的教育。我也提出了四个帮助达成此目标，或必要时做出调整的方法以及一系列的支持力量。

请回顾一下我们在第五章中提到的各种好学校就可以明白，好的教育理念与目标当然不止一个。当我们认识到凤凰城大学的教育理念和我们的教育理念有冲突时，甚至可以将它合理化。即使是相同的目标或理念，也可以（或者应该）用不同的方式去完成。

　　就我们的研究来说，方向已经定好。我已经大致描述了我希望我的孩子、他们的孩子和全世界的孩子都应该接受的理想教育模式。现在我要进一步从科学、艺术和历史这三门学科来讨论如何达到成功的以理解为目的的教育。

第七章

学科思维训练的方法

  学科不只是用事实和概念堆积起来的教科书上的词汇表、附录、全国标准的概略和每周的考试内容。学科的内涵存在于该领域专家人士发展出的特定思考方式。借着这种思考方式，他们可以从特定的而非直觉的角度了解这个世界。如果能够让学生通过各种不同的角度观察这个世界，这就是成功的教育。

三个谜团

19 世纪 30 年代,当达尔文乘着"小猎犬号"环游世界时,大多数的生物学家,包括达尔文本人,都相信物种是不会改变的。他们相信物种是上帝创造的,而且一直都保持着原始的样貌,除非(像古代的乳齿象一样)绝种。

自从达尔文登上厄瓜多尔外海的加拉帕戈斯群岛(Galápagos Islands)之后,他开始怀疑自己原先的想法。他惊讶地发现,在这些相距不远的小岛上,花与植物的种类如此繁多。他尤其对雀科鸣鸟(finches)感兴趣,这些小岛上相似的雀科鸟类就有 14 种。达尔文发现这些鸟羽毛的颜色和鸟喙的大小与形状各有不同,于是开始寻找原因。他还仔细研究这些小岛和他造访过的许多地方,比较其他鸟类和陆上动植物的分布情况。

接下来的几十年时间里,达尔文致力研究以下问题:为什么全世界有那么多物种?为什么只是在这几个小岛上就有这么多生物?为什么在生态环境迥然不同的地方很难看到相同的物种?为什么某些物种会消失,而另一些物种继续生存?新物种是如何产生的?为什么下一代永远和他们的父母有一些差异?相近的物种是不是来自同一起源?如果某个空间生物的数量过多,无法全部存活,将会发生什么情形?

当达尔文提出上述问题时,他已经触及物种进化这个极度敏感的主题了。以前的思想家,包括他的祖父伊拉斯马斯·达尔文(Erasmus Darwin),都曾经思考过这个问题。达尔文的答案永远改变了知识分子对物种起源的观念,而引起最大争议的还是他对人类在生物界大家庭中的位置的看法。

* * *

1785年底到1786年初,莫扎特和他的歌词作家罗伦佐·达·蓬泰(Lorenzo Da Ponte),根据皮埃尔·博马舍(Pierre Beaumarchais)的剧本《费加罗的婚礼》(*The Marriage of Figaro*),创作了一部歌剧。这部关于西班牙贵族生活的法国歌剧,在18世纪末风靡一时,但是也引起了很多争议。以前剧作家笔下的贵族大多稳坐于社会阶层的顶端,而博马舍在该剧中创造了一个错综复杂(同时也比较真实)的社会关系,仆人阶层的积极进取,贵族阶级不但充满缺陷,最后甚至有可能毁于自身的弱点。

《费》剧情节错综复杂,是典型的喜剧型歌剧,它的故事情节在当时可谓创举。主人公费加罗是一个精明能干、积极向上的理发师,计划迎娶美丽动人的苏珊娜(Susanna)。但费加罗的老板是作威作福的阿尔马维瓦(Almaviva)伯爵,他对女仆苏珊娜另有企图。苏珊娜是阿尔马维瓦伯爵夫人的女仆,按照传统,在她嫁给费加罗以前,伯爵对她有领主的初夜权。阿尔马维瓦追求苏珊娜,并试图阻止这对年轻人的婚姻。为了不让伯爵阴谋得逞,费加罗设计了一个陷阱,要让伯爵以为他将和苏珊娜会面,而伯爵夫人则和她的情人见面。费加罗的计谋并未完全成功,因为计谋在酝酿的过程中被伯爵破坏了。

后来,苏珊娜假装接受伯爵和她幽会的请求,但她却和伯爵夫人调换身份。连费加罗都不知道她们对调身份(还因此误会苏珊娜背叛了他),结果,伯爵竟向伯爵夫人示爱,而同时还以为妻子对自己不忠。

最后的结局是各得其所。费加罗和苏珊娜有情人终成眷属;费加罗的父母(他一直不知道他们是谁)也欢欢喜喜重新团聚;凯鲁比诺(Cherubino)和芭芭里娜(Barbarian)这对充满误解的年轻爱侣也终于结婚;伯爵与伯爵夫人接受自己的命运,担任他们这个小小世界的守护者。故事歌颂爱情,罕见地表现了社会秩序的颠覆(也许有先见之明),仆人阶级战胜了贵族阶级。

这部歌剧总共有4幕,27场[①]。没有任何一场戏概括整部歌剧的故事。我举达尔文用雀科鸣鸟来代表进化论要讨论的主题,现在我要用《费》剧的第一幕第七场戏,阐述这部歌剧的气氛。第七场戏酝酿强烈的戏剧张力,主要演员

[①] 场数有时候因乐谱而有异。

包括阿尔马维瓦伯爵、女仆苏珊娜和音乐师巴西里奥（Basilio），我将这场戏称为"冲突三重唱"。这三位主角卷入极度复杂的互动关系与巧妙对话，不但本身有无穷的趣味，也推动了故事情节活泼发展。我将在下一章仔细讨论三重唱的详细内容，部分乐谱收在本书附录中。

由莫扎特与达·蓬泰创作的这部歌剧，于1786年在维也纳演出时，观众的反应并不热烈，但是不久之后，却在世界各地获得了相当高的评价，被誉为莫扎特的代表作。美丽的音乐、故事情节的流畅推进，加上浪漫、趣味、计谋与哀婉等几个强烈的元素，使《费加罗的婚礼》成为出类拔萃的作品。

对没有受过歌剧训练的耳朵来说，歌剧也许意味着一群人不停地彼此高声尖叫，有时候单独尖叫，有时候集体尖叫。虽然我从小就喜爱古典音乐，但我仍然记得，我是那么讨厌每星期六早上国家电台播放的歌剧节目。然而，等到我有机会亲身观赏歌剧演出，了解错综繁复的情节，懂得欣赏歌剧演员借着文字与旋律所做的精彩演出时，突然间，歌剧变得魅力十足。像《费》剧第一幕中的三重唱，不但回顾了先前的情节，还预示后面的情节，也表达了丰富的感情、形形色色的人物性格、各个角色内心深处的思想以及他们之间微妙（或不微妙）的关系。更重要的是，在精彩的演出中，观众还能欣赏到创作者和演出者超凡的艺术成就。创作者和演出者凭借特定的媒介传达感情，使情节的表现显得那么精致、高雅和强烈。从未欣赏过莫扎特作品的人也许无法体会个中奥妙，但莫扎特音乐的旋律、和谐和作曲之美已经打动无数人的心。

* * *

1942年1月20日，纳粹第三帝国的领导人，齐集柏林万塞（Wannsee）的一个建筑物里，说得更准确一些，是万塞大道第56—58号。在这之前，德军已经占领了西欧大部分国家，并且开始向苏联进军。在此同时，德国的领导人一直尝试用不同的手段，企图解决他们所谓的"犹太人问题"。

纳粹领袖希特勒于20世纪20年代掌握大权之后，他对犹太人的憎恶，以及想要消灭犹太人的企图就已经不再是秘密了。1933年到1939年，在他掌权的初期阶段，希特勒及其党卫军便对犹太人施加压力，强迫他们离开德国，并且用无数的手段对他们横加迫害。1939年9月，第二次世界大战爆发后，纳粹开始对犹太人采取更高压残酷的迫害手段。许多犹太人被送进集中营，许多人被枪杀或被活活饿死。

但是希特勒以及其党卫军仍在寻求解决欧洲犹太人问题的"终极方案"。他们曾经考虑了多种极端的措施，包括将犹太人集体驱逐到非洲东岸的马达加斯加岛（Madagascar），或在波兰东南部城市卢布林（Lublin）兴建大型的犹太街或保留区。

随着德军进攻苏联，加上攫取了上百万名犹太人居住的土地，以上这些过渡性办法似乎已不能彻底解决问题了。纳粹领导层通过一连串至今还令许多历史学家无法理解的步骤，做出一个致命的决定，展开有系统、非偶发性的对全体欧洲犹太人的大屠杀。召开万塞会议的目的，就是要对所有高层领导宣布这一决策，而他们的工作就是把处决数以百万计犹太人的计划转化为行动。但是该会议的相关记录，从头到尾都没有提到大屠杀。

有利之处：从难题到概念

以下每个例子都是一个谜样的难题：

加拉帕戈斯群岛上的雀科鸣鸟的外貌为何是那样的？这个问题如何帮助我们了解从远古以来物种的起源与种类？

莫扎特和达·蓬泰如何在短短四分钟三重唱中，让演员们表现出丰富的动机与剧情？创作家与表演艺术家各具备哪些资源？为什么这部两个世纪前创作的歌剧，到今天仍然如此脍炙人口？

纳粹在什么时间，又是怎样达成消灭欧洲犹太人的"终极方案"？他们如何将此高度机密的决议，传达给执行任务的人？为什么那么多德国人自愿甚至狂热地参与集体大屠杀？

以上每一个谜样的"切入点"，都有其吸引力，吸引学生（或读者）追根究底，找出可能的答案。学生们也许会想，在与加拉帕戈斯地理环境相仿的另一个地方会不会找到种类一样繁多的雀科鸟类？如果一个人听不懂《费加罗的婚礼》中使用的语言，或者不熟悉西方的音阶形式，是否仍然能够欣赏剧中的人物特色与行事动机？希特勒和（或）他最亲近的盟友，在万塞如何具体策划这个恐怖的阴谋？虽然学生们对许多方面都会发生兴趣，但两难问题、关键问题以及生成问题都是能够引起学生的兴趣的好办法。

我已经介绍了本书讨论的三大中心议题。加拉帕戈斯岛的雀科鸣鸟（现在人们常常称之为达尔文的雀科鸣鸟）提供了一个实际例子，供我们探讨物种进化的问题，最后，介绍了达尔文对物种的种类与物竞天择的看法。达尔文的观念提出后，经过150年不断的修改，代表了与这个世界息息相关的科学真理。

我们对《费加罗的婚礼》的研究主要以"冲突三重唱"为主，介绍莫扎特音乐和歌剧这种艺术形式。许多学生都听过莫扎特的音乐，许多人都知道古典音乐，但他们通常抱着负面的看法。我希望能通对这部作品的分析，揭开古典音乐的神秘面纱，使人们懂得欣赏像莫扎特音乐一样的艺术之美。

尽管有组织的屠杀行为在人类历史上层出不穷，但是纳粹大屠杀以其目标清晰、设计周全，显得尤其突出。纳粹企图消灭整个犹太民族，包括妇女与小孩，而且他们的罪恶目标就差一点便达成了。纳粹之所以进行大屠杀，不是因为犹太人对他们有任何军事上的威胁，而是因为他们认为犹太人是一个算不上人类的"物种"，犹太人的存在对"纯粹的"雅利安民族构成威胁。

正因为还有许多人不承认"终极方案"曾经存在过，还有许多人质疑它的恐怖程度，所以学生才有必要认清当时真正发生了什么事情以及它的原因是什么。这是有关历史真理的问题。学生应该了解纳粹大屠杀的决策过程与整个事件的本来面目，从大屠杀这一事件中总结历史教训，从而避免再发生一群人蓄意迫害另一群人的悲惨事件。德军的暴行以及世界上其他国家的反应，向我们提出了更深层的道德问题。

为了对这三个问题有深入的理解，我们必须利用不同的学科思维方式。且让我先列举出几个主要问题，然后再进一步探讨科学、艺术与历史三个学科的特点。

学科及其延伸

就目前的了解,人类一直对真、善①、美的问题相当感兴趣。这些也是史前时代神话所关心的问题。从穴居人仪式化的哀悼行为和现代智人(Homo sapiens)早期精致的艺术品当中,也可以看出对相同问题的关心。这些问题在戏剧与童话中也被不断提及。

长久以来,人类文化对真、善、美的问题已经发展出一套特定的思考方式。民俗科学与民间智慧都尝试掌握真理,各宗教也有自己对真理的看法。每个社会都有一些明确的准则、有系统的惩罚制度以及不成文的规定,来表达人们在道德上接受哪些行为、不接受哪些行为。艺术家与工匠(这里也包括数学家)创造与美相关的实质或象征性的物品。社会中其他有知识的成员,以特定的标准来判断这些作品的美学成就。

每一个问题和学科之间并非简单的一一对应。许多问题都可以从不同学科、不同角度加以探讨,即使是特定的学科也可用于解决不同的问题。尽管如此,将最本质的问题结合起来,共同为各个学科界定了范围、指明了方向。

人类以系统化的学科方式探讨真、善、美的问题,在西方至少可上溯至古希腊时期,在东方可上溯到孔子时代。这些学科建立在某种假设的基础上,并有各自特定的实践。举例来说,希腊的苏格拉底提出了一套思考哲学问题的模式;柏拉图与亚里士多德提出了一些追求真理、成为哲学家的方法;索福克勒斯(Sophocles)和阿里斯托芬(Aristophanes)写下了动人的悲剧与喜剧;亚里士多德为后代剧作家设定了明确的标准,并由此发展出一套艺术美学的典范。在儒家社会,同样有一套培养礼、乐、射、御、书、数兼备的君子的标准规范。具备了以上各项理想才算是一个好人和一个美好的人生。

学科世代相传,即使它们的定义与界限有所改变。任何时代,学科领域总是代表人类智慧的结晶,包含了人类运用系统可靠的方式,探讨重要和本质

---

① 将"善"与纳粹大屠杀相提并论,似乎有点奇怪。如果要说得更明确一点,应该用"善与恶"来表示较为恰当。

问题所做出的努力。

今天，无论在东方还是西方，大部分的人在探索真理时会求助于科学。各种科学方法的起源同样可以上溯至古希腊、罗马甚至巴比伦时期。17、18世纪的欧洲，将科学带到一个更精确的新水平。当人们探究物理世界（物理与化学）、生物世界（生物学、植物学与动物学）、遥远的时间与空间（天文学和宇宙学）以及人类世界（社会科学与行为科学）时，这些学科观念成为最值得我们信赖的研究方法。科学方法经过不断改良，科学理论与各种学说也不断被更精准的新发现取而代之。

当我们谈论美的问题时，分工的情形就出现了。我们从艺术创作者与表演者身上，感受美和不美。他们的作品是取之不尽的美感源泉。和科学观念不同，美是无法取代的。我们会认为希腊的科学有点奇特，然而，我们还是能够继续欣赏希腊式的花瓶与雕像，虽然我们对美的观念已经比古希腊时期扩大延伸了许多。

除此之外，分析的方法可以帮助我们了解艺术品的创作动机，以及它们为什么对我们造成如此深远的影响。美学家帮助我们发现古今文学和造型艺术的共通特征与相异之处，包括希腊花瓶、中国古籍、现代爵士乐和表演艺术。在我们这个时代，当精英美学标准和传统的美学观念产生分歧时，美学家可以帮助我们了解不同艺术的真谛。

在这里，数学的训练对我们也很有好处。乍看之下，数学代表人类对真理的探索，数学的确找出了许多人类能够理解的不变真理。然而对数学家来说，真理的朴素和高雅以及呈现真理的形式都相当重要。从这个角度来看，数学和音乐相似，具有去除笨拙的独特美感。

最后再谈谈道德，每个文化都具有不同的行为标准，有些是自己独特的，有些则与其他文化的类似。即使是纳粹分子也有自己的道德标准，虽然用现代的眼光来看，这套道德观显得那么的扭曲。历史学家丹尼尔·戈尔登海根（Daniel J. Goldhagen）曾经说过一个不可思议的故事。有一个叫霍夫曼（Hoffmann）的德国军官，负责驱逐并杀害成千上万的犹太人。霍夫曼拒绝签署上级要求他同意不对属于他管辖内的非犹太人进行盗窃掠夺的一项命令。他认为这项要求侮辱了他，他认为他和他的下属绝对不会做出这么卑鄙的事。从哲学到文学，各种学科都以自己的方式涉及道德问题。历史学家在帮助我们了解道德的过程中扮演了相当重要的角色，他们让我们了解特定时空中的道德观，为什么会做出某些选择，而那些选择在历史上又造成怎样的后果。

学科的发展和文明的兴起有着密切的关系。但它们的关联性并不是必然的。就纳粹而言，尽管他们在很多学科知识方面达到很高的水平，但是他们的专业知识却无法阻止他们走向新野蛮主义。尽管如此，学科在文明的进程上不曾停步，并提供了解决问题的实际方法。没有受过学科训练的人，只有退缩到常识层面或无可避免的谬误与阴暗面。

在今天这个后现代时期，歌颂学科的人必须冒很大的风险。有些人质疑学科的有效性，有些人指责学科堡垒的势力过于强大。正如我前面说过，我不同意这种批评，但是我不想在此进行大规模辩论，说明学科的缺点和价值所在。可以这么说，进行人类之谜、美德与邪恶等问题的系统思考时，没有什么可以取代这几门学科的研究方法。

所谓的"人类之谜"意含双关，因为学科反映了人类面临的两项挑战。首先，学科探讨的通常都是人类关心的重要问题。其次，他们也研究身为人类的意义。我要研究的这三个主题，都体现了对人类问题的关心：智人在进化的过程中所占的地位，贵族（与非贵族）的弱点和绝对权力引起的丑恶偏见等等。即使是那些似乎和人类经验没有直接关系的学科，例如物理和数学，也一样能启发人类。毕竟，人类是生活在物理世界中的个体，而对数学真理的探索，强调了人类探测宇宙最深奥定律的决心。

无论学科的力量如何强大或多么重要，到最后，问题的解决绝对不会局限在某一学科范围之内。如果想获取个人对真、善、美的深度理解，势必要超越单一学科的范围，采取跨学科的研究方式。研究达尔文理论的科学家，研究莫扎特音乐的音乐评论家和研究纳粹大屠杀的历史学家，都希望回答有关真理的问题，虽然这些真理分属于不同的认识论角度。在不至于离题太远的情况下，我们可以看出，这些学者也企图同时研究人类关心的其他方面根本问题。达尔文主义者想在进化论（例如自然选择）中寻找美与道德的根源。对《费加罗的婚礼》(和剧中描述的社会)的评论,则引发了道德标准、政治真理与艺术真理等问题的思考。企图了解纳粹大屠杀的学生,也会思考纳粹政府对真与美的标准。

科学家与数学家的典范

科学家试图解释世界的规律。他们用比较复杂的衡量方式进行观察,尝试了解。此外,他们也以前辈思想家的早期实验结果为基础,提出问题、取得系统的答案。

观察得来的数据和理论框架之间的辩证思考,是科学家工作中非常重要的一环。如果科学家只是观察,他或她也许可以成为一位敏锐的观察员或博物学家,但却无法真正进入科学实践的领域。那是因为观察只是针对众多目标的无数细节。我们每个人都不时在观察,但不是每个人都可以成为实践型的科学家。

科学思考的另一个重要元素,就是在一个体系框架内进行观察;发展完全的框架就是一种科学理论。很多人都像达尔文一样,对植物与动物的繁多种类有深刻的印象,但是很少有人尝试将这些动植物分类或重新分类。达尔文十分倚重其他旅行者对雀科鸣鸟的大量观察资料。但是,只有他能将观察的结果归纳成对框架的解释,因此也只有他能跨进科学理论的门槛。

另一方面,只对理论感兴趣的人也不能被称为科学家。他们也许可以成为理论家或哲学家,但是他们的理论缺乏事实基础。的确,大部分科学都起源于哲学,一个人坐在靠背椅上,提出具挑战性的问题,描绘出可能的答案。当其观察结果符合现有的或改良过的理论架构时,哲学就变成科学。我们现在知道,科学相当重视足以颠覆现有理论的观察结果。所谓的进步不仅是发现永恒不变的真理,还应该有对现存真理的质疑,并且以有更充分证据的新真理取而代之。而新真理将来也可能被更有证据基础的真理所取代。

数学在复杂的科学中扮演相当重要的角色。开始阶段,科学源于系统的观察，和用一般人可以理解的语言来解释的特定理论。然而，经过这些方法产生出来的科学理论，往往陷入叙述的泥淖中。科学要求精准，让所有人都能接受，所以最重要的是所有的主张和预测都要叙述得越清晰越好。伽利略有一句名言：宇宙之书是用数学写成的，而数学语言的字母就是三角形、圆形和几何图形。

数学不仅是科学家的工具，数学本身代表人类希望发现（如果你比较喜欢主动一点的说法，也可以说是"创造"）并且精确地呈现出这个世界概念化数量与形状之间的抽象关系。数学家渴望在数字与形状的王国寻找模式；他们也乐于向所有感兴趣的人示范、保留并解释这些模式。数学家在欣赏这些模式代表的真理的同时，也为其中的美感深深着迷。

有趣的是，科学真理往往是暂时的，而数学真理则是一经证实就永远正确的。这就是为什么数学家哈代（G. H. Hardy）认为，发现数学真理是人类最奇妙的经验，因为数学真理永恒不变。在此我们可以玩笑地说，因为数学上的新发现，可能推翻原先成立的科学真理，那么在非欧几里得的世界里，平行线将会交叉！在某个系统内，数学真理的确具有永恒性：直角三角形斜边的平方永远等于另外两个边的平方总和。

大部分学生都不会成为科学家，许多人只要学会基本算术，就足以应付日常生活和工作所需。但是如果不让学生学习科学与数学的思维方式，就等于纵容他们忽视他们生活的这个世界。唯有让学生接触这些学科，他们才能了解主宰物理世界和自然世界的力量（否则只能盲目接受占星术）；具备认识世界的思维方式（而不是魔法思想），并能因此进行有效的修正；了解数学语言对修正真理的作用，由此所有人都可以自己进行求证的工作（而不是基于花言巧语、模糊的印象或仅仅因为权威）。

我其实应该在本书中好好使用数学的例子，比如零的作用、无穷大的含义以及证明费马（Fermat）最后定理。这些都是以理解为目的的教育的最佳题材。我希望学生能通过对各种丰富例子的探究，体会到数学的规律和美感，发现可以用精确的方式组织数字和排列。本书一贯的理念是，学生不必研究许许多多的问题——至少在中学以前应该是这样；能深入了解几个重要的例子，并从中体会数学思维的力量。其他的课程也应该按照学习数学的方式，选择对学生所处的世界有用的内容。在此我必须承认自己内心的不安，我们在学校所学的那么多数学知识，大部分要等到几十年后，在帮助自己的孩子做功课时，才真正派上用场。

艺术家之美

艺术家创作某一个艺术形式的作品。艺术形式通常在艺术家之前就已经存在了：和他们的前辈一样，今天的作家创作小说或诗歌，视觉艺术家创作绘画或雕塑。然而，艺术家偶尔也会创造出新的艺术流派或改造原有艺术形式的样貌。即使面对莫扎特那难以超越的艺术成就，贝多芬依然改写了古典音乐的规则。一个世纪之后，在德国作曲家勃拉姆斯（Brahms）和瓦格纳（Wagner）的影响下，阿诺尔德·勋伯格（Arnold Schoenberg）创造出新的无调系统，或称为十二音的音乐。

艺术家和科学家一样，穿梭在两个世界之间，而这两个世界实际上有很大的差异。一方面是艺术家的思想、感情、信念、见解和想象，即他或她自觉或不自觉的经验。另一方面是可供艺术家使用的素材、工具以及他们创造艺术作品的技巧。

只具备其中的任何一方都不足以创作作品。如果一个艺术家充满思想和灵感，但是不能娴熟地掌握表现的技巧，就无法将心中的构想（或想要传达的意义）淋漓尽致地表现出来。他要么只能关注自己，要么他所用的方法会让人感到迷惑不解。相反，如果一个艺术家熟练掌握了技巧，但缺乏思想和灵感，那么他的作品很难是独创的，也无法引起他人的兴趣。

莫扎特是艺术家的最佳典范。莫扎特（和达·蓬泰一起）创作《费加罗的婚礼》的目的，是希望创作出一部足以反映博马舍原剧本的精神和蕴意的音乐剧。此外，莫扎特还希望借着他自己的歌剧《费加罗的婚礼》，表达一些观念、情感与看法，有些是个人的观点，有些则是喜剧式歌剧的共同语言。

谈到纯熟的技巧，莫扎特创作《费加罗的婚礼》时遵循的是17、18世纪欧洲发展出来的古典音乐作曲原则。在创造乐谱的过程中，无论从一个调发展出主题，或者从一个调转到另一个调，使用单一乐器或者几种乐器的组合，还是改变节奏与强度以达到惊讶、不规律或对比的效果，都有一定的程序。独唱或合唱、歌词的选择和安排、舞台的布局、服装、灯光和音响，每一个元素都会影响作曲。如果要创造出和谐有感染力的作品，一定要能够纯熟地运用所有相关的技巧。

莫扎特的音乐技巧也许相当高明，但是技巧精湛并非作曲成功的精髓所在。重要的是莫扎特能够出神入化地将不同的音乐技巧共冶一炉。相对的，乐评家或美学家却有必要彻底了解艺术家工具箱中的所有技巧知识，以及了解艺术家们如何运用这些技巧营造特殊效果。同样，如果我们想要了解"冲突三重唱"，我们也必须了解音乐美学家所使用的精确的语言、术语、概念和架构，从广义的角度来说，就是所谓的"符号系统"。

我们这里讨论的虽然是音乐，但同样的分析法也适用于其他艺术形式。我们也可以用同样的方式分析毕加索（Picasso）的绘画，弗吉尼亚·伍尔芙（Virginia Woolf）的小说和玛莎·葛兰姆（Martha Graham）的舞蹈。就以上三者而言，我们可以从艺术作品中看出艺术家认识世界的非凡观察力，发现他们如何运用不同的技巧将这种观察力具体呈现出来：毕加索运用图像，伍尔芙运用语言，葛兰姆运用舞蹈动作。最重要的是，这三位现代艺术家强烈的原创力，足以影响和改变后世艺术家的创作实践。

另外，艺术家和他们的追随者不需要靠明确的"语言"或"超语言"，来叙述他们的创作活动，他们只需要创作出完美的作品。如果我们尝试分析艺术家的成就和他们运用的资源，我们（当然包括教师们）就必须懂得相关艺术形式的艺术评论家和哲学家所使用的语言。

如果每一个人在成长过程中，都有机会进行某种艺术创作，那将是相当奇妙的经验。画一幅肖像或静物画，创作一首歌或一首诗，编舞或表演舞蹈，这些都是无可替代的独特经验。早期教育应该提供这样的机会，让孩子们可以通过某种艺术方式进行思考或表演。

同样重要的是，当未来公民渐渐长大，应该让他们有机会得到艺术家最佳作品的熏陶。这些艺术珍品传达了另一个时空的思想与感受，表现了丰富的情感，是美与和谐的化身，可以丰富所有欣赏者的个人经验。的确，我们的美感与品位，主要来源于几个世纪以来的文化艺术杰出作品。学艺术的学生所创造的语言和概念，让教师和学生们能将他们的理解或特殊喜好清楚地表达出来。从这个角度来看，语言在艺术中所扮演的角色，大体相当于数学在科学中所扮演的角色。

我必须强调，艺术作品的本质极为个性化，每一件作品都是与众不同的。除非深入了解其特殊素材，否则就不可能进入作品的世界，更不用说了解作品蕴含的意义了。更具体一些，如果我们想欣赏莫扎特与达·蓬泰的三重唱，必须先了解他们创作的特定角色、故事情节、旋律、和声和作曲法。事实是科学的基础，一般来说，科学理论重视可以放诸四海而皆准的通则，例如：适用于所有雀科鸣鸟、所有动物，甚至所有生物的准则。个人化作品和科学原则之间的差异，存在着一道深深的鸿沟。一边是科学与数学，另一边则是艺术与人文。

历史学家的记录

历史学家从一个事件入手，包括事件发生的背景和参与者。历史学家很少扮演观察者或记录者的角色，有时候历史学家可以访问到目击证人，但历史学家多半是在处理史料与文献，包括一手资料（书信、笔记和会议记录）和二手资料（指由当事人、记者或早期历史学家关于事件的记录）。到了近代，除了文字记录之外，又多了电影和录音带等媒体，可以想象，未来一定还会运用到电子记录，甚至 DNA、指纹等。

历史学家借着这些资料重组当年发生的事件。大部分历史学家都会超越简单的描述，深入解释事件发生的原因。的确，大部分人都同意，就像科学家一样，只有当一个学者能超越单纯的资料记录，进而对事件加以解释的时候，他或她才真正进入历史学科的研究。

研究纳粹大屠杀决策的产生,就是一个很好的例子。只有无知者或有意逃避的人,才会无视证据而质疑大屠杀是否真的发生过。集中营的生还者、纳粹本身的记录、纳粹首领战后的供词、令人毛骨悚然的集中营照片、煤气室、成堆的金牙、眼镜和受害者穿过的结着泥块的鞋子,所有这些都在向全世界头脑清晰的人证明,在死亡集中营里确确实实发生过上百万犹太人被集体屠杀的悲惨事件!

但是,"终极方案"到底是什么时候形成的,又是怎么形成的,至今仍然是历史上的一个谜团。和其他学者面临的挑战一样,历史学家也必须考虑两个对立的因素。一方面有文献证据:哪一些命令签发了,由谁来发布,纳粹在万塞会议或其他地方都讨论了些什么,参与者又是如何了解隐秘的讯息的。

从另一方面来看,我们要用不同的方式解释人类的行为。"故意主义者"(intentionalists)认为,大屠杀是希特勒在《我的奋斗》(*Mein Kampf*)(1925—1927)一书中承诺要寻求消灭欧洲犹太人的解决方案的直接结果。对故意主义者来说,纳粹只不过是等待合适的时机,实现他们的阴谋。

在"功能主义者"(functionalists)看来,那是一个缺乏理性的混乱时期。功能主义学者认为,纳粹领袖挖空心思,想找出将犹太人赶出欧洲社会的办法。他们考虑过将犹太人集体迁徙到马达加斯加岛,或成立卢布林犹太人保留区,假如这两个计划得以实现,那么它们可能就是"终极方案"的内容。但是,这两个方案实际上都无法付诸实现。此时,纳粹发现自己有能力对犹太人进行大规模屠杀,而且还不会留下不必要的后遗症。纳粹一方面寻求能更有效使阴谋得逞的办法,另一方面又要避免直接扣动扳机和掩埋尸体,于是死亡集中营的构想便逐渐成形。这个构想出现后,还要经过尝试阶段,如果证明这个方法不可行,也许就会考虑其他"终极方案"。

某种程度上,历史学家的研究方法和其他社会科学家——例如心理学家、经济学家或社会学家——采用的方法类似。在以上各社会科学领域,分析家先以人类行为的实际事例出发,再解释广义的现象,例如:从某一些人的特殊意图到某一集体行为的基本原则。历史学家同时也是人文主义者,他们和艺术评论家有共通之处。历史事件都有其独特性，因此必须用特定的方式来解释。再者，历史事件无先例可循且不可复制，也不能在科学实验室求证。历史学家发现的模式只是具有参考价值；历史记录将永远保留其独特性。

几乎所有人都对人类的起源和自己的命运感到好奇；因此，研究"我们的故事"便无可异议。然而，对历史学科训练的尊重往往超越了个人的好奇心。当学生了解历史学家需要处理繁复多样的材料，还需要采用相互抵触的方法解释各种史料与证据时，他们才明白不是人人都可以成为历史学家：所有历史记录都必须重建，进行这项重建工程的人，帮助我们了解自己、了解我们的同盟、了解我们的敌人和我们的选择（包括我们的道德选择）。如果一个人想从某一事件推出自己的结论，辨别哪些历史上的事例与之相似，哪些不同，必须按照理性的标准而非凭空臆想，而学会历史学家的思维方式是其中的关键。

历史使人们更了解真与善。尽可能正确地呈现特定时间和特定地点所发生的事，表现了追求真理的过程。历史学家总爱不厌其烦地引用利奥波德·冯·兰克（Leopold von Ranke）说过的一句至理名言：历史学家的责任就是把过去真实发生的事情描述出来。同时，历史记录也让我们有无限的机会，去思考道德选择并做出道德判断：哥伦布到底是英雄还是恶棍？美国该不该轰炸广岛？1914年，到底是哪一方导致了"八月之枪"，他们的行动正义吗？批判纳粹在第二次世界大战的作为，不是历史评价而是道德评判。如果缺乏完整历史资料，该种论断就不值一提。

学科商场

即使我们不是相关学科的专家，也能理解科学家、数学家、艺术家和历史学家各有不同的目标与角度。我们可以比较科学家以系统化方式收集的数据、数学家感兴趣的抽象模式、为艺术家带来灵感的想象和情感、评论家反省式的语言以及历史学家在研究特定历史时期历史人物事件时必须面临的挣扎——来判断哪些文件是重要的、当事人的动机是什么以及有哪些"超人类"

因素等等。

年轻的学生面临一项艰巨的任务。无论是学生自己思考的，还是由教师、教科书或录影带提出的问题，都是真实的。但是，由于年轻学生对学科的了解不足，因此无法认识到学科的用途（也许是畏惧它们的严格）。而且，学生也缺乏大多数成年人那种简单尊重学术与实际学科的特质。

学生（教师和家长亦然）往往对学科的概念十分混淆。他们常常把学科简单地等同于"科目"：即一门可以选修的课程，并且要以特定的教科书为基础，在特别的教师的帮助下，以达到某种标准的要求。更有甚者，有人甚至将学科看作是一系列需要记住的事实、概念或理论的组合，学生对学科的力量并不了解。事实本身没有学科倾向：只有当我们用某种方式将事实组合起来，为特定的理论、架构和顺序服务后，事实才染上学科的颜色。

学科不只是用事实和概念堆积起来的教科书上的词汇表、附录、全国标准的概略和每周的考试内容。学科的内涵存在于该领域人士发展出的特定思考方式，借着这种思考方式，他们可以从特定的而非直觉的角度了解这个世界。当我们将学科思维训练内化后——它们就会变成如早年的镌刻一样深刻——就能如专家一样用学科知识解释世界的现象。

为了便于讨论，让我们以达尔文的雀科鸣鸟为例，看看我们假设的三种专家会用怎样截然不同的方法。生物学家会问，为什么邻近的几个岛屿上的雀科鸣鸟外貌各不相同？他也许很喜欢（或讨厌）雀科鸣鸟，但是他会将焦点放在普遍性问题上：为什么关系密切的物种（或所有物种）可以存活下去？为什么身处与外界隔绝的地理位置有利生存？他的目的是要找出真理，即物种进化的通则。进化生物学通常不被视为实验室科学，但是他仍然可以借实验来验证他的看法。举例来说，他可以和威尔逊（E. O. Wilson）或罗伯特·麦克阿瑟（Robert MacArthur）以及他们的同事一样，实地观察小岛在经历了飓风等天灾或被人工熏蒸过后，所有物种都被消灭后的情形。如此一来，就可以观察灾难过后的小岛上如何重新出现生物，新物种如何存活，或为何无法存活。

当艺术家观察雀科鸣鸟时，他的角度完全不同。他会尽可能仔细观察这些鸟，同时也会查阅其他关于鸟类、岛屿、生物进化和达尔文的资料。但是，他这么做完全不是为了解释或预测。相反，他想要利用特定的工具——音乐、舞蹈或绘画——记录他自己不同层面的特殊经验，包括他对雀科鸣鸟当时和恒久的感受。艺术观赏者则会根据自己的标准，对所产生的作品进行判断，而美感是其中重要的标准。评论家则揭示艺术家如何营造作品的效果，以及作品有哪些特质最能引起欣赏者的感动（或反感）。

最后，历史学家很可能将研究重点放在达尔文发现雀科鸟类的实际情形。达尔文是无意中遇到雀科鸣鸟的。当他看到雀科鸣鸟时，并没有豁然开朗的感觉。相反，当他看到种类繁多的鸟类时，他只是记录观察的结果，然后继续其他的研究。过了好几个月之后，他才开始思考邻近几个岛屿不同的鸟类的问题。最后，他的同伴约翰·古尔德（John Gould）告诉他，他收集的14种不同的雀科鸣鸟，事实上分属四个种类。

对历史学家来说，建立关于达尔文发现雀科鸣鸟的"事实"并不容易，特别是流传着许多不同版本的传闻和一些似是而非的说法。此外，一个具挑战性的重要问题是：雀科鸣鸟在达尔文提出进化论的过程中，到底扮演了什么样的角色？是否对进化论造成直接或长远的影响？它们真的很必要吗？这个问题激发科学历史家思考关于创造的各种模式——灵感、有意计划的、意外的或者由各种因素共同促成。接着，历史学家要权衡哪一种模式最适合达尔文的雀科鸣鸟。这种解释方法是否适合其他的科学发现那就要视情况而定。无论如何，历史学家似乎无法提出一个预测性的科学创造模式，除非他想要发明一种全新的社会科学学科。

特别是和纳粹大屠杀这样的问题比较起来，达尔文的雀科鸣鸟似乎和道德问题拉不上关系。但是达尔文可能并不这么看。他之所以踌躇不定，迟迟没有将他的发现公之于世（他独自承受了相当大的煎熬），就是因为他的这些发现和当时社会以及他自己家庭的宗教道德观背道而驰。时至今日，像进化论那样在道德观念上引起巨大争议的科学问题仍然十分罕见。历史学家也许没有特别的工具做道德判断，但无论是专业或业余道德家在进行道德评估时，历史学家的记录都会是不可或缺的依据。

总的来说，所有学科都与印象、观察、"事实"、理论以及不同的说明模式有关。但是每一种学科都有其特殊的观察与推理方式；每一种学科也都发展出自己独特的工具和"步骤"来解释原始材料。因此如何用学生能够理解的方式向他们说明，他们所了解的世界事实上只是许多世界的组合，这将是一件艰难的事。正如补鞋匠和外科医生对"街头流浪汉"的看法可能完全不同，科学家、艺术家和历史学家也从不同的角度、用不同的工具，对日常生活经验以及构成他们工作基础的现象加以解释。

教育不是教学生用所有的观点来评估世事，如果我们希望每个年轻学生都成为历史学家、生物学家或古典音乐作曲家，那么我们的教育注定要失败。我们的目标不应该是压缩学生的训练过程，而是要让学生知道该如何接触学科中的"智力核心（intellectual heart）"或"实验的灵魂"。如果能够让学生通过各种不同的角度观察这个世界，这就是成功的教育。

学生应该摈弃靠直觉得出的错误观念，建立较为复杂精细的观念与理论。要消除原有的印记，变成成熟的观察家，他们应该学习掌握新工具——那些主要学科的工具，并用新的工具刻上正确的观念。经过一段时间之后，他们就可能可以效法科学家、艺术家和历史学家的思考方式，这么做不只是因为这些思考方式令人兴奋，而是因为它们代表了人类试图了解这个世界的最有力的三大途径。

另外一点同样重要的是，学科是引领我们思考世界深层次问题以及和真、善、美有关的问题的切入点。进化论告诉我们，人类从哪里来，人类是怎样演变成今天的样子；莫扎特让我们看到，人类可以成为创作者与表演者；纳粹大屠杀提醒我们，人类可能会犯下哪些罪恶。学科之间没有一对一的关系，真、善、美之间也一样。心智世界和个人经验也是如此，没有明显的界限。但是在我们追求真、善、美这些珍贵品德的过程中，学科可以说是我们不可或缺的最佳工具。

提出以上观点，我必须承担若干风险。我恐怕把学科说得过于统一和简单化了。历史学家和科学家往往对他们自己工作的描述有不同的看法；科学史专家和部分科学家（例如地质学家）都认为自己的工作与历史有关；艺术家与美学家的界限也常常很难划清。以上每种学科都在不断发展中，今天我所描述的可能和 50 年前或 50 年后的情形完全不同。尽管如此，除非我们不让学生接触任何一种学科——在我看来，那是很可怕的——否则，我们就有必要了解每种学科的情形，而这正是我在这几节中所尝试说明的。

我的要求似乎很高。我甚至几乎要建议，就以一群雀科鸣鸟、一组三重唱和几十年前一次致命的会议作为课程的重点。即使当我转到讨论普遍观念——进化论或纳粹大屠杀，或主流学科——历史和科学，这个中心主旨一直没有改变。读者也许会问："为什么不选地质学或天文学，而要选生物学中的进化论？为什么不选舞蹈或流行音乐，而要选歌剧这种古老的艺术形式，和一部超过两百岁的作品？为什么不选其他社会科学或人文科学的学科？为什么要特别选一个正好发生在作者所属族群身上的恐怖事件？"

的确，可以选择的话题、概念和学科多不胜数，仅是列举这些就可能要用整本书的篇幅（当我读到像赫希那样讨论文化程度问题的书，或者由某些政治团体或学术团体设计的学习标准时，都会让我不断沉思）。真希望我们都像玛士撒拉（Methuselah）一样高寿，也希望我们有超大的记忆量，可以敏锐地理解所有的问题！

然而，我们现在和将来都做不到。我选择做一个艰难的选择。我从不坚持我所选择的这三个问题就是唯一的最好的教学内容，但我认为它们都是相当重要的。任何以理解为目的的教育，都最终要面对类似的困难选择。现在，我要将讨论的焦点集中在个体之间巨大的差异如何有助于传递生硬的知识内容上。

第八章

深入探索

　　每个人都存在许多错误的概念与误解，只有具备深度理解的能力，才能解决这些问题。教育的目的不是提供标准答案，而是在不破坏一个人心中的神秘感与好奇心的情况下，增进个人的理解能力。

探索三座冰山

探索内涵丰富的现象时,通常会遇到两个实际问题。第一,我认为幸运的是,这类现象是无穷无尽的。一个人即使穷其一生研究进化论、莫扎特的音乐或纳粹大屠杀,最后仍然会发现还有许多尚未触及的议题。第二,没有特别的捷径来了解这些概念。我选的是三个问题——雀科鸣鸟、歌剧三重唱和万塞会议,但我也可以选择任何其他的例子。

这三个问题就像三座庞大的冰山的山顶。每一个问题都是深入探讨一个既深又广的问题的有效路径。这三座冰山作为一个整体涵盖了问题不同的层面:一个切入点(例如雀科鸣鸟与三重唱),一个学科性的问题(例如进化论或纳粹大屠杀),一个本质的问题(物种从哪里来?如何用音乐传递伤感?),以及真、善、美的基础。一个人可以终其一生来研究这样的问题。

我的计划要求不高。这三个问题我自己都曾深入研究过,并为它们找到适当的定位,讨论过它们引发的问题,也提出过帮助消除学生的误解,建立正确的理解的一些方法。在研究过程中,我有机会接触到学习动机很强,但知识贫乏的年轻人——此时我会不断提醒自己,从许多方面来看,我们自己其实也像个知识贫乏的青少年。我会在后文中提出如何让更大范围的学生了解这些问题的方法,帮助他们发展多元智能并以多维度视角来观察世界。

进 化 论

自从人类开始思考自然世界,他们就对种类繁多的动物、植物与人类(包括不同种族的人)惊叹不已。这些不同的物种如何生存与繁衍?它们之间能不能异种繁殖？家养宠物为什么和野生动物不一样？是不是旧的物种消失之后，新的物种就会产生？果真如此，那又是怎么实现的？

面对上述问题，最著名的答案当然是圣经上的答案：创世纪是世界的开启时，而整个创世纪的过程只花了六天。基督教基本教义仍然认为这个答案是正确的。但是对具备科学头脑的人来说，过去几个世纪以来，不同的进化理论越来越受欢迎。其中最有力的理论要数拉马克学说，即器官用进废退论，拉马克认为器官在适应生存的过程中培养出来的特征，会遗传给后代。举例来说，如果父母经常游泳，而发展出强壮的背部、手臂和腿部肌肉，那么他或她的子孙后代的肌肉，会比父母过静态生活的人强壮一些。

达尔文生长在一个一直对进化论感兴趣的家庭，他对圣经和拉马克的说法都持怀疑态度。达尔文虽然出身富裕，但也遭遇了许多个人生活上的挑战。他年幼丧母，在学校是一个不起眼的学生，在当时，医生或传教士才是合乎他身份的职业，然而他并不热衷这些传统职业，也没有明确的人生目标。

但达尔文是个天生的自然学家，他对所有生物都有浓厚的兴趣，也学习了丰富的动植物知识。他热爱户外活动：骑马、打猎、收集昆虫。在22岁那年，他有机会到一艘即将环游世界的船上担任自然学家，他努力说服父亲，接受了这份职务。

整个航期本来是两年，后来延长为五年。在这期间，达尔文两次到达南非。整个旅程中，他忙于收集活标本、绝种动物的化石和所到之处的地质与生态资料。在南美海岸西南方600英里外的加拉帕戈斯群岛上的经历留给他深刻的印象。他发现，这个不久前由火山形成的热带群岛上，生物种类多不胜数。那里的大蜥蜴、乌龟、大陆龟与海狮都使他深深着迷。

当达尔文在加拉帕戈斯群岛旅行时，他注意到岛上有各式各样的鸟类，例如：脚上有蹼的鲣鸟、鸽子和雀科鸣鸟。那些鸟都相当温驯，甚至可以任人抓在手上。他收集了26种陆上鸟类，这些鸟似乎都是该岛特有的生物。雀科鸣鸟的变种引起他的注意，因此他也收集了许多标本。这些雀鸟有的只以植物种子为食物，常年待在地面上，有的住在树上，以昆虫或叶子为食。雀科鸣鸟因摄食习性的不同而有不同的鸟喙，有的长而尖，有的小而重，这些特征有利于初期的分类（达尔文收集鸟类时，并不知道其中有些是雀科鸣鸟）。此外，达尔文还注意到不同岛上有不同品种的反舌鸟："每一种变种都是该岛屿特有的，这个现象和陆龟的情形一样。"他在即将离开该岛时，开始思考岛上的有些物种是其他岛上看不到的。几个月之后，在他返回英国的途中，开始以更系统的方式，思考这些邻近岛屿鸟类各自不同的现象。在他的鸟类笔记上，首次提出关于进化论的问题："当我看到这些邻近的岛屿上并没有太多种类的动物，然而在自然界相同的空间里却栖息着各种各样略有差异的鸟类时，我应该推断它们不过是变种罢了……如果以上这段话有任何成立的基础，就值得深入研究这些岛屿的动物学，因为这些现象将会颠覆现有的物种不变的观念。"

回到英国后，达尔文已经小有名气了。许多人都知道他环游世界，而且对他的观察发现十分着迷。他的游记先是非正式流传，后来以《"小猎犬号"的动物与研究之旅日记》（*Journal of Researches and The Zoology of the Voyage of H. M. S. Beagle*）之名出版。鸟类学家约翰·古尔德表示，达尔文（和他"小猎犬号"上的同伴）观察到好几种从来没有见过的雀科鸣鸟。而且，他看到的这14种雀科鸣鸟都各自代表一个不同的种类（见图1）。古尔德按照这些鸟的尾部构造、身体形状和羽毛特征将它们分为四组，正如达尔文表示的："最有趣的现象是不同种类的地雀（geospiza）嘴部大小也不同，从大嘴的蜡嘴雀（hawfinch）到小嘴的苍头燕雀（chaffinch）都有。"

为什么会出现这种情形？达尔文开始质疑当时的教条：物种永恒不变，所有物种在同一时间被创造之后，就再也不会改变。他收集到的证据正好与传统的观点针锋相对。物种并非固定不变，而是有无尽的变化，每个物种都会找到适合它的小生态环境。或许它们有共同的始祖，后来会再演变为不同的物种，每一种都适合生存于特定岛屿的特定生态。

这些岛屿有如一个实验室。每一座岛屿都是完全孤立的，因此岛上的生物——特别是岛上的鸟类——可以在上面舒适生存，但是不能轻易离开小岛。人们可以研究每个岛上的生物种类，也可以比较它们和邻近岛屿上其他不同生

The Disciplined Mind

图 1 达尔文看到的 14 种雀科鸣鸟

物（或相关物种），或世界上其他地区相关物种的相似处。

身为一个生物学思想家，达尔文在心中不断思考这些线索，进行各种实验。他以查尔斯·莱尔（Charles Lyell）为导师，莱尔的研究对达尔文影响极大。莱尔在研究近千年的地质转变时，也曾思考过类似的问题。达尔文开始按照字母顺序建立一套全新的笔记，他想将自己的观察结果放在一个更广泛的理论架构中考虑。在他的研究中最重要的是"B笔记"，他在这本笔记中记录了自己在思考进化和物种"变异"等问题上的思想变化。

大家都知道，达尔文当时正专心重读托马斯·马尔萨斯（Thomas Malthus）的经济分析经典著作《人口论》（*Essay on the Principle of Population*）。马尔萨斯认为，当一块土地上人口过多，为了生存必须竞争有限的土地、食物和其他资源时，为生存而发生的争斗便会出现，胜利者继续生存。达尔文用这个理论来类推物种之间的差异变化。最能适应环境的强者就能生存、兴旺、繁衍。在竞争过程中处于劣势者，必须另觅竞争性较小或比较容易适应的生存空间，或者在冷酷无情的竞争中选择变种来适应环境。达尔文在笔记中写道：

> 我们可以说，有一股力量像千万个楔子，企图将各种适应环境的结构强行嵌入自然界的空隙，或者淘汰弱者创造新的空间。这些楔子的最终目的就是要找出能够适应变化的合适结构。

19世纪30年代末期，达尔文已经在他的笔记中，集中记载了进化论的重要成分，并且在他最亲近的朋友中测试大家的反应。但是他一直不确定是否应该将他的理论公之于世。他的进化理论等于向当时的正统权威，也就是他自己原先信奉的、他的妻子艾玛仍然笃信的创造论发出挑战。因此，达尔文没有选择直接公开他的理论，而采取逐步发表部分想法的方式。他在1845年的笔记中写道：

> 想想那些岛屿的狭小面积，我们会更惊讶于在那么狭窄的范围内看到那么多的非原始生物……看到一小群关系密切的鸟类里有这么多的层

次和种类,我们不禁会想,这个群岛上的鸟类原先数量不多,后来却衍生出不同的种类……无论从时间和空间的角度来看,我们似乎都被带近那个伟大的事实——一个谜中之谜——也就是地球上首度出现新生命的那一刻。

前后将近20年时间,达尔文和密友在谈话和书信中,不断间接提及他进行的研究计划,但是迟迟无法决定该如何将研究结果向科学界和一般民众公布。这段时间里,他通过严谨的辩论、和同伴一起到各地收集新资料,对自己的理论进行了严格的反面论证。当他得知另一位自然学家艾尔弗雷德·罗素·华莱士(Alfred Russel Wallace)也发表了类似自然选择的理论时,这个突然的消息使他停止了执着与延误。如果他想成为科学界的泰斗,达尔文别无选择,必须立刻将自己颇具争议的理论向世人公布。他终于采取了行动。首先,他于1858年和华莱士共同在林奈学社(Linnaean Society)发表论文公开他的理论;次年,他出版了现已成为经典之作的《物种起源》(*On the Origin of Species*)。

进化论的基本梗概如下。每种生物都有一个最主要的(虽然是无意识的)目标:为繁衍而生存。无法生存就没有下一代,该物种链条也就会断掉。因为赖以生存的资源和空间有限,并非所有生物都可以存活,因此,自然界存在着无法控制、永无休止的生存竞争,唯有"最能适应"者才能存活下来。

即使属于同一个物种的各个不同成员也并不相同。达尔文无法理解,为什么同一物种的不同成员会产生这些细微、无法预测的差异,因为当时还没有发现基因遗传的理论。有些差异是为了适应生存环境,环境中有它们的天敌和保护机制,例如避难所。在空间与资源有限的情形下,幸运的生物能够生存到繁衍下一代,而它们的下一代(比同一物种其他成员的下一代具备较多利于生存的优异特质)也比较可能成功地生存。

这个过程代代相传,特定地区的个体与物种构成就会产生变化。某些群体繁荣壮大,另一些则在生存的竞争中落败。当两个群体的分歧越来越大后,它们彼此就无法交配繁衍(或者无法产生具有生殖能力的下一代),也就不再属于同一个物种了。当一个物种无法适应生存环境时，就必须迁往他处或面临绝种的危险。

以上概括性的介绍只是达尔文理论的冰山一角，这个理论在之后的一个半世纪中，经过多次修正。比如，现在我们知道，生物的特征可以遗传给下一代。格雷戈·门德尔（Gregor Mendel）率先提出基因遗传的框架理论，而DNA的构成与复制为遗传提供了机制。现代人讨论的重点大多放在基因之间的竞争，而非承载基因的生物本身。进化生物学中的"新达尔文综合论"和关于遗传基因的研究，使我们在这方面有更深入的了解。

我们现在还知道更多达尔文的研究中的不同主题和动机。例如，20世纪初期，大卫·雷克（David Lack）到加拉帕戈斯群岛收集了更多关于雀科鸣鸟的珍贵资料。现在我们知道，所有雀科鸣鸟都来自同一个祖先，基于某些地质上与地理上的因素，它们按照特殊的方式，分布于各个岛屿。不同的鸟喙代表不同的饮食形态（有的以昆虫为食物，有的要从罅隙中叼出猎物，有的吃仙人掌）。在品种繁多的雀科鸣鸟生存的地方，同一种雀科鸣鸟的鸟喙大小相对比较一致。在雀科鸣鸟种类较少的岛上，同一种雀科鸣鸟的鸟喙大小就相差比较大。经常性的旱灾会刺激新物种的出现。由达尔文开启的现代进化论研究进展神速。感谢彼得与罗斯玛丽·格兰特（Peter and Rosemary Grant）以及他们的学生，我们现在对雀科鸣鸟有了更深入的了解，例如：吃不同种子会使鸟喙大小不同，鸣叫和外形（包括鸟喙大小）在交配中扮演的角色，不同雀科鸣鸟在面对恶劣气候时不同的生存方式，什么情况下最容易造成变种（有时只需很短的时间）或绝种。

达尔文的进化论是革命性的理论，很难为当时的人们所接受，因为它指出人类是从"低等"的生物进化而来，与我们最亲近的人类祖先是早期的灵长类。让当时的人们最难以接受的观念是，进化的过程不受高高在上的权威的操控，而是一个随意演变的过程，一些物种比另一些更能适应环境。

进化论同时也是一个极具启发性的理论。达尔文在论文的结论中表示：

> 凝视杂乱的河岸是一件非常有趣的事。各种各样的植物覆盖着，鸟

儿在树丛中歌唱，各式各样的昆虫漫天飞舞，爬虫在潮湿的土地上蠕行，这些结构精巧的生命体，彼此间有着极大的差异，同时又以极复杂的方式相依为命，这些都被我们周围运行的自然法则操控着……因此，从自然之战到饥荒与死亡，按照我们的理解，整个过程的最终目的就是产生出更高等的动物。这个生命的观点何其庄严……从一个简单的开始，衍生出无穷无尽最美丽、最奇妙的生命形态。

基本上，达尔文的大部分理论至今仍然为人接受。今天人们辩论的是进化的速度与时间；在几个快速进化的阶段之间，也许穿插着几个相当稳定的阶段（"间断平衡"，punctuated equilibrium）。不断出现的新发现——恐龙为什么会突然消失；鸟类和恐龙之间的关系；从古老地质年代奇迹般存活下来的少数物种；几十亿年前生命的真正起源——也使我们对进化的实际过程的了解有所变化。达尔文一直无法断定变种何时终止，物种何时开始。同样，群体生物学家也正努力了解物种的定义，以及基因、个别生物和物种群体之间的相对重要性。

不是每一个发现都和达尔文的进化论有直接关系，也不一定要先对进化论有深入了解才能进行研究。然而，如果想要以系统、相对的思维方式，研究动物和植物以及新兴的人工生命的可能性，由达尔文提出的思考方式仍然是研究者必要的工具。正因为如此，我认为可以编一个以达尔文进化论为中心课题的课程。这个主题打开了通往生物问题研究的大门，如果不了解进化论，许多现象很可能会被错误解释。

为了进一步了解进化论，我们还需要将自己以前对物种的生存与繁衍的观念一并加以考虑。在我们这个年代，这些观念很可能融合了生命早期的直觉、宗教的解释和对不同科学观念（特别是人类从前是毛发稀少、能够站立的人猿的观念）的片面知识。如果不能透彻了解进化的过程，很可能会对自然界持有一些不合理的认识。一旦掌握进化论的主要概念（和进化的思考方式），就等于接近了关于自然世界的真理。

莫扎特的音乐

　　莫扎特是历史上最有天赋的艺术家之一。18世纪中期，小音乐神童莫扎特就在欧洲各地巡回演奏钢琴和其他乐器，技惊四座。他从四五岁起就开始作曲，青少年时期便出现成熟的作品，35岁英年早逝，那时，他已是历史上最多产的作曲家之一。著名的柯契尔（Köchel）莫扎特作品目录按年代列出莫扎特626件作品，其中包括十几部歌剧、圣乐、交响乐和协奏曲。

　　莫扎特无意掀起音乐或政治革命，他纯粹为音乐而活。他的作品中最受人喜爱的莫过于《费加罗的婚礼》，这部歌剧讽刺当时贵族和仆人之间的风流韵事。虽然是一部喜剧，但是博马舍的描写触及社会阶层、特权和人权——即使是普通人都有追求自己命运的权利等根本问题。这出歌剧受到大众的喜爱，但是也在很多地方遭到禁演，理由是该剧表现了颠覆性的政治和社会主题。据说，拿破仑曾经表示《费加罗的婚礼》掀开法国大革命的序幕。

　　莫扎特深深被剧本所吸引，因此和达·蓬泰合作，以此剧为基础创作了一部同名的四幕歌剧。为了避免触犯当时的检查尺度，他们删除了大部分敏感的、有政治意味的描写和人物。当此剧于1786年在维也纳首演之后，获得的评价褒贬参半，而且公演的时间短得惊人。但是不久之后，这部歌剧就经常被搬上舞台。过去两个世纪以来，世界各地的演出次数更是不计其数。

　　基于不同的人生经验，人们对艺术作品的理解会出现许多不同的方式。首先要了解剧情，包括字句的斟酌、叙述的顺序以及特定人物的行为与动机（这和分析文学作品的步骤相当类似）。然后，要了解戏剧作品所传达的政治与社会意义，这两点与该剧演出时和演出后造成的反响有关（这和了解一切具有争议性主题的艺术作品的过程类似）。此外，还要了解歌剧这种艺术形式的特性，了解歌剧音乐的结构，歌剧有哪些艺术效果，以及营造特定艺术效果的原因与方法。我将要从聆听者（与观赏者）的角度分析《费加罗的婚礼》的乐章与演出。我特别选第一幕接近尾声的地方，一段为时四分钟的三重唱作为讨论对象。

我前面提过，参与三重唱的人物包括：男中音（baritone）阿尔马维瓦伯爵，一位有权有势的贵族，他想勾引自己太太的漂亮女仆；女高音（soprano）苏珊娜，她是伯爵夫人的女仆，不想和伯爵有感情纠葛，一心只盼望她和费加罗即将举行的婚礼；最后是男高音（tenor）巴西里奥，他是伯爵夫人和苏珊娜的音乐教师。巴西里奥恐怕是全剧中最不讨好的角色，他想替苏珊娜和伯爵穿针引线，并希望能从中捞到好处。但他是个油腔滑调、口是心非的狡猾人物，常常对别人的困境幸灾乐祸。

没有唱歌但也出现在舞台上的还有次女高音凯鲁比诺。凯鲁比诺人如其名，是一个可爱的13岁小童仆。他爱所有的女人，包括伯爵夫人和苏珊娜。当伯爵到来时，凯鲁比诺正在探访苏珊娜，苏珊娜示意他躲在椅子上，并用一条裙子盖在他身上（在某些版本中是用毯子）。

在接下来被我称为"冲突三重唱"的这段戏里，每个角色都试图和另外两个人维持恰当的关系，但同时又想达到自己心中的目的。阿尔马维瓦表面上对好色的凯鲁比诺发怒，但事实上是想追求苏珊娜，并企图阻挠她的婚礼；苏珊娜假装昏倒，其实是想掩护躲在椅子上的凯鲁比诺，并把阿尔马维瓦和巴西里奥从她的房间里赶走，好让她准备和费加罗的婚礼，过属于自己的生活；巴西里奥表面上为他撞见伯爵与苏珊娜会面而道歉，却暗暗高兴窥探到一桩麻烦事，并从旁煽风点火。这段三重唱巧妙且有力地表达出矛盾冲击的剧情，也推动了歌剧情节的发展。

为了讨论方便，我将这段三重唱细分为九个独立的部分，每一部分都加一个标题。我把这里要讨论的乐谱附在书后，我将意大利原文歌词和我的英文翻译都包含在内。即使读者不熟悉乐谱，参考一下也是有帮助的。你可以看到歌手进来（独自，两人或三人），以及不同的段落用什么样不同的乐器。由此也容易追踪音乐的变化（比如，转入低声区还是高声区，音符的模式有没有重复等等）。当然，如果你能边看乐谱边听音乐，效果会更好。

I. 主题梗概（第1—34小节）

每位主角都（对自己或观众）说明心中想要达到的目标。

伯爵既生气又如平时一样蛮横。他扬言要把凯鲁比诺从他的地盘赶走，却不知道凯鲁比诺也在苏珊娜房里，把伯爵说的每字每句都听得一清二楚。伯爵在发怒的同时，还不忘引诱苏珊娜。

这时巴西里奥进来，并忙着为自己打扰伯爵与苏珊娜的会面而道歉。事实上，他暗自高兴撞见他们俩在一起，因为他最爱看热闹。

苏珊娜想把这些强行闯入者通通赶走，好准备她的婚礼，并想办法把凯鲁比诺藏起来。她突然灵机一动：先表达自己心中的恐惧，然后假装昏倒。

两个男人各忙各的（伯爵指责凯鲁比诺，巴西里奥忙着为自己的闯入道歉）；苏珊娜用颤抖的半音阶修饰音几次提出抗议，表示她快昏倒了，但没有人理会。

Ⅱ. 苏珊娜的警告（第35—63小节）

最后，当苏珊娜唱到高八度的降 A 时，才终于引起男人们的注意，他们试图让这个可怜的女孩（"poverina"）苏醒过来，但是他们的方式太过亲昵。他们发现她心跳（"le batte il cor"）得很厉害。这时，背景音乐的交响乐，响起了八个连续的音符，象征苏珊娜的心跳声。

Ⅲ. 苏醒（第64—69小节）

苏珊娜假装突然苏醒过来，此时，乐章突然转为快活的 D 大调（她苏醒过来，是因为她警觉到，她也许会被扶到凯鲁比诺躲藏的椅子上）。她提高声调（音域也随之走高）表示对他们动作过度亲昵的讨厌，并哀求他们离开她的房间。

Ⅳ. 安抚苏珊娜（第70—84小节）

这时音乐转为稳定的总基调——降 E 调。巴西里奥和伯爵坚称他们只是想帮忙，并尽力安抚她，这时声乐与伴奏都转为抚慰的曲调，伴随舒适的间歇，呈现舒缓、稳定的气氛。

Ⅴ. 小童仆（第 85—100 小节）

在黑管伴奏下，巴西里奥用辩解的语气，将话题转到他散布凯鲁比诺和伯爵夫人的流言。苏珊娜用说教的高音教训他不要散布谣言。

Ⅵ. 驱逐小童仆（第 101—115 小节）

伯爵很快一挥手，坚持要驱逐小童仆。三位主角在短暂的二重唱与轮唱中，都称童仆为可怜的小家伙（"*poverino*"）。但他们在重复这个亲昵的称呼的同时，有着不同的内涵：苏珊娜充满真诚的歉意，伯爵语带嘲讽，巴西里奥依然是本性上的口是心非。

Ⅶ. 凯鲁比诺做了什么（第 116—136 小节）

苏珊娜和巴西里奥用一连串的上升音阶，质问凯鲁比诺的事："他做了什么？"和"为什么这样？"此时，伯爵吟诵了一大段：他发现凯鲁比诺和年轻的女仆芭芭里娜在一起。理直气壮的阿尔马维瓦一边叙述，一边掀起桌上的一块布，他发现躲藏在那里的凯鲁比诺。

从视觉效果来说，这可说是整部歌剧让人印象最深刻的一幕。伯爵的手势越探越低，口中的曲调也越来越低到低八度，然后……

Ⅷ. 真相大白（第 137—139 小节）

在弦乐与管乐营造的紧张气氛中，伯爵发现了躲在苏珊娜房里椅子上的凯鲁比诺。乐团响起长长的 A，长得足以让观众有足够的时间欣赏这个令人惊诧的发现，发出会心的笑。

Ⅸ. 三个转折（第 140—161 小节）

在这段长达一分钟的三重唱结局中，苏珊娜、伯爵和巴西里奥同时高歌，对自己和对观众，但不是对彼此，倾吐了内心深处的想法。三重唱一开始的主题，以直接和逆转两种形式再度出现，为三重唱带来了奏鸣曲般的结尾。

伯爵：苏珊娜并非表面上那么天真（"*Or capisco*"——现在了解了。）讽刺的是，他称她为"最天真"的女孩。

苏珊娜："情况真是糟糕透顶；我真悲哀"（"*Che mai sara?*"——接着会发生什么事？）

巴西里奥："事情是越来越精彩"（"*Cosi fan tutte*"——所有美丽的女人都这样）。

刚开始听这段三重唱时，即使是经常欣赏古典音乐的人都不免被弄糊涂了；不熟悉（或许有些厌恶）歌剧的年轻人（或年长者），更会感到不知所措（达尔文发现加拉帕戈斯群岛上种类繁多的鸟类时，也有过类似的感觉）。然而，由于情节本身比较容易明白，即使有费解的地方，如我上面尝试分析的一样，大家也能够容易地找出三重唱的主线。以前在还没有录像技术时，很难重复多次欣赏这段表演，只有能懂得乐谱、聆听或演奏这段音乐的人才能够达到深入的了解。现在，当然很容易通过音乐演出的录影带，不断重复聆听与观赏这幕精彩演出。

如果想要了解这段三重唱，最好的方式就是反复聆听。有时候，我们应该欣赏音乐本身。如果听不懂歌剧所使用的语言，看歌词翻译也会比较有帮助。这么做会帮助我们熟悉主旋律、交响乐、调式与节奏的转换、歌手唱的内容、他们何时彼此对唱、何时独唱、哪里是高潮、哪里是休止等等。如果有录影机或光碟，还可以观赏演出。

有时候，应该专注聆听，可以一边读乐谱，或者像我一样，和能够听出主要部分的内行人一起聆听。听熟这段三重唱之后，应该就可以知道他们在唱什么，是谁在唱，要营造什么效果了。套用认知心理学的术语，应该对这段四分钟的三重唱的主要语言、音乐和动作发展出清晰的"心智呈像"。

现在，我们可以迎接新的挑战了：将我们感官上的经验和作曲家实际运用的工具和技巧结合起来。这是欣赏者对艺术家用音乐为观众创造丰富经验的最佳赞赏。单从乐谱上看，莫扎特（和达·蓬泰）掌握了许多不同的元素：旋律与和谐，不同的调性，固定或变化的速度，乐句，不同的乐器和乐器组合，不同音域的三种声音，调制、独唱或合唱的能力，然后，再加上戏剧演出的成分，包括主角、服饰、演员彼此间和演员呈现给观众的动作与手势，布景，灯光，乐团的演奏者等等。艺术家手中掌握的创作元素和影响演出效果的因素的确多不胜数，歌剧实在是一个多媒体的艺术表现方式。

一个人可以花上好几个小时分析这段三重唱，而要研究整部为时三个小时的歌剧演出，花费的时间势必更长。我一贯的主张是，深度分析胜于广泛讨论，我比较喜欢细究一个特定部分，例如三重唱或者其中特定的一些段落。举例来说，我们可以将分析重点放在苏珊娜决定假装昏倒的部分，由于她一开始无法引起伯爵和巴西里奥的注意力，于是便运用那些语言、音乐与动作技巧达到她的目的。第二个重点是，可以对照不同人物唱"可怜的小家伙"时的不同的方式，如音符、时机和音调等。伯爵发现凯鲁比诺藏在苏珊娜的椅子上这一段，也充满了丰富的音乐与戏剧效果，饶有趣味，因此可以当作第三个研究重点。以上的每一个片段，我们都可以看出艺术家如何精准而敏锐地运用不同的音乐与戏剧元素，传达他们想营造的情绪、动作、反应和互动。

快速变换而有趣的人物关系也非常有意思。一开始，苏珊娜的处境相当尴尬，在她假装昏倒又苏醒之后，才暂占上风，但是当凯鲁比诺被发现藏匿在她的房间之后，她手上的武器又突然消失了。巴西里奥进场时充满歉意，然后转向对凯鲁比诺命运的好奇，后来又为身边的混乱场面暗自高兴。伯爵起初对巴西里奥说凯鲁比诺不检点感到非常生气，苏珊娜的昏倒使他表现出人性关怀的一面，但当他想起凯鲁比诺和芭芭里娜之间的不当行为时，又再度陷入愤怒的情绪中，最后，当苏珊娜的表面情人凯鲁比诺现身时，伯爵又带着优越感自鸣得意起来。值得注意的是，歌剧中的每个角色都被刻画成真实人物，而不只是某个社会阶层的样板人物。这个民主式的处理手法正是《费加罗的婚礼》具有革命性意义的一面。

许多艺术成就不需要靠专业术语就可以表达出来。艺术本该如此；艺术家并不期望自己的观众都是美学家。然而，为教育的目的，如果学生对音乐技巧和专业术语有所认识，一定是很有价值的。即使学生看不懂乐谱，如果他或她察觉得出转调、管弦乐上的转变、节奏或速度上的改变，必定更能从美学与事件发展顺序的层面，更深入地了解剧中事件的因果关系。对音乐和戏剧的表现方式了解越多，就越能欣赏表演的艺术价值。

三重唱只是《费加罗的婚礼》的冰山一角；它在冗长而复杂的歌剧中，只占了短短几分钟。只有进行类似以上的分析时，才会单独欣赏这段音乐。在欣赏过整部歌剧的表演之后，会对三重唱这个部分的艺术成就有一番崭新的认识。莫扎特与达·蓬泰的天赋可以说是全息摄影术。三重唱绝对不能取代整部歌剧，如果了解三重唱是整个作品的一部分，就可以在部分与整体之间自如往返了。我们可以"倒着听"——我们知道苏珊娜和凯鲁比诺之间是清白的；我们也可以"顺着听"——期待阿尔马维瓦最终会因为不轨想法反而害了自己。将三重唱和《费》剧其他部分加以对照玩味，我们会发现无论在人物、动作、旋律主题和管弦乐部分，都有许多前后呼应和共鸣之处。从这个角度来看，三重唱的确可以说是整部歌剧的"全息图"。

　　三重唱和《费》剧中其他独唱或二重唱与合唱部分在音乐与戏剧上的关系，也值得深入探讨。我分析的三重唱部分，只是全剧极小的一部分，连贯穿全剧的灵魂人物——主角费加罗都没有在此出现。该剧至少还有二十几个其他段落，可供我们做类似的分析。每个部分既是全剧的缩影，又都丰富了全剧的内涵。

　　除了《费加罗的婚礼》之外，莫扎特还有其他这样冰山似的作品，如《唐·璜》（*Don Giovanni*）和《女人心》（*Così Fan Tutte*）。这两部歌剧，也都是由莫扎特与达·蓬泰合作的佳作。《女人心》探讨巴西里奥在三重唱尾声部分透露出的厌恶女性的情结。除此之外，还有其他作曲家或其他艺术形式的创作者的作品，为有意探索艺术世界的学生提供全景式的研究课题。

　　敬畏这部全景式的作品是可以理解的，但不要因此失去对其他大量作品的鉴赏机会。莫扎特和达·蓬泰对博马舍的戏剧做了检查和删节，创作出一定数目的角色和场景。他们决定设计三个演员之间的这个互动环节（加上第四个没有开口说话的和第五个贯穿全剧的灵魂人物），最后选择创作这个三重唱。结果反映了他们在创作之前和写下第一个乐章到早期的歌剧排练之间上千种有意识和无意识的思索。我们何其有幸，能够欣赏这些艺术精品，然后以学生的身份，仔细探究其中的艺术成就。一旦我们完成了这个练习，就可以将相同的分析技巧运用到莫扎特或其他音乐家的其他作品；或许，我们还可以将从中学到的美学敏感度用以欣赏其他艺术形式。

进化论揭示了一项重要的真理，莫扎特的音乐则是美的典范。有时候，我们无法说服别人相信真理，同样，非要说服别人认为某一件艺术作品是美的也不太合适（虽然有很多学生会特别注意他们的教师或他们尊敬的人喜爱的作品）。正如罗马人所说："品位是没有什么好值得争论的。"也许我们永远无法完全解释为什么认为有些东西是美的。教育工作者的职责在于，让大家注意值得学习的作品，并用尽量详尽而现实的方式，为学生解释艺术家的重要成就是什么。有时候，美感出现在理解之前；有时候，美感出现在一番详尽的研究之后；有时候，我们无论如何也无法认同别人认为美的东西。

我了解有些人无法欣赏古典音乐、中国宋朝的古书或日本的歌舞伎表演。且容我直言不讳，如果没有尝试去了解，谈何欣赏。如果一个人想进入艺术作品与艺术家的世界，首先要了解艺术家做了哪些努力和尝试，并熟悉艺术家所使用的工具，然后建立自己的理解。举个眼前的例子来说明，我们可以解释为什么三重唱不同部分有不同的管弦乐作曲方式，或者注意三重唱开头、结束以及它和整部歌剧其他部分在旋律上的关系。

经过理解的努力后，就可以再回到本能的判断：喜欢、无所谓甚至厌恶。每个人当然都有自己的偏好。就我个人而言，尽管我曾经努力试图进入某些艺术家的艺术世界，可我还是无法勉强自己喜欢他们的作品，同样，我对另一些艺术家的作品却是越来越喜欢，有些则在几年之后又再疏远了。然而，有一条不变的原则：花在对杰出艺术家作品上的时间和努力一定会有回报。即使最后发现自己并不喜欢某件作品，还是可以欣赏其中的艺术技巧，并了解为什么别人对该作品感兴趣、认为它具备高超的艺术价值与美感。

纳粹大屠杀

纳粹大屠杀指的是第二次世界大战期间，发生在德国和其他国家，特别是在德国东部的一连串恐怖事件。希特勒是一名自学出身、有敏锐政治直觉的煽动者，加入德国民族社会主义工人党（亦即纳粹党）并很快成为该党的领导人。他和他的纳粹党人，于1933年初正式掌握德国政权。反犹太主义是纳粹的核心意识形态，这股思潮在德国（和中欧）文化中根植已久。德国在第一次世界大战中成为战败国，战后必须承担巨额赔款，许多德国人将战败的原因归咎于国际主义者、共产党和犹太人——在纳粹党人的心里和宣传里，常常将这三种人归为一类，因此更助长了反犹太情绪。

当希特勒取得政权之后，还不太清楚（也许不论是对他自己还是对其党卫军）到底能将反犹太人发展到什么程度。一开始，希特勒的行动相当谨慎，部分原因是他不想为自己的政权招来不必要的反对势力，无论来自德国还是其他国家。举例来说，希特勒想在1936年夏天，在柏林主持一次成功的奥林匹克运动会，于是在此前的几个月他便暂时收起种族主义的思想和行为。

然而，纳粹要剥夺犹太人权利的企图在20世纪30年代中末期已经昭然若揭。一连串严酷的法令将德国的犹太人排斥于主流社会之外。许多犹太人离开德国，更多的犹太人想逃亡或花钱买出国的途径却未能成功。纳粹设立了集中营，"政治异见人士"、其他方面（例如：性别取向、身体或心理）不正常的人以及犹太教罪人，首先遭到拘禁，并受尽各种凌辱虐待，最后被杀害。1938年11月，一位犹太年轻人由于父母被递解出境而精神错乱刺杀了一名德国外交官，纳粹马上决定在德国各城市发动大规模劫掠行动。在所谓的"水晶之夜"（Kristallnacht），大量犹太人商店和犹太教堂遭到破坏，很多人（包括我自己的亲戚）都在家人面前惨遭践踏致死。

1939年9月，随着第二次世界大战爆发，解决犹太人问题的"终极方案"终于按部就班地开始进行了。① 九个月之后，第三帝国在欧洲大陆已经取得足够的力量，可以为所欲为了。第一步就是用各种方法消灭德国境内剩余的犹太人；第二步是用最快的速度消灭欧洲的所有犹太人。

回顾起来，就知道纳粹一向都有消灭犹太人的意图。纳粹领导（和许

---

① 作者注：我使用"按部就班"这个说法，并非要降低影响这个决定的人为因素。至于是谁做出这些决定，而决定又是如何传达给执行者那里，历史学家至今仍然没有定论。

多成员）一直在等待掌握绝对权力（如此一来公众的舆论就不必理会了）和方法（用瓦斯致死）来达成终极目标。希特勒早在《我的奋斗》一书中就谈到消除犹太人的必要性，他把犹太人视为"雅利安民族之纯粹性"的头号大敌。反犹太是20世纪30年代纳粹的核心要务；当第二次世界大战爆发后，希特勒表示他终于可以实现他的诺言——"消灭欧洲的所有犹太人"。在1940年和1941年，纳粹高层人物经常提到他们"无疑已接近解决犹太问题的方案"。

但如果认为大规模屠杀犹太人是一项有预谋的行动，那是经不起严格推敲的。正如我在上一章结论中提到的，纳粹领导层曾经认真地考虑过采用其他办法"解决"犹太问题。方法之一，用现代的观点看来也许有些荒谬（但绝对没有纳粹后来采取的实际做法不可思议），就是将所有的犹太人迁移到非洲东岸的马达加斯加岛。但是由于德国无法打败英国，没有海上控制权，这个计划就无法实现。另一个计划就是将犹太人迁移到波兰的卢布林，建立欧洲东部较大的保留区或犹太区，而且纳粹党人已经对这个计划有实际行动。

1941年夏天，德国沉浸在初征苏联告捷的兴奋之中，纳粹还在认真考虑以上的种种办法和可能性。但是，诸多因素让以上方法中途流产，他们便开始寻求能够彻底解决犹太问题的终极方案。

使纳粹转向大屠杀的几个重要因素中，首先是在德国统治下的犹太人数量相当巨大。除了西欧剩下的几百万犹太人之外，东欧还有五六百万犹太人，面对如此众多的人数，实在很难把他们"存放"在犹太区或一个遥远的小岛。而且成立犹太保留区工程之浩大，以及无可避免的疾病与政治不稳定的因素，也是他们当初未曾考虑到的。此外，纳粹还做出致命的决定，容许波兰、罗马尼亚和其他国家消灭犹太人，伴随这一决定的另一道命令是，德国人可以处死所有占领区内的苏联籍犹太人。另外，纳粹观察家为两个无法解决的事实困扰着：要外国人或德国人杀害大量犹太人似乎并不困难，但是采用枪杀或饿死的办法却会带来后勤处理上的困难。于是，他们开始研究一种对执行者来说比较不残忍的杀害方式。

1941年1月，希特勒公开反思犹太人的问题，他表示会"从不寻常的角度，也许未必是友善的角度，来思考许多问题"。他宣称，他将会开始"在未来几个月实践诺言"。1月底，盖世太保的第二头目莱因哈特·海德里希（Reinhard Heydrich）就提出了"终极方案"。

在1941年夏天到年底之间，纳粹做出最后决定，并开始按部就班地实施行动。很多人认为，如果没有得到希特勒本人和其党卫军SS（希特勒精英保护力量）领袖海因里希·希姆莱（Heinrich Himmler）的首肯，纳粹不可能做出最后决定。而实际提出此一主张，并动手执行死亡集中营的是莱因哈特·海德里希。希特勒也许在1941年夏天，发表帝国的"新伊甸园"演说时，就对这个计划做了最后的确认。1941年7月31日，赫尔曼·戈林（Hermann Göring）授权海德里希，针对欧洲的犹太问题准备一个"全面解决之道"（Gesamtlosung）。另外很重要的一点是，当时消灭大量犹太人的命令已经变得很平常，甚至出现一个德国人被杀就要杀掉一百个犹太人的公式。

纳粹还同意可以同时进行一些重要的"实验"。1941年10月中旬，第一列驱逐犹太人出境的火车驶离德国，女人与孩子被送到罪恶的工作集中营，到了12月，里加（Riga）发生了第一次德国犹太人被屠杀的事件，在海乌姆诺（Chelmno）和贝乌热茨（Belzec）死亡集中营，用Zyklon B这种化学毒气在煤气室中对犹太人首次行刑，并没有引起社会太大的反响。

这些事件导致致命的万塞会议的召开。这次会议由海德里希召集，1941年11月宣布当年12月召开会议，但是后来延期至1942年1月20日。德国政府各部长、德军占领区代表，以及其他各种负责人都参加了这次会议。根据一份报告显示，在14位参会的重要人物中，有八位拥有中欧大学的博士学位。会议的主要目的就是讨论"犹太问题的终极方案"。会议供应午餐。

我们对这次会议的了解，大多来自盖世太保疏散犹太人部门头子阿道夫·艾希曼（Adolf Eichmann）所做的会议记录。他后来承认，记录中的遣词用字比会议上实际的用语要委婉得多。由于参会者会前已经收到一些相关文件，包括实际上公开讨论的有关由士兵杀害犹太人的文件，因此会议进行时，所有参会者都知道消灭犹太人的决定已经通过了。海德里希一开始就讨论戈林的终极方案，即如何处置当时纳粹统治下多达一千一百万的犹太人。将犹太人集中到东边的方案，取代了将他们赶出欧洲的构想。会议的焦点接着转到后勤处理问题：采取的步骤；在每个占领区，哪些事情该由谁负责；哪些人属犹太人，哪些不算。

参会者都明白这是一项空前的行动，所有人都小心翼翼避免使用"杀人"或"谋杀"等字眼。发言人采用"解决的可能性"等说法，但是艾希曼指出，实际上，这就是"杀人的可能性"的意思。海德里希也表示，被征召为劳工的犹太人，"大部分都会在自然耗尽中放弃"。这句话实际上指的也是死亡，相对的，没有被自然耗尽的人将在煤气室中被处死。

有关这次会议的报告被送到即将执行消灭犹太人任务的人手上以及各执行地点，随后又开了多次与此计划相关的会议。在短短一个月之内，死亡机器就开始运转了。

效率惊人。1942年3月中旬，欧洲大部分犹太人还活着。不到一年，1943年2月中旬，至少三百万名犹太人被冷酷地杀害了，包括男人、女人和小孩，这是整个大屠杀事件六百万遇害犹太人的一半人数。一切行动都以尽可能机密的方式进行。1943年，希姆莱骄傲地告诉他的部下："我们的历史无论现在或将来都不会记下这一页。"大战结束后，由胜利的同盟国设立的法庭发现，希特勒曾下达命令，除非必要，否则不能对任何人透露死亡集中营里发生的事。

当死亡集中营的真相公之于世后，有理性的人忍不住要问，为什么会发生这种惨绝人寰的事？这个前所未有的阴谋又是如何得逞的？正如我前面指出，意图主义历史学家（intentionalist）对希特勒和他纳粹亲信的种族灭绝的长期计划进行详细的追踪。功能主义历史学家（functionalist，有时候称结构主义者structuralist）对纳粹的长期计划和直接由上而下的命令传达方式不太感兴趣。相反，他们更在意纳粹内部不同竞争团体间如何斗争并希望获得希特勒和他的核心圈子认同；他们更关注一系列注定不会成功和不周全的特别行动，以及突然推翻所有其他方案、做出最后决议的过程。

无论以上哪个定位更有道理，对历史学家而言，在局部范围内重建当时实况都具有相当重要性。当"终极方案"于1941年出现时，一个问题还有待解决，即这个方案到底可不可行，如果可行，应该怎么实现。

在此，历史学家必须依赖他的研究工具——相当于生物学家的观察与理论，音乐家的情节、表演者和乐章的选择，美学家的概念等等。纳粹相信他们在进行一件史无前例的重大事件，于是不辞辛劳地记录许多相关资料，虽然这些资料并不打算对公众开放。历史学家对这些记录的可靠性有着极大的争议，哪些人的证词可信，哪些人的不可信，如何将事实集中起来重现一场会议的实况，这场会议的参会者知道某种程度上他们在执行一个无论在规模或野蛮程度上都是空前的行动，而且将来一定会有人毫不含糊地找到他们的。此外，历史学家还要仔细处理那些从来没有见诸文字，但是却有充分证据证明的确发生过的事件。

当资料经过挑选与评估后，历史学家必须将这些片段重组出一个可靠的整体记录。每一位值得尊敬的学者所说的话或所做的记录，不但在学术上有价值，还能为后来的学者重新界定历史事件的范围。劳尔·希尔柏格（Raul Hilberg）是第一位大量揭露纳粹大屠杀的人，他指出了那是一个大规模、高度官僚化的杀害欧洲犹太人的过程。提姆·梅森（Tim Mason）区分了意图主义者与功能主义者两个对立学派。克里斯托弗·布朗宁（Christopher Browning）仔细研究了1941年发生的特定事件如何促成纳粹大屠杀；20世纪80年代早期，德国学者对纳粹大屠杀的独特性和这个事件能否归结为德国的历史与民族性问题，产生了激烈的辩论。查理斯·梅尔（Charles Maier）对德国历史学家关于"无法把握的过去"的辩论做了总结。最近，丹尼尔·乔纳·戈尔登哈根在他引起广泛讨论的作品中请大家注意，当时无数德国人自愿甚至热心地参与了杀害犹太人的行动。此外，还有许多文学作品与电影以这个历史事件为主题，例如：埃莉·怀索（Elie Wiesel）和普利莫·李维（Primo Levi）等大屠杀生还者的记录，还有以威廉·斯泰伦（William Styron）的小说为蓝本的《苏菲的选择》（*Sophie's Choice*），以及以托马斯·肯尼利（Thomas Keneally）的作品为蓝本的《辛德勒的名单》（*Schindler's List*）等电影。

正如研究达尔文的进化论观点，应该参考在他之前或之后的学者的看法，研究《费加罗的婚礼》必须参考许多艺术与音乐上的解释，重构大屠杀实况也应该把大量以此为主题的文学作品作为背景。当我们一旦接触到关于这几个领域的文学作品时，就很难只将注意力集中在"原始数据"上，无论是加拉帕戈斯群岛的雀科鸣鸟、三重唱部分的歌曲，还是万塞会议的记录等等。历代学者和感兴趣的业余人士的讨论，以及艺术家的生动描绘，都丰富了这些事件的色彩。然而，从教育的目的来看，绝对不能让第二手的文学资料掩盖了原始现象。

要了解进化论，也许有人会先从一个或多个物种或亚种（subspecies）的变种着手研究，将焦点放在一些出人意料的模式和特例上，然后在观察结果和主要理论架构之间求证。要了解莫扎特音乐，也许可以先从类似"冲突三重唱"这样的特定部分开始，然后再探索这部歌剧的其他部分，进而研究《费》剧与其他歌剧之间的关系。歌剧的片段和作曲家全部作品之间的共鸣引发逻辑辩证。最后，就大屠杀而言，可以先研究某一特定事件和有限的几个人物（万塞会议），然后将这个事件和种族灭绝的大背景或是与其他一样可怕的罪行做比较。

万塞会议代表了一段发人深省的历史、事件本身和对事件的诠释。一旦掌握了大屠杀的基本史料之后，不禁会提出其他问题。发生在 20 世纪和更早以前的大规模屠杀事件，常常被拿来和纳粹大屠杀做比较，到底纳粹大屠杀是一个特殊事件，还是人类历史甚至 20 世纪诸多类似暴行中的一件，人们对此看法不一。研究万塞会议的一些工具是否可以"转移"用来描述并诠释不同的历史事件？例如：1861 年 4 月发生在南卡罗来纳州萨姆特堡的事件，1789 年 7 月发生在巴黎的巴士底狱事件等。这些前奏仅仅是方便历史学家研究的一些标记呢，还是历史本来就是从这些特定的地点和行动中孕育出来的？我们该如何理解历史上的其他意识形态？例如中东地区的仇恨。如何理解具有政治色彩的经济学和社会学理论？例如马克思与恩格斯的理论。如何理解那些比较受大众欢迎的运动？例如民权运动与女权运动。

纳粹大屠杀也许已成为历史，但它的阴影依然笼罩着我们。世界各地不断出现大屠杀纪念碑，每一座纪念碑的出现都会引起争议，特别是旗帜鲜明或隐蔽的新纳粹主义分子的声音还时有所闻。所有清醒的人都无法理解，为什么一个族群的人要将另一个族群的人赶尽杀绝。最近发生在波黑和卢旺达的战事，让我们不得不再一次面对人性中邪恶的一面。

深究下去，我们不禁要问，人类为什么要制造仇恨与冲突？对于受害者、迫害者和其他人，除了仇恨冲突他们还有什么别的选择？我们还要考虑责任与罪恶的问题。近来连续出现了关于纳粹大屠杀的辩论，主要是关于德国、法国和奥地利的公民与士兵，还有瑞士的银行家，在大屠杀中所扮演的角色。瑞士银行家负责保管纳粹的财物，从纳粹拥有或掠夺的金钱与艺术品的数量，可以看出这个事件的复杂程度。如果一个人对纳粹大屠杀一无所知，就无法参与类似的讨论。

最后，纳粹大屠杀带出了一个相当明显的道德问题。纳粹的做法是基于什么样的原因？优生学和伪科学理论在大屠杀中扮演了什么角色？难道当权者就可以为所欲为吗？谁有可能阻止纳粹，而他们为什么没有出面干预？谁有权力惩罚执行终极方案的人？无论在德国、欧洲还是美国，那些袖手旁观、不闻不问，或没有全力阻止悲剧发生的人该负什么责任？如果"责任"有所谓的时效问题的话，"责任"的追究应该到何时终止？20世纪30年代，日本人在中国大陆屠杀无数中国人，欧洲的殖民者残酷对待非洲奴隶和印第安人，这些历史事件也会引发同样的问题。

从历史层面了解纳粹大屠杀，并不等同于了解该事件的道德意义。事实上，我们可以通过艺术作品、个人回忆录或纪念碑来反思事件的道德意义。道德判断并不是历史学家的专利，相反，人人都有做道德判断的权利与义务。依我看，道德问题最好以实际事件为基础。我们必须了解事件的来龙去脉，并以此指导决策与行动。大屠杀、美国奴隶制和基督教的慈善事业一样，都不是一个人的事，都是关乎全人类的问题。

如果历史能赋予我们鉴往知来的能力，我们衷心期许类似纳粹大屠杀的悲剧不会在现代人身上重演，虽然有些人还是不可避免地要面对同样的灾难。没有谁能够预知，自己在面临非常状况时会怎样应付。但我深信，深入了解人类的所作所为以及没有实施的行动，对我们自己未来的行为一定会有影响。

在我看来，对纳粹大屠杀最重要的了解，就是让我们认清有些人会对另一些人做出什么事。每个人都可能成为受害者或压迫者。即使有人不否认大屠杀，即使有人认为大屠杀完全错了，只要他继续相信这件事是发生在与我们不同的世界另一些族群的人身上，那么他就没有彻底理解这个历史事件带给人类的真正教训。很多人知道，大屠杀之所以会发生，是因为纳粹分子将犹太人视为另类族群。其实，这些纳粹分子不仅是残酷而心胸狭窄的顽固分子，他们还忽略了一个根本的科学事实，即全人类其实属于同一个物种。

滋养见多识广的公民

如果想在今日世界做一名见多识广的公民，需要具备某些背景知识：比如，谁是达尔文？进化论是什么？谁是莫扎特和达·蓬泰？什么是《费加罗的婚礼》？谁是希特勒以及纳粹大屠杀期间发生了什么事？这些就是赫希所提倡的文化水平。然而，一个人有更重要的事物需要了解：即这些人名、术语和观念背后隐藏的意义。

理解无捷径，没有任何办法或药物，可以帮助人们在短时间内彻底了解如冰山般庞大的知识。首先这是一件艰巨的任务。如果把理解比作一餐美食，而同样的食物对每一个人都有用。但问题要这么简单就好了。每个人都存在许多错误的概念与误解，只有具备深度理解的能力，才能解决这些问题。

我们探讨的三个主题，都具备取之不尽的研究素材。只要有人愿意深入思考，就会讨论进化论、音乐和不人道的行为。就某个角度来看，探究越深，谜团越大。我们永远无法了解，雀科鸣鸟在达尔文划时代的发现中占有多重要的地位；为什么苏珊娜的困境会让我们感动；为什么希特勒的理想会变成人类的噩梦。教育的目的不是提供标准答案，而是在不破坏一个人心中的神秘感与好奇心的情况下，增进个人的理解能力。

这些主题和概念的多元化特征代表了一个机会。我们无须寻找唯一有效的方法来理解重要的观念，因为这种方法根本不存在。相对的，我们可以、也应该用不同的方法来研究这类重要的基本观念。我们应该善用个人所拥有的不同知识和思考方式，以及我们对人类差异的理解。这些差异如同达尔文的雀科鸣鸟、莫扎特歌剧中的人物、纳粹大屠杀的受害者和迫害者之间的差异一样巨大。

第九章

"多元智能"的教育途径

　　教育工作者首先必须了解学生在追求真正理解重要课题和观念时，会面对哪些困难。其次，教育工作者必须考虑到每个学生理解能力上的差异，并且尽可能塑造一个适合各种学生的教育方式。多元智能理论可以成为有效教学的一个有力助手，进而提升教学效果。

智能的三种用途

现在,大家对我的教育理念应该都清楚了。我们的中心目标是深度理解;我们应该循循善诱,帮助学生理解一个文化环境中公认的真和假、美和丑、善与恶。为提倡培养深度的理解,我仍然采用以进化论、莫扎特的音乐和近代史上的纳粹大屠杀事件为主的课程。当然我再三强调,这三个主题只是示范性的例子。

我们能否运用我们对人类发展、个别差异以及文化影响的知识,来为广大学生寻找增进理解的方法呢?如果可以,我们终于能够着手构建有效的教育方式了。

简单地说,理想的教育应该建立在两大基础之上。首先,教育工作者必须了解学生在追求对重要课题和观念的真正理解时,会面对哪些困难。其次,教育工作者必须考虑到每个学生理解能力上的差异,并且尽可能设计一个适合各种学生的教育方式。

多元智能理论可以成为有效教学的一个有力助手,进而提升教学效果。我认为,"多元智能"观念至少可以在以下三方面增进理解。

1. **提供有力的切入点**。教学时,如何用最佳方式切入一个主题,是很重要的。学生往往在短时间内对某一主题产生极大的兴趣,或感到厌烦。这就是心理学家所谓的"首因效应"(primacy effect),学生最容易记住生动的开场白和强烈吸引他们注意的事物。多元智能理论为如何开始讨论一个题目,提供了大量的方法。

2. **提供恰当的比喻**。在介绍学生们比较不熟悉的主题和题目时,通常会先用他们比较了解的例子作比喻说明,也可以借用他们熟悉的领域,帮助学生理解比较陌生的领域。

当然，每个比喻都有优点和缺点。因为，从定义上看，比喻和示范都属于从其他领域借用过来的，它们之间可能存在着很大的不同，也有一定的近似，只是用一个较能掌握的方法来说明不熟悉的题目。教师在运用比喻时，应该提示它的局限性和可能产生误导的地方。

3. 用不同的方式呈现核心概念和观点。 从教学法的角度来看，所有研究题目或主题都应具备几个重点或中心概念。成功的教学就是让学生理解这些重要概念，并且能在新的情况下适当地加以运用。

教师通常会用特定的方式思考这个核心概念。我对只能从一个特定的角度去思考任何一种重要观念，都持怀疑态度。我一定会尝试从不同的角度多方面探讨一个主题。重要观念的基本特质之一，就是可以通过不同的角度呈现，它们可以借不同的"模式语言"来表述。稍后我会再解释"模式语言"的含义。专家的特点就是，他或她可以用不同的方法、不同的模式语言和不同的角度来探讨核心概念，还能继续寻找和评估研究问题的新方法。

介绍和研究进化论、莫扎特的音乐和纳粹大屠杀这三个主题的方式有无数种。我曾经说过，这三个主题有如三座庞大的冰山，没有一个人能够看清它们的全部。到目前为止，我故意从较广泛的角度介绍雀科鸣鸟、歌剧三重唱和万塞会议。从现在开始，我要从不同的角度举例说明。比如，当我谈生物学时，有时我会举例介绍（雀科鸣鸟），有时会讨论整个题目（达尔文的进化论），有时会着重谈论科学发现与解释的整体性问题。在讨论莫扎特的音乐和纳粹大屠杀时，我也会用同样的策略。

我之所以采用这个全面性的方法有两个理由。首先我要证明，"多元智能"的方法是相当灵活的；我们可以用它来研究一些中心问题，也可以用来研究普遍性的问题。其次，不是多元智能的各个层面对每一种教学法都有同样的效果。说得更具体一些，每个问题可以利用的切入点、比喻或模式语言都不止一个，但也不表示有7个、12个或37个。教学法的最大挑战是，要判断哪一个切入点对促进某个问题的了解特别有效；尝试使用不同的切入点；反省成功与失败的例子。在选择恰当的比喻和模式语言时，也会面临同样的困难。我不断尝试用合理有效的例子进行说明，而非随意想出一些清单式的例子滥竽充数。

我不敢说所有的方法我都知道，但是我会在后面尽量提出多一些例子加以说明。我这么做是有原因的。因为多元智能经常被人滥用，用来解释一些微不足道的例子，或用不规范或好笑的方式讨论重要问题（例如，教师说："孩子们，让我们来唱九九乘法表！"然后观察者便宣称，这位教师在运用音乐智能传授数学思考）。在此，我要提出一项证据：多元智能可以帮助我们透彻地表现相关联的重要的观念。我虽然以在教室中给学生上课的教师为对象，但是我相信，这个方法对任何想掌握重要概念的人，甚至包括几十年都没有进过教室的人都会有帮助。

探讨丰富主题的多元切入点

从简单而非武断的方式运用多元智能理论，至少可以找到七个有力的切入点来介绍不同的概念。这样的开题方式有利于我们介绍重要而具有挑战性的课题。

◇ 叙述性切入点

最有效吸引广大学习者兴趣的办法，可能是生动活泼的描述。无论男女老少都喜欢听故事。生动的叙述可以刺激语言和个人智能。此外，也可以借其他象征形式进行叙述，例如：哑剧或电影这些涉及其他智能的艺术形式。

我们讨论的三个主题，都可以用叙述性切入点。以进化论为例，我们可以通过几个方面讲述达尔文的故事：他是一个有前途但带有弱点和缺点的年轻人；他重要的"小猎犬号"之旅；他试图建立进化论时的种种思想挣扎；他的病，也许正是他挣扎的反应；他为什么不愿意将他令人震惊的理论公之于世；华莱士很巧合地在同时发展出类似进化论的理论，以及达尔文用不寻常的绅士方式，解决了谁先提出进化论的问题；1859年，进化论公开后，他面对哪些挑战。具有讽刺色彩的是，一个原本非常害羞、不愿面对公众的人，竟戏剧性地变得如此引人注目。

叙述的范围还可以超越达尔文本人。进化论发展的故事中，还包括其他主要人物，例如：达尔文的前辈科学家拉马克，与达尔文同一时期的华莱士、托马斯·赫胥黎（"达尔文的捍卫者"），和达尔文研究进化论的祖父伊拉斯马斯。故事的范围还可以超越个人，延伸到关于特定物种的传奇（例如：加拉帕戈斯群岛上的雀科鸣鸟），或者进化的故事，这些都会相当吸引人。故事的开始可以很生动，如果采用非科学性的基调，可以引用圣经《创世纪》开头的几个篇章，或其他神话故事。

莫扎特和他的家庭的故事（其中最值得注意的是他那位有野心、又极难相处的父亲），也一定能引人入胜，就像彼得·谢弗（Peter Shaffer）的剧作《阿玛迪斯》（*Amadeus*）所表现的那样。与《费加罗的婚礼》相关人物的故事也相当吸引人。比如，达·蓬泰最后到哥伦比亚大学教意大利语；博马舍在美国革命期间，成为秘密武器的供应者；莫扎特似乎爱上了在原《费》剧中担任苏珊娜一角的南希·史多瑞丝（Nancy Storace）；博马舍原剧本中的故事；如何删除大部分"政治不正确"的素材，改写成歌剧的过程，等等。

从音乐的角度来看，叙述具有另一层意义。现在要考虑的不是情节和人物，而是主题——如何介绍主题，如何丰富主题，如何借着不同的外观和目的重新探讨主题。以序曲为例，序曲是介绍不同主题的媒介——愉悦的、充满悬念和张力的或者哀怨的。大部分序曲使用胜利的 D 大调。整部歌剧就由这些主题、情绪、韵律模式和人物交织而成，它们推动歌剧的发展，也被作曲家利用来达成明显对比的效果。

我们甚至可以追踪"冲突三重唱"中的某一个主题。巴西里奥在三重唱开始时，唱出一个由三个音符组成的简单降调音阶主题（最后一个音重复一次），这个和弦中的三个音（F、降 E、D）和苏珊娜的半音主题互争风头。当伯爵和巴西里奥抢着上前照顾昏倒的苏珊娜时，降音阶主题马上逆转。当巴西里奥坚称他只是想帮苏珊娜，没有别的恶意后，他再度用较低的调子重拾这个主题，但这次用的却是上升音。当他满怀歉意地解释，他传播的只不过是关于凯鲁比诺的流言时，又回到原来以下降音阶形式呈现的主题。最后，三重唱接近尾声时，三位主角都坦然表露内心思想的段落，也以这三个音为基础，有时以上升音阶，有时以下降音阶唱出。我甚至想把这段称为"三音符之歌"。这可以说是一个音符的故事，三个构成大调音阶的连续音，倾诉不同的情感，表现不同的情节。

和进化论、莫扎特的音乐一样，纳粹大屠杀为叙述也提供了新题材。在近代史上，很少人物像希特勒这么吸引人，虽然这是一种病态的吸引力。他的故事，纳粹的故事，纳粹的主要领导人物的故事——赫尔曼·戈林、宣传总管约瑟夫·戈培尔（Joseph Goebbels）和大屠杀的设计者海因里希·希姆莱，他们的故事都能引发人们的无限兴趣。

叙述的范围还可以涵盖很广。它可以包括欧洲历史、德国历史、犹太历史和反犹太历史。如果将范围缩小，还可以叙述许许多多个人的故事，包括生还者、被害者和那些在纳粹政权威胁下依然保护犹太人的好心人的故事。我们可以叙述关于一个特定事件的历史——包括那些与会者在面对即将发生的可怕事件时，说哪些话，不说哪些话。如果用电影或戏剧手法将它呈现出来，其效果应该和加上评论的阿道夫·艾希曼准备的会议记录一样引人入胜。1984年，海恩斯·舒克（Heinz Schirk）就曾经以此为主题拍了一部电影。

概括重点：如何将一个富有创意的主题，或煽动性的问题介绍给学生，这是教学的关键。故事最能引起人们的兴趣，为我们提供绝佳的切入点。就我们所选的三个主题来说，每个主题都有足够多的动人故事，引起学生的好奇，帮助他们保持继续研究的兴趣。

除此之外，还有其他有效的切入点。接下来，我将简要地介绍其他切入点，并仍以我的三个研究主题为例，提出如何切入主题的建议。

◇ **数字切入点**

有些学生喜欢和数字或数字关系打交道。以进化论为例，他们也许有兴趣追踪达尔文访问加拉帕戈斯群岛期间和离开以后，在观念上的变化。研究达尔文因受附近小岛上不同种类的雀科鸣鸟刺激，而对这些鸟的分布情形与造成这种现象的原因进行的各种分析。在他和约翰·古尔德讨论之后，他重新修订了原先的数字分类系统。我们可以在他的笔记手稿、出版的笔记和《物种起源》中，看到数字系统上的些微变化。一个世纪之后，进化生物学家大卫·雷克重访加拉帕戈斯群岛，专门研究每个岛上物种的数目，并根据自己的观察，对雀科鸣鸟分布的情形提出自己的解释。

今天，进化论的研究和其他生物研究一样，都已经大量使用量化研究方法了。对数字感兴趣的学生，可以找到丰富的研究切入点，例如：进化过程或人口变化的数学模式，以及制造人工生命的计划。在不涉及技术性细节的前提下，我可以说道尔夫·施鲁特（Dolph Schluter）已经收集了加拉帕戈斯群岛上所有在陆上生活的雀科鸣鸟的鸟喙大小的资料，他还发明了一个程序，可以计算一个假想岛能够支持多少种雀科鸣鸟生存。这个程序得出一个奇怪的发现，即应该有三种雀科鸣鸟，每一种鸟的鸟喙都正好适于啄食加拉帕戈斯岛上的三种种子之一。

所有的音乐作品都要按照特定的节奏，以特定的音阶表现出来。我们可以以《费》剧中的两首咏叹调为例，列出它们的音阶与节奏，然后推测为什么莫扎特选择这些数字模式。"冲突三重唱"里，在由三个音组成的上升音阶或下降音阶的主题中，也可以找出许多由不同的调号、节奏和音符长度组成的不同安排方式。

包括男人、女人和孩子在内的六百万犹太人，在纳粹大屠杀中惨遭杀害。这个抹拭不掉的数字说明纳粹大屠杀也是一个关于数字的故事。研究者可以比较不同族群，例如犹太人、非犹太人和吉卜赛人在第三帝国成立前后的人口数量。在某些地区和国家，几乎所有犹太人全部遇害，有些地区的犹太人则多数逃过此一劫难。万塞会议和之后的几次会议，决定了"终极方案"在哪些地方执行得最彻底。即使是六百万这个数字，研究大屠杀的历史学家，包括否定大屠杀的实际发生或质疑大屠杀规模的人，仍然对这个数字的准确度争论不休。

◇ **逻辑切入点**

逻辑切入点和对数字的兴趣有关，但又略有不同，这种方法注重逻辑命题、命题之间的关系以及命题的含义。用演绎法可以这么解释进化论：

如果某个区域个体（物种）的数目，超过该地区可承受的限度；

如果个体（物种）出现了变种；

那么，那些在这个特定环境生存最好的变种，就能够繁衍后代，繁荣兴旺。

用演绎法解释纳粹大屠杀：

如果有人想让所有的犹太人从欧洲消失；

如果不能把犹太人迁徙到他处，也不能任他们自然死亡；

那么，就必须设计一个消灭他们的方法。

《费加罗的婚礼》的逻辑比较没有那么严格，其逻辑存在于不同的情节与次情节间的关系。歌剧一开始就出现爱情关系（阿尔马维瓦和伯爵夫人，费加罗和苏珊娜），欲望关系（阿尔马维瓦追求苏珊娜，玛瑟里娜想和费加罗结婚，凯鲁比诺爱上所有的女人），情势的逆转（玛瑟里娜发现自己是费加罗的母亲，所以应该和他的父亲巴尔托洛结婚，凯鲁比诺和芭芭里娜也是一对）。《费》剧和那个时代大部分的喜剧一样，恶有恶报，有情人终成眷属。重要的人际关系，从开始的不平衡到最后都回归平衡。喜欢运用逻辑思考的人，也许有兴趣探讨到底有多少种办法解决人物间的紧张、对立与激情。

所有的音乐作曲都有逻辑。在三重唱第一幕中，我们可以追踪伯爵、苏珊娜和巴西里奥之间的关系，以及这些关系在发生一连串事件后的变化——苏珊娜昏倒、突然苏醒、藏在苏珊娜房间椅子上的凯鲁比诺出其不意的现身。当人物关系突然转变时，正是故事最具戏剧化的地方：在这个事例中，证明男人们的看法是对的，女人终于露出了真面目（虽然只是暂时的）。乐谱也有逻辑。如果某一部分的音乐使用悠远的调性，或节奏突然出现变化，最后，调性和节奏都会在适当时候渐渐回到原来的基调。

◇ 存在性（基本性）切入点

有些人可能喜欢探讨关于存在的问题，例如：生命的意义、死亡的必然、爱恨情仇和变化的无常。进化论让我们了解到，人类是自然界的物种之一。莫扎特描绘了人类的创造力。纳粹大屠杀记录了人性中的丑恶，也展现了人类善良、勇气与英雄主义的一面。

如果要探究更深入的存在问题，进化论用科学的方式为我们提供了最好的答案：作为人类这个物种，我们到底是什么，我们的背景怎样，将来会怎么转变。虽然进化论经常和宗教性的解释处于对立状态，但二者并不一定存在冲突。我们可以相信，进化是上帝的旨意，而突变、生存竞争，或者某些物种在特定环境中暂时优胜等等，也是上帝一手策划的。天主教教会最近就和进化论理论家对物种的看法达成和解，为信仰和理性划出合理的范畴。

阿尔弗雷德·丁尼生（Alfred Tennyson）在描写"墙缝中的花朵"时写道："如果我能知道 / 你、你的根和全部的你，/ 我就了解了上帝和人类。"对那些特别关注细节的人来说，雀科鸣鸟的确给我们提供了一个思考存在问题的很有魅力的切入点。分布在加拉帕戈斯群岛上的鸟类变种，鸟喙的形状与大小的差异，可以说是生命的秘密和生物进化之谜的缩影。

《费加罗的婚礼》驾驭着爱情、阴谋、权势和社会等级等重要主题。和其他极具说服力的戏剧一样，它探讨了人际关系中微妙、复杂、愚昧与偶尔高贵的一面。悲剧用比较深沉的方式探讨这些主题，喜剧则采用轻松、讽刺的手法。三重唱接近尾声时，每个主角都必须面对他或她的生存的迷茫：苏珊娜对自己将来的命运提出疑问；阿尔马维瓦则必须面对凯鲁比诺这个对手，以及追求苏珊娜的不道德企图；而巴西里奥依然保持自己对女人和人生的愤世嫉俗。

纳粹大屠杀凸显了人性最极端的一些特质：仇恨、残酷、邪恶、滥用权力和某种程度的勇气与尊严。它迫使我们思考，一个国家为什么会通过大屠杀的政策；为什么某些人能够甚至态度积极地将自己变成推行该政策的工具。它同时也提出关于文明的深刻问题：大屠杀的构想怎么会出自一个公认有高度文明的国家。审查大屠杀计划的人，都拥有知名大学的博士学位，而执行屠杀行动的人，竟然能同时追求文学、艺术、音乐和宗教等方面的兴趣。对那些亲身参与大屠杀的人来说，这件事引发了关于生命意义这一最根本的问题。当一个人面对如此恐怖的人类行为时，该如何寻找活下去的理由？答案或许可以在埃莉·怀索（Elie Wiesel）、普利莫·李维（Primo Levi）和其他大屠杀生还者的记录中找寻。

◇ 美学切入点

我们在欣赏艺术作品时，往往会考虑它们的结构、平衡感和适度，以及色彩、深浅、语调和含蓄等特征。我们的三个主题，都可以当艺术作品来介绍：进化论可以通过纪录片或动画来表现大自然的力量；《费加罗的婚礼》可以通过戏剧、歌剧或芭蕾的形式来表现；纳粹大屠杀则可以通过电影来重现，比如莱尼·里芬施塔尔（Leni Riefenstahl）的宣传片和斯蒂芬·斯皮尔伯格（Steven Spielberg）的电影《辛德勒的名单》（*Schindler's List*）。

美学的呈现手法可能会发挥意想不到的效果。罗宾·雷克斯（Robin Lakes）的《不和谐》（*Dissonance*），试图将集中营的经验用舞蹈形式表现出来。请看下面这段描述：

> 在第一部分……我们看到舞者在快速闪动的光线里，死状可怖。一个用电线吊在空中的男人，因为企图逃跑而触电。尸体从燃烧的炉子里掉落出来，堆积成山。每一个形象的细节都非常强烈；我们能感觉到靠在栏杆上的男人临死前的痛楚，我们感觉到脆弱的身体变成僵硬而扭曲的尸体……一幕幕景象渐渐延伸为情节，囚犯们走向集中营，夫妻被迫分离……无名的受害者，在你面前变成真实存在的人……你感到那么真实，就好像自己手臂上也被刺了一个号码。面前带刺的铁丝网，好像随时会将你围困。你似乎也衣衫褴褛、身缠绷带地变成了舞蹈者。

然而，如果一谈到艺术，我们就只是考虑那些我们比较熟悉的艺术形式，未免太过局限。关键性的概念和例子也具备美学价值。植物、动物和其他生物的形状以及它们不断的改变，也很值得研究，形态的变化也一定能引人注目。《费加罗的婚礼》中许多个别特征，如旋律与和谐、歌词、人物性格、布景、手势，甚至意味深长的停顿，处处都是艺术欣赏与分析的好题材。

当讨论纳粹大屠杀和艺术之间的关系时，我们要格外谨慎。我有两点建议。首先，死亡集中营的设计者认为他们设计了一套独一无二的系统。从集中营入口处上方欺骗性的标语（"工作使人自由"）、通往集中营的通道、释放气体的管道，到排出烧焦的尸骨和保留金牙齿，设计者必须满足某些设计标准。海德里希和希姆莱之所以如此积极地创造死亡集中营，就是因为先前的残杀与埋藏方式，使杀人者感觉很难受；死亡集中营让他们能够采用比较卫生和与受害者保持距离的杀害方式。

其次，纳粹大屠杀对艺术与生死的关系，提出尖锐的问题。英国评论家乔治·斯坦纳（George Steiner）（还有其他评论家）提醒我们，我们必须了解为什么希特勒的党卫军（SS），在执行极端残酷的野蛮行为后，回到家里还能从留声机里欣赏莫扎特的音乐，或在晚上参加弦乐四重奏的演出。我们不但要知道，许多艺术家的作品被纳粹烧掉，也有些艺术家将自己的事业和纳粹势力紧紧联系，如作曲家理察·瓦格纳（Richard Wagner）一样被纳粹推上宝座，像指挥家赫伯特·卡拉扬（Herbert von Karajan）、歌唱家伊丽莎白·施瓦茨科普夫（Elisabeth Schwarzkopf）和制片人莱尼·里芬施塔尔（Leni Riefenstahl）等人。最后，我们不要忘了，希特勒本人也曾经是一个有抱负的艺术家，他对待建筑师阿尔伯特·施佩尔（Albert Speer）如自己的儿子一般，此外，他也将自己的演说和建筑作品视为对德国文化的贡献。

◇ "实际动手"切入点

有机会操作实物往往容易激励年轻人。由于进化的速度通常相当缓慢，无法亲眼观察，因此最好采取比较积极生动或富想象力的方式加以说明。果蝇的培育一向是生物课的最佳观察实例。因为果蝇是一个简单的物种，它的生命周期很短，因此容易观察到其特征变化，以及这些变化对不同种类果蝇的生命历程与病态的影响。虚拟现实和其他电脑模拟方法，使学生有机会进行有史以来首次影响进化因素的实验，例如：物种之间的竞争，变种逐渐孤立（无法再和原先的物种交配），然后产生新物种。

有很多不同的方法都可以直接探索进化论的表现。每年有许多旅游者和研究团体访问加拉帕戈斯群岛，想亲眼看看当年让达尔文和他的同伴大为震惊的生物差异情形。此外，要探索进化的其他方面，也可以探访雨林，研究被污染的江河，或到人为使之荒芜用来观察和刺激进化过程的试验岛上观察。

艺术创作提供最方便的实际动手（或动口）的经验。每个人都可以听或唱《费》剧的部分段落。特别是电脑音乐的发明，使每个人都有机会用不同的乐器来演奏部分段落，也可以实验性地创作不同的结尾或主题。像《费加罗的婚礼》这样复杂的作品，可以说是各种人才共同选择扮演不同角色的结果，他们不单单只是歌唱演员，还有演奏师、指挥、舞蹈演员、灯光小组、场景设计师、节目简介设计师、剧作家和旁白者。

要亲身体会纳粹大屠杀，必须格外小心，尤其是有孩子参与的时候。有些纳粹大屠杀展览是专为孩子设计的。每位小参观者在进场时会拿到一位真实的当年欧洲犹太小孩的名字和照片。看完整个展览后，参观者就会了解到那个孩子的命运。但要注意，这种暂时认同某个真实人物的做法，有时会让人产生强烈甚至令人不安的经验。

对年纪大的参观者，了解或参与"服从权威"的经典课程可能比较有教育意义。这是20世纪60年代社会心理学家史丹利·密尔格兰（Stanley Milgram）发明的一种心理实验，不知情的受试者A接受一个穿白色外套的实验者的命令，电击一名受试者B。A事先并不知道，B是实验者的同伙，B实际上不会受到电击。虽然B发出哭叫，仪表板也显示电击程度已达到危险阶段，但大部分受试的美国人还会向对方继续施以电击。这个实验在其他国家的结果也类似。

只有在实验结束后，受试者才知道电击是模拟性质的。他们参与的是一个生动的实验，这个研究的目的是为了了解，为什么当年那么多德国人会接受明知是错误的命令。密尔格兰的研究显示，受试者并不乐意接受命令，但是实验一旦开始之后，他们觉得自己没有选择余地，只好服从。他们缺乏"选择退出"的程序。有趣的是，大部分行为学家在实验前预测：只有精神病患者才会继续对另一位实验者施以电击；这个实验的结果改变了许多人对德国人是典型（或非典型）"自愿执行者"的观念。

◇ **人际关系切入点**

到目前为止，我们讨论的切入点都和个体学习有关：有些学生喜欢团体学习方式；有些人喜欢和同伴合作；另一些人喜欢辩论、争论、报告有冲突性的议题或进行不同的角色扮演等。

主题活动（projects）是极好的人际关系切入点。通过参与一个持续几天或几个星期的主题活动，学生可以和他人产生互动，从他人的言行举止中学习，获得自己对该主题的理解，并能将自己的个人意见贡献给大家。如果这是一个戏剧活动，学生可以担任不同的角色，了解当时的情形和其他参与者的感受。

可以将前面举的例子稍做变化，变成集体形式参与的学习。例如，学生们可以集体创作图画来解释一个重要的现象，或创作一场戏剧来温习各种叙述方法，辩论存在问题或逻辑问题，也可以做生物学或社会心理学实验。

现在再回到我们的三大主题：研究进化论的学生可以重现达尔文理论出版后的辩论；虚构一个新的生态环境，模拟多个物种在其中生存的情形；或者策划一次加拉帕戈斯群岛之旅，实地调查目前雀科鸣鸟、陆龟和大蜥蜴的分布情况。

研究莫扎特音乐的学生可以组成一个合唱团，排练《费加罗的婚礼》的其中一幕。如果学生对自己提出更高的要求，他们还可以创作并表演一场描写社会阶级冲突或代沟的小歌剧，还可以安排不同的演员重新排演"冲突三重唱"，用不同的方式解读乐谱，对比每个人物的动机与目的，甚至创作出新的三和音主题等等。

纳粹大屠杀也提供了许多角色扮演的机会。学生可以以纳粹大屠杀为基础，编写剧本，例如：霍赫胡特（Hochhuth）的《代理人》（*The Deputy*）或者古德瑞奇（Goodrich）和海克特（Hackett）的《安妮·法兰克日记》（*The Diary of Anne Frank*）。他们用戏剧手法重现大屠杀的不同场景，例如：华沙犹太区保卫战；或者一家人在面临被拆散之际，家庭成员之间决定命运的辩论；军队中某一名士兵拒绝执行大屠杀命令时，其他士兵的反应；等等。回到我们的例子，学生可以演出策划万塞会议的情形、会议本身或艾克曼在1961年以色列法庭受审时所做的供词。他们还可以扮演万塞会议的参会者，演绎他们听到"终极方案"时的反应，也许可以让其中一个参会者激烈反对德军司令部的命令。

同样，没有固定的公式表明如何找出有效的切入点；大家应该将理性分析与想象力结合在一起，然后再小心试验求证。没有必要一次性使用所有的切入点。运用多个切入点的好处是：某个切入点对一个学生了解一个主题有效，但可能不适合另一个学生了解同一个主题，或者同一个学生在不同时机有效的切入点也不同。灵活运用不同的方法，能够更大程度地吸引较大范围的学生，使他们保持长久的学习兴趣，进而增进理解。

强有力的类比和暗喻

一旦学生的兴趣被调动起来后，就要加紧让学生全面接触内涵丰富的主题。有两个方法可以有助于深入理解主题，即通过比较（在本节中详细讨论）和以辅助性方法呈现核心概念（将在下一节中详细讨论）。

简单地说，类比就是借用学生比较熟悉的另一个领域的经验和事例，来帮助学生对目前要学习的领域的了解。暗喻（和明喻）也是用比较熟悉的概念来解释不太熟悉的主题。

达尔文就是通过阅读经济学家马尔萨斯的理论，才发现进化论的。达尔文了解到，个体和物种在历史上（和史前时期）的挣扎求生，和马尔萨斯描述的情形相似：快速增加的人口，面对极其有限的资源。达尔文在自己的著作中，就引用了这个类比。

无论是学者还是一般大众不久都发现，或自认为已经发现，进化论存在于生活的各个层面。观察家将市场经济描述成个人与企业之间的竞争。人们经常将它称为达尔文观点，因为"适者生存"的比喻也适用于此。然而，无论在任何历史时期，一切人类有意识参与的竞争，都有别于达尔文的进化论。生物的进化是个体（与物种）之间竞争，以及不同的基因构造在世世代代无意识或无选择的情况下发生变化的结果。

每个人都对自己感兴趣的领域的变化尤其敏感。比如，年轻人喜欢观察服饰与发型的潮流变化。音乐爱好者会注意一段音乐中主题发展的方式，不同年代的音乐在节拍和声音风格上的不同。文学欣赏者善于察觉小说流派和人物性格类型的变化，现在也包括电影和电视。有时候，这些改变相当缓慢，不容易被觉察；有时候却很快，极富戏剧性而且稍纵即逝。

以上每个例子都可以通过达尔文式的思考加以分析。对文化演进的快慢之争，与主张渐变进化的学者和主张平衡理论的学者之间的辩论相当类似。由于所有的类比都不可能完全吻合，因此很重要的一点是，要注意在做比较时可能产生的误导。举例来说，进化的过程常常被认为像一个梯子，这个比喻似乎暗示，位居阶梯顶层的物种，就是"最高等"或最优秀的物种，这就是一种误导。

莫扎特的例子也可以派生出许多有趣的类比。莫扎特的音乐事业从他早年开始，好似一颗彗星，很快升起又瞬间消失在宇宙间，我认为，他肯定是飞向了天堂。另一方面，他作品的产量非常稳定：就像鸟儿小心地筑造每一个新巢，或像松鼠埋藏每一颗新的坚果。他像工匠一样，一件又一件地创作新作品，似乎将个人动荡的生活置之度外。

准备一部歌剧的演出，需要完成许多高度复杂的任务。我们可以将之比喻为设计和建造一幢大厦、发明新武器或拓展新生意。许多角色可以由一个人或好几个人担任，但每一个艺术构思都会影响整部作品的质量。

最后，像《费加罗的婚礼》这样特殊的作品本身就包含很多比较。18世纪错综复杂的戏剧性社会局面，让我们联想起其他复杂的情节，比如：以洛杉矶为背景的电影《沉睡》(*The Big Sleep*) 和《唐人街》(*Chinatown*)。景和幕之间的关系又好比一套正式大餐中的各道菜：主菜之间点缀着清新的小菜和穿插其间的谈话和跳舞。三重唱更容易让人联想起生活中的实例。很多时候，毫无证据的流言满天飞，而且几可乱真。有时候，几位朋友同时思考相同的基本元素（指观念，而非音符），但相互之间却不知道。

关于纳粹大屠杀独特性的辩论，也许让人怀疑用比喻来解释这个历史事件是否合适。既然类比总是涉及两者的相同和不同处，因此我认为不妨试试看。

希特勒希望根除犹太人的同时，想方设法不留痕迹，就像破坏艺术或科学作品、丢弃尸体、杀死所有癌细胞，甚至像古文明遗迹夷为平地、瓜分古物，要湮灭古文明的最后痕迹一样。集中营和死亡集中营的设计过程，就像一个屡败屡试的实验过程：设计者尝试不同的形式，直到找出符合几个重要原则的最佳方式。工作与死亡之间的类比被故意彰显。纳粹想将工厂生产的原则，运用到对死亡的包装上。集中营里的经历，就像永无止境的噩梦，最终等待他们的不是光明的白天，而是残酷的死亡。

如果亚里士多德说得对，使用比喻是天才的特征，难怪要找出最恰当的比喻并不容易。经验丰富的教师和研究者，都在努力寻找有效而恰当的类比和暗喻。但我们必须明白，比较一定有其局限。当学生能够进行较深入的探索时，应该鼓励他们自己去找出类比和暗喻。这个方法不仅仅适用于某些学生，而学生对不同的类比方式的讨论，对他们又有极大的启发意义。

核心概念的多元呈现："模式语言"

我们已经借着生动的切入点，引发学生的兴趣，并通过比较、类比和比喻提出核心概念。教学上最困难的任务是：如何有效地传授主题、概念或现象的确切含义？

为了方便讨论，我只能先将与我们三个"冰山"主题相关的最重要概念列举出来。进化论的核心概念包括：变种、生物之间的竞争、生存者繁衍后代的自然选择、能够长久适应特定环境的最佳方式等。莫扎特音乐的核心概念包括：欣赏故事的主要情节、了解人物行为的动机与目的、抓住作曲家运用的主要音乐技巧、欣赏音乐如何传达关键性的行为和情感。纳粹大屠杀的核心概念包括：纳粹的反犹太情结、犹太人（特别是战争开始之后）的弱势地位、几个宣告失败的"犹太问题"中途"解决方案"、执行有系统大规模屠杀的军队、为达到目的而设计的手段、死亡集中营的实际运作情形，以及对纳粹罪行的裁决。

和一般人想法不同，我认为适合呈现核心概念或整套概念的最佳方式不止一种。所谓的最佳方式只是一种幻象，通常和一个人接触某个概念的切身经验有关——比如，教师是如何提出这个概念，或者当初这个概念是怎么被描述或表现的。举例来说，如果一个人看过别人用树状图来说明进化论，或亲临纽约大都会歌剧院观赏令人难忘的《费加罗的婚礼》，或看了奥斯威辛集中营释放出来的囚犯的相片，也许他会认为这些"心智呈像"最能表达主题的内涵。但我认为，多元化的呈现才是最好的。因此，我们的重点将集中在能够正确而有效地介绍研究主题的多元化呈现方式上。

"多元化呈现"可以和"类比与比喻"互相补充。当我们进行比较时，通常会故意从一个不同或距离很远的领域中，选一个生动的例子。而多元化呈现，我们通常是直接引用参考资料来研究主题。

现在，我要介绍"模式语言"。在学术领域，模式是从主题或学科中提取出来的，原子、历史性革命或古典悲剧都有各自的模式。模式也许用普通语言呈现（例如本书中的例子），或者用学者能够解释的象征形式表现。在自然科学方面，模式通常用图形、数字或逻辑形式来表示；在人文科学方面，模式通常以语言的形式来表现，偶尔也会运用其他的象征系统；在艺术方面，模式往往用特定的艺术象征系统来显示。一种绘画模式，或一个绘画流派，会以图形来呈现；一个音乐作品或音乐流派，则以乐谱形式呈现（或一种不常见的呈现方法，即用类似天气图的图形，画出音乐不同的强度、方向与主题）。

现在让我们看看模式语言如何捕捉和传递我们的三大研究主题的核心层面。进化论属于自然科学的例子，因此可以用一系列假设来表现它的理论。前文提到的三段论法，是抓住进化论核心概念的最佳方法之一。

但是进化论的其他重要层面，也可以用自然语言或图像语言来表达，达尔文当初使用的就是自然语言。一种常见的方式是用树状图表示进化论的模式，经过一段时间或地理空间的区隔，一个单一的原始物种会分出几个次级的支系。有些支系兴旺繁茂，有的则保持相对孤立而持久，而绝大多数都无法在它们特定的环境中继续存活。

达尔文的读者一定记得他常用的静态形式的树状图形（见图2A）、笔记中使用的纺锤状图形和他出版作品中的几何平行结构（见图2B）。电影、录影带和电脑模拟也可以显示物种产生、发展、繁荣和消失的过程。至于进化过程的不同层面，从生物的特征（例如：不同雀科鸣鸟鸟喙的大小），支配形状变化的法则，到特定生态环境中不同物种变化的比例，都可以用代数、几何和微积分语言来表现。

这里的关键是，没有一种模式语言能够完全代表进化论，但每一种模式语言都对理解进化论有用。因此，一个人——先是专家，渐渐地学生也学会——能自由地使用多元呈现方式，适当的时候加以应用，并能完全理解主题的核心概念。

不同的模式语言并不解释一个概念的相同层面。几何捕捉形状，电影表现动作，逻辑可以分析因果关系。每种模式语言都有自己的优点，适用于某项特定的目标，但不见得对其他目标有同样的联系、发挥同样的作用、做同样精确的解释。能够了解不同模式语言的各自特点，并能灵活运用它们的人，就能获得多元化、灵活而正确的理解。

模式与模式语言是如何形成的？这个问题无论从心理学角度还是实际教学来说，都不好回答。学会不同的模式语言，当然要比将不同的模式语言综合起来容易得多。我必须首先声明，我承认自己的看法不尽周全，但是我认为没有一种特殊的方法称得上"流利的多模式语言"。只要尝试努力去了解不同的模式语言，就可以找出它们彼此间的关联性（和不同处或分裂处）。当我们研究某个主题时，会逐渐习惯于某些模式语言，但是当新模式语言出现时，就可能打破惯有的呈现模式，最终可能形成更有力的呈现方式。

The Disciplined Mind

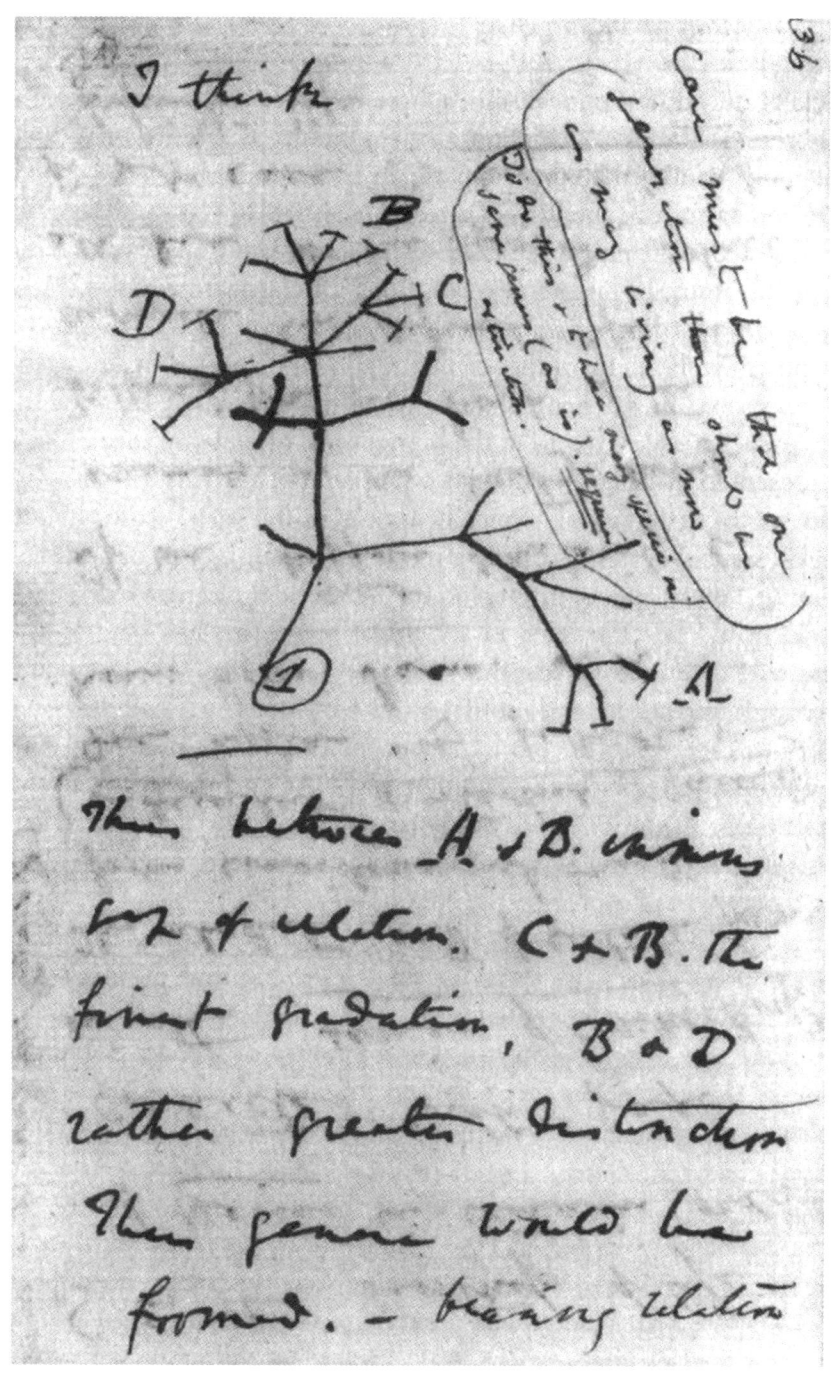

图 2A　达尔文最早尝试的树状草图

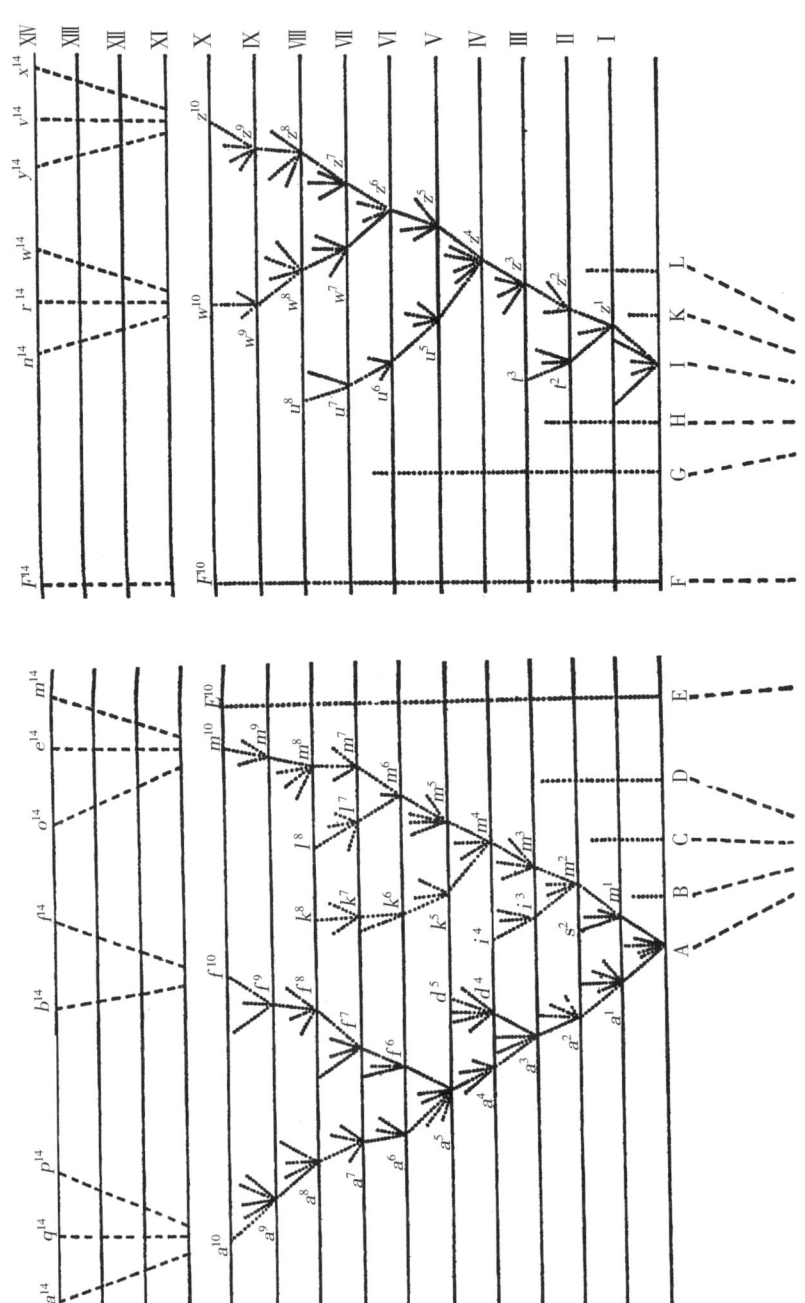

图 2B 达尔文出版作品中的关于自然选择和消失的特征分歧图

模式语言在不同的例子中发挥的作用也不同。莫扎特的生活和《费加罗的婚礼》的情节，可以用自然语言、逻辑分析和图像形式表达。该如何表达又长又复杂的音乐作品，如《费加罗的婚礼》这样歌剧的音乐特质呢？乐谱当然最能呈现主题、"呼应"相对的主题、交替使用主旋律，以及呈现调性、音高、乐器与演唱者的变化。① 此外，其他模式语言也可以对解释这个主题有所贡献，甚至起决定性的作用。有许许多多的书籍是关于音乐的，有些书会收集少许乐谱，或一些乐谱片段。主题发展的过程可以用几何形状，或比较不正式的"磁力线"素描图来显示。这些方式类似于杰克逊·帕洛克（Jackson Pollock）和法兰兹·克莱因（Franz Kline）等抽象表现主义艺术家的"艺术的涂鸦"，或像皮特·蒙德里安（Piet Mondrian）和索尔·勒维特（Sol LeWitt）图像式的语言。如果把《费加罗的婚礼》转换为动作或舞蹈形式，不同的舞蹈符号系统，也可以呈现乐谱的重要特质。

如果要对不了解歌剧的听众解释《费加罗的婚礼》或三重唱，仅仅把一份乐谱交给他，根本起不了什么作用。如果能设计一套比较简单的符号系统，记载主要人物、动作和音乐的主题与形式，那么，虽然只是短短几页纸就有可能让他们领会全剧的精神。毫无疑问，如果让学生对相关表演的理解做一总结，当然应该包含好的图解或调子。

现代人对纳粹大屠杀记忆犹新，因此呈现的方式可以有很多。目击者的证词最能"活生生"地呈现人类历史上这一最恐怖的篇章。照片、纪录片和故事片，也一样能够直接或间接地表达重点概念。

比较抽象的表现形式也可以运用。我们可以用逻辑或数字分析主要因素，用图像表现主要人物的身份和互动关系。当然，像集中营的地图和图表、它们的供给线以及它们和战争路线的关系等，都可以用静态或动态的方式来呈现。

即使是我们的目标事件——万塞会议，也可以用不同的模式语言来表示。可以采取直截了当的叙述方式，也可以采用戏剧再现的形式；可以用逻辑分析探讨最后决定是如何达成的，也可以从数字和后勤管理的角度研究"终极方

---

① 现在有一些不同的记谱系统。

案"的实现。与会者在会上和会后的情感反应（或毫无反应），也让我们从道德的角度对大屠杀事件有进一步的了解。

有人也许会担心，不同的呈现形式会将纳粹大屠杀解释成一套公式，削弱了它的历史意义。我认为，这确实是个风险，而且应该尽量避免。但如果仅用单一的呈现方式，而该方式又具有局限性或可能产生误解，那么风险就更大了。

我们的三个主题都可以通过最新的现代媒体呈现，例如：光碟、影碟和超文本等等。学生通常对新兴媒体很感兴趣。但是不能使用太多，因为这些通过多重感官刺激的多媒体形式，往往会使人们从中得出过多的推论，建构过多的心智呈像。少量的呈像通常有较佳的效果，虽然牺牲了丰富性，但是学习者能更专注于研究的中心主题与概念。

其他问题

我已经提出了研究重要主题的各种各样的方法，如不同方式的比喻和几种相辅相成的呈现形式。我相信这些方法一定能帮助我们获得深入、真正和持久的理解，帮助不同的学生找到适合他们的教育途径，增进理解，公开表现他们的理解，并朝着新的、正确的方向探索。我们并不要求每个学生和别人用相同的呈现方式，重要的是，呈现的内容是否够丰富，是否有益于每个学生和其他人的沟通。

读者一定注意到，在这里我是通过文字来传达概念。因为我比较熟悉文字这种媒介，而书籍正好是以文字写成。我希望能借文字清楚地表达一个观念，即非语言象征系统也一样具备强大的说服力。

然而，我们还有几个问题没有讨论到：
1. 如何综合运用这三种方法探讨重要观念？
2. 如何将这一基本定位运用到其他课程，可能会有哪些局限？
3. 如何评估一种教育方法的成功与失败？

4. 这种方法可能会造成哪些误解？
5. 最后，何谓真、善、美，它们之间有无关联之处？

综合运用三种教学方法

我的论述暗示了一个明显的顺序：从切入点开始，然后进行类比，最后通过多元呈现的方法涵盖核心概念。当然，这只是个粗略的步骤，尚需充实。

教学的艺术在于抗拒公式。有一点必须强调，这三个步骤之间的关系并非完全孤立的：多元呈现可以运用类比的方法，切入点也可以展现核心概念。教师的工作就像乐队指挥，整个作品的乐谱都印在他脑子里，同时还要将注意力放在特定段落和特定演奏者身上。教师应该将问题、单元和理解的方法有机地结合起来，引起学生的兴趣，最终的目的是帮助大多数学生达到对主题的深度理解。在这个过程中，教师越多才多艺越好。

其他课程：可能性与局限性

即使在强调理解的课程中，仍然必须面对讨论更多主题，或是用不同的方法讨论现有主题的压力，因此常常需要做出让步。

可以这么说，我相信这个原则可以运用在艺术、科学和人文等各方面的主题。所以，我选择讨论这三个例子，是因为它们极具代表性：进化论代表科学的理论与概念；《费加罗的婚礼》代表无数的艺术家与艺术作品；纳粹大屠杀代表历史事件及其影响力。

当获得理解成为所有教育的共同目标时，就要求我们寻找对所有课程都适用的增进理解的方法。学习数学有些层面纯粹只是运算；学习外语有些部分就必须靠练习与记忆；而大多数艺术教育都包括持续不断地重复练习重要的技巧，然后逐渐将所有技巧整合，熟能生巧。

然而，即使是这些课程中最不灵活的地方，只要你愿意，我们现在讨论的"模式"也能用得上。新的概念会不断发展出新的观念。无论一个人学习的是无穷、零、微分法或数学证明，都能运用"理解的教育"。同样，学习外语中的未完成过去式或主动语态（ergative case）这类不熟悉的概念时，也可以用这套方法介绍给说英语的人士。

◇ **衡量成功的标准**

如果一个人的学习目的是理解关键概念，那么衡量成功的标准就只有一个：学生必须有许多机会，在不同的情况下展现他们所理解的知识，并经常得到积极的反馈。刚开始时，教师也许会预先告诉学生该如何表现，以及评估的标准。经过一段时间后，就应该出现几个新趋势：学生自己可以负责更多层面的评估工作；他们有更多机会将不同的观念、主题和概念结合起来；他们有更多的方式表现他们所学的内容；最重要的是，他们会寻找机会运用所学的知识，看它们是否适用于新的情形。

只是解释理解三座冰山其中一个的方法，恐怕就要用许多篇幅，更不用说其他的冰山，或它们之间的关系了。尽管如此，我还是起了个头。切入点、类比或模式语言，几乎都可以作为评估的形式，将它们综合起来，评估学生理解程度的方法就显得相当多元化了。

现在让我来为每个主题的理解提出两种评估方式。关于学生对达尔文雀科鸣鸟的理解程度，我们可以用一些方法来评估：假设有一群小岛，每个岛上都有独特的生态环境，如果将一小群昆虫移植到那些岛上，请学生预测，经过一段时间后会发生什么情况。或者，将最近在加拉帕戈斯群岛收集到的资料交给学生，然后要他们猜测达尔文将会如何利用这些资料解释目前岛上花卉与动物分布的状况。

至于莫扎特的三重唱，我们可以从另一部歌剧，例如从普契尼（Puccini）的悲剧《托斯卡》（Tosca）中选一段二重唱。这段二重唱的核心是，热情的歌手托斯卡爱上画家卡法拉多西，强硬好色的警察局长想追求托斯卡，主要表现他们之间的冲突。教师可以为学生提供必要的背景故事，然后要学生分析情节与作曲家使用的音乐素材。或者要求学生自己作曲，创作一段以两个有冲突的人物为主角的二重唱。

最后，谈到纳粹大屠杀，教师可以先描述亚美利亚人20世纪初期的命运。土耳其政府为了自身利益，下令消灭作为少数族裔的亚美尼亚人，他们使用的许多手段后来被纳粹加以"完善"，用来消灭犹太人。学生可以辩论这两次大屠杀企图的异同处，或者创作艺术作品纪念这两次事件。

◇ **对教学方法的误解**

新概念经常遭人误解，对我提出的方法也可能存在错误的理解。如果进行主题讨论时，用了7个（或10个）切入点、7个（或3个）意象或类比、7个（或22个）模式语言或多元呈现方式，那是很可笑的。我选择这三个主题和讨论这些方法，纯属于示范性质。

无论讨论什么主题，选出切入点、类比和模式语言的方式还是比较直觉的，甚至是艺术化的。要经常对所需传授的概念以及教师喜欢又能提高学生兴趣和增进了解的教学方法进行持续的评估。刚开始时，教师也许会尝试使用不同的切入点、类比和模式语言。当教师累积了丰富的经验之后，就知道最适于某个主题的教学方式了。

另一项误解是，以为所有切入点、类比或模式语言，对教授所有的观念都同样有效。正如不同的学科有不同视角、强调主题不同的层面，每个切入点、类比和模式语言，各自也会注重某些特质，忽略另一些特质。用多种方式探讨一个主题，目的就是因为它们侧重不同的重点。

最后，要讨论一下多元智能理论和教学方法之间的关系。我认为多元智能理论创造了一个智性环境（intellectual atmosphere），让人们能够自然而有效地运用不同的切入点、类比、意象、多元呈现和模式语言。多元化是关键。但不要认为特定的切入点、类比或模式语言和特定的智能有直接关系。它们之间的关系应属于启发性质的。比如，叙述与语言智能有关，但同时也和逻辑、个人与存在方面的智能关系密切；同样的道理，空间智能和视觉呈现有关，而后者还可以包括图表、照片、电影甚至超媒体呈现。

毫无疑问，我们的智能在某种程度上决定我们对世界的看法。如果能够仔细研究大脑结构、世界的物质特征、不同文化观点，以及我们多年来发展出的学科、特殊符号系统之间的关系，那将是相当吸引人的课题。我相信来自不同文化背景的人，一定对此会有许多惊人的相同和差异，然而本书的主旨不在于揭示这点。在此我仅能强调，多元化的心智应该从多元化的角度来了解这个世界。

◇ **再谈真善美**

本书一开始我就提出，我们的三个研究主题是为了示范真（伪）、美（丑）、善（恶）。如果深入研究三个主题，可能不可避免（也不应该）会将这三个含义很广的标准给忽略，甚至忘记了。在我们对教学法的讨论即将告一段落之际，有必要重新回顾这三个内涵广泛的主题。

文化表达了人们所重视的观念，人们把文化传承当作一项重要的责任。不同时代的人对这三个问题的看法也一定不一样，特别在我们这个人工味道很浓的现代文化中，真、善、美似乎被蒙上了一层虚伪修饰的成分。然而，除非我们随机选择，否则我们的选择一定反映个人的价值观，如果我们不能成功地将真、善、美的观念代代相传，文化将无法长久流传。

如果一个人了解进化论，他对人类这个物种的起源与命运的重要真理就有较深入的了解，同时，他可以明白与进化论抗衡的拉马克理论或基督教激进主义有哪些不足。

如果一个人学习莫扎特的音乐，就等于和西方不朽的美的典范相遇，并能看出西方一些非主流作曲家如迪特斯·迪特斯朵夫（Ditters von Dittersdorf），和非主流的艺术流派或艺术作品（例如登上流行音乐排行榜的作品）所存在的局限。如果有人不同意我的说法，我愿意打赌，一个世纪之后，哪些作品将继续被人欣赏并带给人们启发（我们的"后后现代"的后人，将各自付出或获得输赢的赌注）。

最后，如果一个人了解纳粹大屠杀，他就会更理解人类邪恶的本质与程度、罪恶的根源和范围，以及人类与他人或自己的邪恶本质斗争的方法。然而在这幅悲惨的画面中，我们还是可以从某些士兵、市民、政治或宗教领袖的模范行为中，看到希望之光。

社会对真、善、美问题的答案十分重要，然而我们每个人的问题与答案更加重要。真、善、美之间的关系与反响，和它们自身的特质一样重要。从文化与个人两个层面来看如何建立教学活动、促进学生理解，将是下一章的讨论重点。

第十章

达 成 目 标

识字能力本身并非目的，而是帮助学生打开学科之门的手段。同样，学科本身也不是目标。教育的目标应该是让年轻人能够泰然面对知识的核心，懂得分析、理解世界的不同方法。科学思考、艺术理解和历史分析，构成了对进化论、莫扎特与大屠杀等现象理解的有效途径，它们代表了对人类关注的问题的最精致的研究方法。

两套大纲的故事

为达到以理解为目的的教育可以有两套相互对立的大纲。依据"中央统筹"大纲（centralized agency），学生的整个教育过程应该是一套统筹协调好的方案。而统筹协调的工作必须由单一支撑一切的教育行政当局推动。而弹性较大的"因地制宜"大纲（local initiative）则认为，如果教师和学生致力于发掘能激发长久兴趣的研究主题，如果他们能在没有强制性教学大纲和时间的限制下，尽情深入探讨主题，那么他们实现以理解为目的的教育可能性就比较大。

这两种做法各有哪些不良的结果？"中央统筹"大纲的代价是，教育工作者容易失去自主权并持续承受"教完预定教材"的强大压力。"因地制宜"大纲的风险是地域局限和特殊喜恶，往往缺乏评估学生表现的有意义、连贯性的标准。

大部分国家都采取按规定课程教学的做法。最佳的状况是，学生在国际性比赛中表现优异的同时，也建立了本文化的价值观。但是这样可能牺牲深度理解的机会，尽管深度理解本是其公开的教育目标。美国和其他少数几个国家，现在都倾向于采用区域性课程。理想的状况是，学生能够深入讨论主题，并对学习产生真正的兴趣。但常见的情形却是，学生只获得一个知识大杂烩，更糟糕的情况是，他们掌握的知识不甚可靠或根本没有理解其意义。

能否在这两个极端之间找到折中点？我前面曾经讨论过，如何在一个课堂或学校中实现以理解为目的的教育。现在我要回答如何大规模推广以理解为目的的教育。尽管我衷心希望能广泛推行以理解为目的的教育，但是我也知道，并非所有人都对这个教育目标感兴趣。因此我将勾勒一套"多元途径"

系统，让一个国家所有的公民都能从中选择不同的方式，接受高品质的教育。"多元途径"系统尽量融合中央统筹与因地制宜方法的优点。

适合从幼儿园到高中的教育途径

合适的"途径"是教育成功的重要因素。在选择途径的过程中，为了实现教育的理想，社区成员首先必须达成共识，订好教育目标与方法。大家应该决定各个年龄段与各个年级的孩子所要接受的教育内容，以及这种课程设计是否与远大的教育蓝图相结合。各个年龄段孩子的教师和家长应该了解，孩子已经学会了什么，为什么要教那些内容，接下来的年龄和年级要学习什么。不符合以上原则的教学方式，都有重新检视的必要，甚至予以废除。我们不应该容忍无意识的重复或对重要内容的遗漏。

教育的标准和目标不应该是秘密，也不是只对那些会解读教育术语的所谓专家开放。相反，我们应该公布对学生行为与理解的期望，并进行讨论和辩论，如果成功达到则予以嘉许，成效不大或难以达到的目标，应予以修正调整。如果小学生要学会辨认一个陌生的生物是动物还是植物，那么就应该让每个家庭都知道这个目标。如果一个中学生毕业时，要学会从正反两面辩论艺术审查制度，那么与此相关的训练，在毕业前几年就应该展开（同样，以上只是示范性例子）。

由此看来，教育途径的观念似乎不会引起争议。然而，事实上，建立合适的教育途径从来没有真正彻底实践过。在没有统一教材的地区，教育内容经常出现过多或遗漏的现象，这可说是致命的缺点。在使用统一教材的地区，设计与实践教育途径的机会表面上似乎比较多，但事实上，通常是采取分工的做法：头几年的教育着重在"基本技巧"的培养，后几年则着重学科的学习，但是并没有努力协调学生前后所学习的问题、主题和教育的长远目标。早期的学习可能侧重于孩子社会和情感方面的发展，后期的学习则几乎完全集中在准备考试上。（还记得教师们有这样一句口头禅："小学阶段，我们爱学生；中学阶段,我们爱学科;大学阶段,我们爱自己。")最典型的测验方式是笔试,考试内容小心保密,学生很少有机会公开、全面展示他们的学习表现,接受社区成员的批评与祝贺。这些因素都使教育途径无法发挥最大的功效。

一般人考虑教育途径的时候,往往会从地理的角度来看:一个孩子从麦迪逊小学,到麦迪逊初中,再到麦迪逊高中。这种地理上的教育途径依然存在。然而,强有力的科技为我们提供了"虚拟途径"的可能性。感谢科技,现在的学生不但能就读于实际距离相当遥远的学校,而且属于某一教育途径的学生,也可以和世界另一个角落的"伙伴途径"中的人联系,分享彼此的想法和问题。(现代人可以结交终身"鼠友",mouse pals。)当学生要从一处搬到另一处,或者当他们住所附近地区的教育途径突然发生改变时,这种渠道就显得愈发重要。

我个人特别偏好"理解的途径"。让我在此讨论其中的一个层面,这一途径中的教育应该将以下重要问题列入考虑:我们是谁?我们从哪里来?我们怎么看待真伪、美丑和善恶?地球将何去何从?我们如何适应地球环境?地球是由什么构成的?人类是由什么构成的?我们为什么会生?为什么会死?我们的命运是操控在上帝还是另一股"更高势力"的手中?爱是什么?恨是什么?为什么要制造战争?战争无可避免吗?什么是正义?如何才能取得正义?

各地的人类都曾经提出并思考过这些问题以及类似的问题。这些都是年轻人经常思考的问题。只不过很少用明确的哲学术语具体提出来罢了。这些问题往往通过童话、神话和过家家游戏来表现,出现电影后,用电影和录影带的形式来表现。长大之后,当我们在酒吧、咖啡馆、大学生闲谈中、热线广播节目或遇到个人和社会危机时,会直接提出这些问题。危机过后,我们仍然会通过神话、宗教、艺术、科学和哲学等象征形式,继续思考这些问题。

由此我们可以了解教育途径的潜在力量。当社区中的一群学校,决定建立教育途径来探讨这类问题时,他们可以让学生在受教育初期就开始思考这些问题,然后再通过适当的方式重新温习。家长、教师和学生本身都可以检视学生思考这些问题的能力。探索基本问题的努力,颇有"中央统筹"制度的意味,但是该以何种方式提出和思考问题,时间证明最好还是要"因地制宜"。

学科与跨学科研究的力量与危险

学科代表个体（和团体）长久以来协力界定并回答重要问题所做出的结果，尽管这些答案可能是暂时性的。重要的艺术作品和科学理论，以学科与跨学科的形式，代表了对这些暂时性答案所体现的具体内容。在学校教育的早期，学生应该好好学习识字与计算能力，帮助他们参与学科研究打好基础。接下来，他们必须掌握学科知识，以观察者或主动参与者的角色，找出重要问题的答案——参与这人类最雄心勃勃、最成功的努力。最终，他们才能找到更个性化、更全面的答案。

回到我们探讨的三大主题，达尔文的进化论等于深入回答人类的起源问题。若想了解达尔文的理论，必须先具备某种程度的识字能力，以及系统思考科学问题的能力，例如：如何将长期可能会导致雀科鸣鸟出现不同物种的变数分离出来。莫扎特的歌剧（和剧中人物）纠缠于爱、忠诚、权力和人际关系等问题。若想进入莫扎特的世界，必须将人际关系的知识和了解音乐主题、和谐与旋律模式的能力结合起来。纳粹大屠杀赤裸裸地提出人类善和恶的问题。若想了解这一历史事件，必须先熟悉那个特定历史时期的背景，并且掌握评估正反双方对事件之成因与结果的不同记录的工具。

这种思考方式可以为深入理解许多课程提供理性基础。识字能力本身并非目的，而是帮助学生打开学科之门的手段。同样，学科本身也不是目标。科学思考、艺术理解和历史分析，构成了对进化论、莫扎特与大屠杀等现象理解的有效途径，它们代表了研究人类关注的问题的最精致的方法。

手段与目的经常被混淆。多位美国总统呼吁，要让八岁的美国孩子学会阅读。这当然是相当值得努力的目标，但却没有触及美国（和其他国家）教育的真正问题：人们即使具备阅读能力，但不愿意读书（事实上，美国人平均一年读一本书。教师们也差不多这样）。应该鼓励每一个人阅读，因为他们对于人类的重要问题充满好奇，而且他们相信，通过阅读相关的虚构与非虚构作品，他们可以找到问题的答案。

除非在个别后现代主义的教育圈子中,追求学科和学科思维应该不会引起争议。但是我们常常忘记学习学科的目的。我们学习化学,不是为了满足安德鲁·卡耐基(Andrew Carnegie)认为高中科学课程应占若干小时的意见(即由卡耐基基金会提出的所谓卡耐基单位),或考上大学或研究院。相反,学习学科的理由和回报,应该是提升我们探讨和了解与人类生活有关之主要问题的能力。如果你想了解生命的意义为何,学习生物;如果你想要了解物质世界的组成与动力,学习化学、物理或地质学;如果你想了解自己的背景,学习国家历史和移民的模式与经验;如果你想了解人类创造的丰功伟绩,学习并实际参与艺术、科学、宗教、体育甚至发展心理学的活动。

大学前的教育,学习学科的目的不在于培养小小科学家、历史学家或美学家。相反,教育的目标应该是让年轻人能够泰然面对知识的核心,学习分析和理解世界的不同方法。年轻的学生不必知道生物进化过程的细节、作曲的过程或编史的辩论。他们应该了解的是不同学科的专家思考问题的不同方法,并深入了解几个具启发性的例子。

一般来说,这类重要的问题,并不会事先表明属于哪一特定学科范围,在很多情形下,跨学科思考方式是保证获取这些重大基本问题的答案的有效途径。但是我们无法直接进入跨领域研究。人们必须先精通几个学科,然后才能创造性地融会贯通所掌握的各学科思考方式。

现在提倡在小学或初中阶段,就设计整合性课程、主题课程和跨学科课程,这和我上面提到的观念似乎有些出入。我并不反对这类课程,因为它们通常都经过精心准备,并能引起学生的兴趣。但是我对所谓的跨学科课程持保留态度。

为什么反对?因为"跨学科"表示一个人必须对各特定学科都有相当程度的掌握,并能将它们适当结合起来(我们不能称一个只接受过一套法律系统训练的人为国际律师,还有,我们也不会将一个从来没有学过法律的人称为国际法专家)。跨学科整合式思考方式对儿童时期中段或更小的孩子,以及这个阶段的大部分教师来说,并不合适。依我看,大部分所谓的跨学科课程,充其量只能算是常识或"原学科"(proto-disciplinary)活动。这类课程往往没有运用到学科思考，也忽略了年幼孩子逐渐可以掌握的学科前或原学科的某些特点。它们只不过介绍一个有趣的主题，例如"沉默""雨林"或"印第安人的宗教仪式"，然后让学生按自己的意愿进行阅读、写作或绘画。

小学与初中的学生刚刚开始分辨，什么是必须经过实验证明的事（不同小岛上的雀科鸣鸟的真实情形），什么是纯粹属于个人看法的事（他们对鸟喙形状不同的直觉看法），或者曾经发生过的事（在奥斯威辛集中营的人，串通守卫、死里逃生的罕见幸运例子）和虚拟的事（一个小孩为了逃避大屠杀，像动物一样在丛林中生活的故事）。我们要向这些自称为跨学科的课程提一个问题：它们能否帮助学生了解学科之间的基本差异？大部分情况下答案都是否定的。

尽管如此，要设计中学主题课程，训练学生的学科思考能力并非完全不可能。安·布朗（Ann Brown）、约瑟夫·康平欧尼（Joseph Campione）和他们的同事，在旧金山地区创办了"学习社区"（Communities of Learning）。社区中的学生经常被分成不同的小组，从不同的角度讨论有启发性的问题，例如："动物是如何繁衍后代的？"学生们阅读、写作、研究和报告数据；他们举一反三，互相提问，互相批评与鼓励。他们对数据和解释进行辩论。学生们渐渐发展出一套标准，知道什么是好的总结、什么是具启发性的问题、什么是深思熟虑的答案。通过这些活动，学生们了解到该如何像生物学家、自然学家或新闻记者那样思考问题。

多伦多的马琳·史加达玛丽亚（Marlene Scardamalia）和卡尔·伯瑞特（Carl Bereiter）也做了类似的尝试，推动CSILE计划（这几个英文字母代表Computer Supported Intentional Learning Environments，可称之为电脑辅助目标学习环境）。这是一个高科技的教育方式。学生可以研究所有他们感兴趣的主题。他们可以选择和其他同学进行小组研究，也可以独自研究，学生之间互相交换心得，也可以和其他地方的学生交流意见，当面或通过互联网向专家提出质疑并请教。他们创造多媒体超文本报告研究的成果，并且用瑞吉欧的方式，记录他们小组对主题的理解。通过这些活动，学生们可以学习历史、科学或社会科学的研究方法，加强了综合、质疑和总结的能力。他们共同创造出超越个人能力所能及的专业知识。

这些学生能够了解不同学科之间的相同和不同处吗？他们自己也许做不到，除非他们是具有非凡的独立能力与创造性思考的思想家。尽管如此，阅读、写作、收集和整理资料的习惯，以及利用系统思考整合所有学习活动的训练，对他们将来更正式的学科学习将非常有好处。

至此我们才能谈所谓的跨学科课程。等到他们进大学，至少已经精通两种学科的知识时，才能真正展开跨学科研究。举例来说，他们可以利用他们的生物、政治和历史知识，研究纳粹德国为什么如此醉心优生学。要研究纳粹优生学计划这样的课题，首先要有能力处理关于基因的科学（和伪科学）资料、意识形态斗争所牵涉的政治考虑，以及相关的历史和科学资料与记录。

跨学科思考还有其他选择，学生可以从跨领域的例子中受益。不需要直接整合两种学科。相反，学生只是在研究一个主题时看它是否和其他领域也有关。举例来说，文艺复兴可以从历史学家和文学评论家的角度来理解，或者从生物学家和形而上学家的角度，探索生命的意义。学生当然可以按照个人的方式进行跨学科整合，但这不是课程的直接目的。最后，还有超学科的工作——关于学科之本质的讨论以及如何结合不同的学科。而这些刚好和本书主旨不谋而合。

我承认我是学科的捍卫者。但这并不表示我赞成目前中学和大学里教授各学科的方式。大部分情况下，学校中教授历史、生物或地质等学科的方式，是受到各个学科专家所做事情的影响。这就像研究院的阴影笼罩着大学教育，大学的阴影则笼罩着高中教育。遗憾的是，这意味着大部分人都以他们不能理解的方式接受专业训练。

同样值得重视的是，学科训练对有些毕业之后从事其他专业工作的学生是否有价值。我们需要可以用科学的方式去思考科学界的新发现（例如克隆）和新选择（要不要接受基因筛选）的公民。我们也需要我们的公民懂得从历史的角度思考本社会发生的事，运用自己的历史与政治洞察力，对理念与政策不同的候选人做出明智的选择，进行公民投票。我们还希望社会的公民能够认同美与善（或者它们的缺失），并在自己的生活中追求这些美德。要想达到以上目标，学校的课程与教学就要让学生接触主要学科的核心思想与思考方法，而不是只想覆盖所有主题，或仅仅为升读研究院做准备。好在学科的核心思想不像个别发现与研究方法变化得那么快，因此，学习学科思维方式的途径，具有某种程度的稳定性。

国家统一标准或多重标准

奇怪的是，美国宪法曾经出现关于全国统一课程和考试标准的讨论。由于教育的主权掌握在州政府手上，一般人长期以来对联邦政府心怀恐惧，因此由联邦政府推动的教育方案，很少有成功的例子。有几个主要的例外就是保护学生的公民权利和为贫困学生提供经济援助。

但是美国教育界可能会出现巨大变革。历史上第一次，大多数美国公民认同全国统一测验，甚至可能接受统一的课程。然而，反对的声音也很大，而且主要是来自政治极端阵营的反对。左派人士恐惧充满极端爱国主义色彩或过度简单的统一课程，也害怕统一考试会进一步打击那些学习不好的学生。右派人士则害怕统一课程会侵犯个人领域（例如价值观），或造成对华盛顿政府和官员的唯命是从，而没能代表"美国人民"利益的不同声音。

大部分时间，我可以接受全国统一课程。我相信有许多东西是孩子们应该知道，并能动手做到的。我认为美国教育体系会从严格一致的全国统一课程中得益。我相信全美超过250万位教师当中，大部分人不愿意也没有能力设计出一套教材或测评标准，可以与由专家学者和经验丰富的教师组成的专业团队设计的相媲美。

但这里有一个关键性的难题。如果我——或和我具备相同观念的人——参与全国课程与测评标准的制订过程，我才会赞成全国统一课程和测评标准。如果设计全国统一课程与测评标准的人，在意识形态或教育观念上和我没有共同之处，我就会反对全国或联邦课程及测评标准。我就无法接受杰西·何姆斯（Jesse Helms）或路易斯·法拉汉（Louis Farrakhan）团队编的课程。

用实例说明可以帮助我们理解。教育在世界各地都有泛政治化的倾向，但是很少国家的情况像美国这么严重。在许多其他民主国家（甚至某些非民主国家），即使政府发生变化，与政治无关的行政部门或行政机构仍然照常作业。但是，在美国，从联邦、州到地方，各级教育机构都充满政治考虑。新上任的教育官僚系统领导者——城市的督学，州政府教育官员或教育部长——例行公事地（而且往往积极地）推翻前任官员制定的政策。事实上，当里根总统任命他的第一位教育部长泰瑞·贝尔（Terrel Bell）时，已经知道贝尔会关掉教育部（忽视老板的指示），其他教育部长都是在卸任之后才要求关闭教育部的。

不忠诚的原因值得在此提出。在美国，如果下属机构能够接受并执行教育部长（或国际艺术基金会和国家人文基金会的主席）下达的命令，他们是能够相安无事的。但是如果在首长的任内或卸任之后，所属部门采取新路线，以前的领导就会毫不犹豫地谴责他们。从这个角度来看，这些首长和我没什么不同，因为只有当国家统一标准和我个人倡导的教育理念吻合时，我才会接受它。

这些问题并非仅仅存在于美国。其他国家也开始分散中央教育系统的权力。许多国家对美国的学券制度或特许学校（charter schools）的做法很感兴趣。市场模式无国界。然而，中央统筹的一致性一旦打破，就必须面对区域性"因地制宜"教育系统的优缺点。

多重途径

在最理想的状况下——如果我是一个仁慈的独裁者——我希望所有孩子都能接受我在本书中所描述的理想教育。我认为这是最好的教育，无论现在或可见的未来都是，我正努力实现我的教育理想。最近，一些事件使人们开始支持将理解为目的的教育作为全人类的教育目标。

10到15年前，很多人认为，美国经济不景气是教育不当的缘故，而东亚的经济繁荣则归功于卓越的教育。在新世纪来临之际，美国再度成为经济最繁荣的国家，但是很少人认为是因为美国的教育出现了长足的进步。最近的国际教育评比显示，美国学校的表现若不至于比从前更差，充其量也只是和以前一样。显然，教育成果与经济繁荣之间的关系相当脆弱。

仅仅由于近期的霸权地位，美国就认为自己地位特殊。美国不必模仿其他公认教育成功的国家，也不想赢得甚至接受其他国家的评估。美国希望自由拥抱自己想要的教育体系和适合自己的评估方式。我在本书刚开始时曾经提到，以理解为目的的教育，最适合变化快速的国家。因此，其他国家和美国都应该建立以理解为目的的教育途径。

我不是独裁者，而是民主的拥护者。我希望我的孩子接受我所选择的教育，但是我也明白世界上其他人不一定会赞同我的选择和理由。

该如何走出眼前的困局？我的解决之道非常简单直接。我们应该建立几个便于管理的教育途径。

我们可以用航空公司或电话公司做比喻。我们不要独一无二的国家航空公司或电话公司，因为我们知道垄断的坏处。但是从另一个角度来看，似乎也没有必要成立十多家航空公司让顾客去选择。

身为一个理性教育工作者，我建议，最好能根据特定情况，制定五六种教育途径，这对美国这样的多民族国家尤其有利。每个途径都有不同的特色，用一个我常用的比喻，它们应该塑造出不同的"景观"。在公元2000年将近之际，我提出六种可行的教育途径：

1. 传统途径

此一途径受到艾伦·布伦（Allan Bloom）、威廉·比奈特（William Bennett）和林恩·切尼（Lynne Cheney）的启发，为喜欢美国（与西方）传统历史艺术价值观的人而设计。全国所有的学生阅读同样的书籍，能够讨论美国宪法与历史事件。法国公民也许会对这套教育系统感到相当熟悉并有共鸣，当然，根据法国的标准，法国学生读的是雨果和卢梭，而非詹姆斯·麦迪逊（James Madison）和马克·吐温的作品。同理，巴西、新加坡或南非的学生也都会阅读自己国家的经典作品。

2. 多元文化途径

此一途径受到詹姆斯·班克思（James Banks）、杰西·杰克逊（Jesse Jackson）、罗纳德·泰卡奇（Ronald Takaki）和许多新成立的大学科系的启发。这是为那些希望有一个能够反映美国主要种族与族裔的特色为教育主题的人士设计的。学生不但可以学习他们本身的文化，也可以和其他文化互相比较，特别是那些受到来自美国多数人不平等待遇的少数族裔的文化。

3. 改革途径

此一途径受到杜威、法兰西斯·派克（Francis Parker）和黛博拉·梅尔（Deborah Meier）的启发，是为那些希望尊重个别差异和个别成长模式的人设计的。其课程以社会关心的问题为基础，不仅仅学习民主价值，而是将它落实在生活中。学生亲身参与社区活动，创造一个将民主价值具体化的学校环境。

4. 科技途径

此一途径受到比尔·盖茨、路易斯·葛思特纳（Louis Gerstner）和美国企业与金融界的启发。主要针对那些相信美国必须保持高度竞争力的人，他们认为对科技的掌握是保证拥有良好训练的劳动力的最佳途径。在这类学校中，教育的重点是让学生接触各式各样的科技。例如，学生运用所学的科技创造和评价媒体产品等。

5. 社会责任途径

此一途径受到不同民间组织的影响，包括环保团体、协助建立社会企业的组织和有社会责任感的教育者。这个途径特别适合关心世界社会与经济问题和希望致力于促进世界进步的人士。这些学校课程的焦点将放在全国和全球性亟须解决的事件上。

6. 理解途径

此一途径受到苏格拉底的影响，也是本书讨论的重点。这个途径适合那些相信人类愿意探索和了解最根本的存在问题的人，他们认为学校的核心课程应该探索认识论的问题——我们熟悉的真、善、美问题。随着学生文化水平、学科技巧和多重学科与跨学科思考能力逐渐成熟，学生不断对这些传统问题进行研究再研究。学生们公开展现自己了解的程度；他们有强烈的动机思考这些问题以及它们之间的关系，他们研究的热情一直延续到正式学校教育结束之后。

当然，我列出的这六个途径只是部分范例。我还能列举许多取得成果的学校，如斯坦纳的沃道夫（waldorf）学校、蒙台梭利学校和柯默学校（Comer School），国际学士课程（IB）和精英学校联盟等网络，天主教与其他教会学校，等等。此外，也可以采用以主题学习为主的教育途径，例如：艺术、企业或健康，还可以有"精神途径""公民途径"或者"国际途径"等。

化繁为简

有人认为，我们应该允许成千上万个途径百花齐放。这正是美国大学教育的现状，美国的大学教育竟然普遍被认为远比中小学教育要成功得多。

至于大学前教育，我有两个理由反对各种途径百花齐放。第一，我认为一个基本上以公立系统为主的学校教育，应该有责任向学生灌输公民应有的价值观，了解作为美国公民（或法国、新加坡公民）的含义，一个国家的居民应该具备哪些标准、习惯和价值观。第二，我认为公立教育系统需要一套公开的、由独立可靠的机构监督的标准。

如果我们让所有教育途径和所有学校按照自己的理想（或错误观念）发展，以上的目标将无一能实现。（这正是快速发展的特许学校存在的危机）较可行的方法是一个国家采用多于一种的途径。"正式合格"的教育途径设计者，应该承诺利用该途径的特点，将国家的基本价值观传递并灌输给学生。同时还应该制定学生应遵守的标准，这些标准必须公开接受公众的批评与辩论。无法达到标准的学生，就不能从该教育途径毕业，即使他们可能通过其他多种渠道取得成功。

举个例子（不是随意的！）来回顾一下"理解途径"的任务。在美国，如果要想得到政府资源的资助，教育途径必须传授社会重视的知识，例如：能够读懂基本文件，了解现行的政府系统，我们的多元化历史，容忍什么和不容忍什么。而且，教育途径也要针对课程重点做一简报，简报内容包括针对不同年龄学生设计的课程重点，学生的表现应该达到什么标准，才表示他们完全理解宪法和各级政府机构，民主辩论和决策过程，以及当前对自由、容忍和正义的讨论。最后，简报也应该说明，学习成果未达标准者，结果将怎样，如果许多学生都未达标准，学校将会有哪些步骤对策。

教育重点、教育途径、对美国民主观念的承诺、高标准教育，凡此种种不胜枚举，但它们没有一个是完美的。然而，这些理想与目标都是可能达到和值得我们去追求的。尽管如此，即使这套教育观念为大家所接受，还是会产生许多细节问题。我们能否合并不同的教育途径？一个人能否拒绝某个教育途径，而自创新的途径？当一个教育途径（或者一个学校里的一个或更多的教育途径）无法实现当初的承诺时，会造成什么结果？

我相信一个有多重途径的系统必须具备某些弹性。学校或各种教育途径如果能够证明它们为什么要这么做，并能符合若干标准，就应该可以申请得到政府的资助。依我个人的猜测，90%以上的学校和学区，都愿意从这六种或其他教育途径中选择一个，至于其他少数坚持维持原状的学校则应该给他们充分的机会阐述自己的意见。应该允许新的教育途径有一段合理的时间来改善，通过反馈回来的意见帮助实现教育目标。然而，当一种教育途径缺乏教育学生的能力时，就应该予以关闭。

我在上文一再强调"以理解为目的的教育"是我个人的偏爱，我知道并不是所有人都会在这面旗帜的号召下前进。因此，难免要有所让步。一个人选择以理解为目的的教育的同时，应有权利对它稍做改变。可以预想，"以理解为目的的教育途径",将以艺术、科技和社会责任为主要重点。很难想象如何能够涵盖大量教材,又要求学生能深度理解全部教材的含义。这种方法渐渐会与目标南辕北辙,最后需要在学生们这种徒劳无功的学习经验中"复原"。

我们可以灵活到什么程度？心理学家曾经观察,甚至可以证明,人类不一定按照理性工作。我也怀疑美国人能否做到并遵从这六种风格迥异的教育途径。我们选择的教育途径和底特律的新车有相同的风险：每种车都很相似,所以它们夸耀的东西也大同小异,但是要保持自己的特点却不容易。我认为,如果是这样,在我看来将不会有太大的进步。

领导力的挑战

任何机构都需要领导把握方向。建立和支持新的教育途径（个别学校或一群学校）,更需要强势的领导。领导力的某些特质,因不同情况而定,有些特质则是共通的。

高效率的领导者清楚他们的目标,也知道该如何达到目标。故事是描绘理想的最佳途径,用戏剧化的方式勾勒出目标,介绍主要人物,描述可能存在的障碍,并提出规避这些障碍的建议。如果故事是关于一个领导者如何带领一个尽力影响人类生活的机构,那么这个故事一定要触及存在和身份的问题：我们是谁？我们从哪里来？要往哪里去？为什么？

一个致力创新变革的领导者,应该具备很好的构思故事、讲故事和修正故事的能力。仅仅是口齿伶俐、形象讨好还不够,优秀的领导者还必须能"身体力行"。他们应该以自己的实际行动表示,他们想实现的目标和达到目标的方式。他们还必须有决策能力,并尽可能按计划行事,必要时则予以修改。如果领导者无法将他们的理想表达出来,那么他们就不够有效率；如果他们言行不一致,那他们就是伪善的；如果他们能身体力行将自己的理想落实到日常生活中,他们才是真正的领导者,并且能够激励其他人加入他们的队伍。

当一位领导者要带领一所或一群学校实行以理解为目的的教育时，首先，他应该讨论过去的教育目标，哪些目标和方法仍然适用，哪些在新需求下应加以改造（我在本书开头部分做了类似的尝试）。其次要讨论哪些途径可以帮助达到教育目标。如果一个团体的成员能够共同参与设计规划的过程，大家就比较容易产生强烈的参与感（甚至热忱）。

基于问题、理解、深入探究和掌握学科知识为出发点的教育才能够真正实现，教育不应该只是抽象的描述。教师和父母应该回顾自己所受的教育哪些是有效的，为什么？哪些是擦肩而过，甚至瞬息即忘的。他们应当熟悉当今世界存在的新压力与新机会，而这些在他们当学生时很可能不存在（或比较不明显）。他们还要清楚他们到底了解哪些现实问题，而哪些是他们希望了解的。特别是人文方面的变化，身体力行的示范要比千言万语的说教更有用。因此，学校的人员应该多到其他地方看看，并将观察所得及时反映出来。

当然，这些建议不仅仅适用于以理解为目的的教育途径。任何希望推动自己的教育途径进步的领导者，都会做类似的努力。所以，科技导向的教育途径，应该让学生有许多机会使用现代科技工具，多元文化的教育途径，必须确保该教育计划的制定者和实践者，具备多元文化的背景与理念。

在整个过程中，领导者的任务是宣传理想，鼓励自己的同事表达心中的困惑与犹豫，并为他们消除顾虑，接受他们合理的意见。教师应尽量让学生学习他们想学的知识。以理解为目的的教育途径中的教师，需要利用机会表现并拓展他们对相关教材和教育过程的理解。唯有如此，他们才能真正帮助学生做同样的事。

总之，见贤思齐，人们最容易向杰出人士、英雄人物和代表正面（或负面）行为与品行的模范学习。领导者可以成为那些希望改变未来的人的典范，但即使是领导者，也有局限性、盲点和偏见。很重要的一点是，任何其他机构或学校都可以实现以理解为目的的教育。更重要的是，学校里的每个人都可以发动一场革命，投入以理解为目的的教育。

战争的伤痕与勋章

我曾经为推动本书所提倡的教育理念付出过相当大的努力。在我参与教育改革的学校中，有的学校以多元智能理论来指导，有的学校把以理解为目的的教育设为最高目标，有的学校正大力推动大规模的整体改革。我和詹姆斯·柯默（James Comer）、西奥多·赛瑟（Theodore Sizer）和珍妮特·怀特拉（Janet Whitla）一起，针对幼儿园到12年级的学生，设计了"为所有学生设计的标准教学与学习"（Authentic Teaching and Learning for All Students，以每个字的第一个英文字母拼成的简称为ATLAS，通常被称为亚特拉斯社区计划）。

我想在此和大家分享我在参与教育改革的努力中所得到的教训——有的具有警戒作用，偶尔也有启发作用：

◇ **领导权的重要性**

如果没有严格与持续不变的领导权，改革就很难推行。领导权不一定只限于特定的领导人，有时候，掌握领导权的是一群家长和一班教师，甚至是一位经常到访、启发指导并与地方上教育改革者共同努力的人。像这些经过"授权"的领导者往往不会主动持反对意见，而改革者可以短期忍受善意而有漏洞的政策。然而，如果长期缺乏有效而有力的领导，即使改革，效果也可能只是暂时的，甚至会让教育环境比以前更坏。

关于我的教育理想，我最怕出现这样的情况：有一天我回到我曾经努力实践过的学校，听到旁边有人说："噢，'以理解为目的的教育'——我们曾经尝试过！"

◇ **需要长远的眼光**

任何一个机构都不应该为改变而改变，或将所有的计划混在一起。实际的改革行动，必须有长远的目标，比如，教育的重点应该是"揭示真理"（uncovering），而不应该是"涵盖"多少知识（coverage）。因此，必须避免粉饰和分散。

具长远眼光的教育需要一套指标，标明"学校故事"的理想是否能达到，达到什么程度。举例来说，如果学校的教育宗旨是鼓励学生"揭示真理"，那么就应该用一套明确的标准测评学生的作业（例如：论文或研究计划）。这些指标可以显示，什么时候学生有能力对某一个学科做深入的研究，什么时候不再局限于收集资料，而能够发现资料的矛盾之处。如果缺乏类似的指标，那么各方对教育改革的反应将会是五花八门的，就像"罗尔沙赫氏墨迹试验"（Rorschach inkblot test）的结果，从"我们永远无法做到"到"我们已经做到了"。有经验的学校观察家知道，有时候，即使是同一群人，在很短的时间内也可能出现截然相反的反应！

◇ **灵活性和对小小胜利的鼓励**

如果追求理想过于严格，就很难应付不可避免的人员、压力、地方性与全国性指令的变化等。有时候要懂得见风使舵。不要期望所有的目标瞬间完成，否则只会感到挫败。具有远见的领导者至少要保证刚开始的几项尝试成功，如此一来，学生、教师和家长才不会失去信心。学生们一年专注于一个学习计划，加上父母与教师的全力协助，给学生充裕的练习机会，并收集有益的反馈，学生就比较容易产生成就感，也会提高明年进行另一项学习计划的兴趣与信心。如果第一年就要求学生做五个研究计划，那么不但使教师疲于奔命，也会让家长和学生产生严重的挫折感，甚至因害怕而退缩。

◇ **预期挫折，设计对策**

一个人应该尽可能积极乐观；消极悲观只会耗损精力，破坏动力。大家应该知道尝试是生活的主基调；每个人都会犯错，犯错并不是什么大不了的事。重要的是，能够从错误中学习，不要重蹈覆辙，然后采取更有效的行动方针。电脑空间专家埃丝特·戴森（Esther Dyson）有一句警言：我们都应该"犯新的错误"。我们要懂得如何将挫折转化为学习的机会，而非一味自责沮丧。比如，如果有一年考试分数下降，解决之道应该是仔细研究试卷的内容，发现问题所在，试着调整课程来帮助学生解决考试中可能遇到的难点。

表面的成功有可能只是暂时的。总是会遇到挫折的。关键在于能否把挫折视为学习的机会，能否把挫折转化为使更多学生迈向成功的途径，还是因为挫折而反弹、退缩甚至放弃。

◇ 允许有反省的时间

积极推动有时确实非常重要，特别是遇到没有耐心的领导和家长时。但只有当我们有机会去思考所做的事情，反省哪些做得好，哪些没做好，原因何在，才能维持长期进步的曲线。应该在时间表内保留个人与集体的反省时间，如果做不到这点，真正的改革就很难达到。

◇ 建立强项

每个社区、每位教师、每位学生，都有自己的强项。了解并加强这些强项，不要为弱项而烦恼。无论一个社区规模大小如何，所有成员的强项都可以达到互补：与其让大家勉强地将弱项扭转为强项，不如让每个人的强项相辅相成。强项互补的努力不应该只限于学校内部，强项互补还应该存在于家长之间、不同学校之间或在更大范围的社区里甚至互联网上。如果你的学校文科比理科强，那么你可以加强自己对艺术的了解；如果学校学生的作文一直都维持相当高的水平，你可以在这方面展开持续性的评估。找出具备不同强项的姐妹校，互相学习交流。

◇ 校本文化中的示范性信息

口头上宣传理想虽然重要，然而日常实际运作，才会产生真正的影响。我说过领导人以身作则的示范作用信息，而教师、家长和高年级学生的示范性信息，也一样会产生相当大的影响。当学生看到教师努力了解新教材时，最能激励他们增进理解的强烈意愿。相反，要是他们看到教师本身并不求甚解，或没有和他人探讨学习中的问题（和乐趣）的意愿时，学生的学习积极性就会受到严重打击。

◇ 创造充满关爱的社区

学校应该传递的最重要信息是，孩子生命中的大人对孩子有着全面、甚至非理性的关怀。今天人们总把以下这两句话挂在嘴上："每个孩子都会学习"和"培养一个孩子需要全社区人的共同努力"。但是只有能超越口号、无条件给予每一个孩子支持和关爱的学习机构，才能成功地培养出终身喜欢学习、关心他人的孩子。如果教师能够充分了解每个学生，掌握每个学生的兴趣与家庭状况，在学生遇到挫折时予以安慰，并不断鞭策他们付出更大的努力；如果同伴之间能够携手合作，共同学习，或一起帮助遇到困难的同学；如果学校中的所有成员，从餐厅服务员到来访的家长，彼此之间都能以礼相待、互相帮助：那么教育才会成功。

希望以上的观念能为大家所接受，还需要实验证明它们的价值。感谢埃里克·查普斯（Eric Schaps）和他同事的研究，我们现在可以肯定，社区的支持能够给小学教育带来正面的帮助。根据琳达·达玲·哈蒙德（Linda Darling-Hammond）和她同事的研究，规模较小，但参与性高的社区，对区内高中教育也会有同样正面的效果。

◇ 访问与被访问

当一个人要踏上新的旅途之前，最好能够对目的地先有粗略的了解。现在有许多学校都已经开始试验我所讨论的教育模式（也有学校正在实施和我倡导的理念"相反"的教育途径），不妨去访问这些学校——可以通过实地参观，或通过互联网了解——学习他们的经验。也可以邀请这些学校的资深工作人员，到你的学校参观。如果你能接受，最好邀请"诤友"到校参观，他们的坦率反馈将对你的学校大有裨益。

◇ 培养新活力

创办新学校要比改造老学校容易得多。新学校不但可以选择合适的人员，从头开始的经验会给学校注入一股活力。相反，老学校往往背负太多沉重的包袄，要想更新改变的确比较困难。

有创新精神的领导者相当重要。即使地点与人物不变，仍然有可能激发新的活力。活力的根源可以来自外界（例如：访客、访问他校的见闻、启发性的书或引人深思的电影），也可以来自内部（例如：新目标、新精神与新视野）。我认为，培养学生思维的同时也培养了自己的思维，是最令人兴奋的一件事。

◇ 锐意改革

将改革的观念纳入学校文化，让整个学校成为学习型组织。我们大部分人在成长过程中都有一种思想模式，即认为做每一件事都有它的定式。大多数情况下，这些定式也都适用，如果不适合时，我们才去学习新方法，那也就足够了。我们把它称为"未经训练"的改革观。

可惜的是，这种观念不再可行了。在持续变化的今天，没有一个今天有效的解决方案，可以长期有效下去而不需要修正。无论是人还是机构，能够学习面对改变，甚至欢迎改变，才能掌握最佳生存与发展的机会。

虽然有难度，但是一个习惯用固定模式办事的机构，在解决新问题时还是必须学习使用新方法的。大家要有个心理准备，和"未经训练"的改革观不同，新方法绝对不是最终的方法。相反，新方法其实是一个学习、反省、然后再深入学习的持续过程。最后，新的学习过程应该是不断反省的过程，教育工作者应该自动自发、自然而然地反省教育的过程。当个人的技能加强、整体机构的意识提高后，迎接新挑战也许会变成一个快乐、流畅的过程。

我呼吁教育工作者订立新盟约。通常情况下，教师可以接受由教室外的人士制定的教育政策。即使他们不同意外来权威制定的标准与测验，但表面上依然照办，目的是换取他们在教室里可以按自己喜欢的方式授课的自由。

从长远的眼光来看，这么做既不明智，也无法长期持续。它只会滋长敌意和伪善。教育工作者应该勇于公开表明他们对学生的期望。他们在制定"新盟约"的过程中，必须公开自己心目中认定的成功标准和理由，以及当教育成果无法立即符合预期理想时，他们会采取哪些对策。只有迈出这有勇气的一步，承担责任，教育工作者才能显示他们的专业水平和执行自己意愿的能力。这样，他们才有机会掌握（或重新掌握）工作的主动权。

"提升"：三个有利的因素

今天，几乎每一个和学校教育有关的讨论会，都会遇到"提升"这个词。尽管有各种各样的争议，我们仍然能找到成功的学校教育，甚至在困难条件下兴旺发展的学校。问题是，这些成功的例子——特别在美国——多半属于个别现象。因此决策者需要面对另一项挑战，即如何在更大范围内获得成功的教育，换句话说，如何"零售"成功的教育成果。

在许多情况下，的确有可能在短时间内提升学校的表现。加强早期识字练习、延长每日上课时间或学年的长度、为考试而教、大幅缩小班级人数等等，不少方法都可以使学校表现"提升"。

然而，一所学校最终的成功，则取决于人员的素质、周全的计划、家长和广大社区的持续参与、不怕犯错并从错误中学习等因素。而这些情形都不是一蹴而就的。高质量的学校和优秀的学生，都不是一夜造成的。他们一定投注了多年心血，推动教育改革，确认执行过程系统全面而有序并不时进行反省。对那些只是想在下学年学校董事会选举中获胜的人来说，这种方式并不合适。然而这的确是推动改革长期有效的唯一途径。

教育质量的提升不是一个脱离周围环境的神奇过程。提升最终还是特定的教育途径、特定的学校、特定的教室、特定的教师、特定的家庭和学生联系在一起的。总而言之，提升是和特定机构的改善密切相关的。

给大家一个建议。目标清晰地执着追求几个有把握的教育途径是可以成为好学校的第一步。这些学校不但可以从自己清楚设定的学习计划中得益，还能借鉴其他学校的经验，彼此交换想法、做法和资源。没有必要和不满意的家长进行永无休止的争执，因为还有其他教育途径可供他们选择。

以下是三个可以帮助提升教育质量的因素：

◇ 一个清晰的计划

计划必须详细列明孩子未来几年将会经历的学习经验。这幅蓝图描绘得越生动越好，但是不要做太多的限定而破坏了教师或学生的个人主动性。

◇ 持续一致的重点

属于同一途径的教育工作者，应该对教育重点达成共识。在"零点项目"中，我们发现"丰富的学生作业"是一个非常理想的教育重点。学生的作业是有形的，可以接受别人的批评，也可以和其他学生或自己早期的作业做比较，可以检查学生进步的情形，学生的学业成就，将会和学生一生的重大成就有直接的关系，包括从学校到职场的过渡。

◇ 投身改革的信念

改革是一项孤独的事业，如果让人产生一种独自爬坡的感觉，的确很容易令人感到沮丧而丧失斗志。如果教育途径中所有的参与者，都觉得自己正从事一项了不起的工程，从而得到感情上的回报，这样的学校才有提高进步的可能，也才比较有可能提升教育质量。在学校改革的过程中，胡萝卜加大棒的手段有一个致命的错误，这种行为主义的策略忽略了长久影响人类行为的动机——认为自己正在参与一件有意义的事的感觉，以及相信自己所做的事确实对个人、对学生和对社区有帮助的信念。

商界的角色

在后冷战时代，商业在全世界形成一股巨大的势力，可和政治相媲美，成为众人"关注和目标所在"。在美国，商界对教育质量相当重视；大体来说，商界人士相信，学校并没有为未来的工作者投入社会做好充分的准备（类似的看法并非没有先例，第二次世界大战后，日本的许多教育改革都是由商业社会推动的）。商界一方面希望员工准时上班，诚实可靠，也要求员工具备更高的知识水平。商界要求不同阶层的员工都要有创新精神，善于预见问题并采取解决的措施，足智多谋又能很好地与他人共事。在微软（Microsoft）、默克（Merck）、蒙桑托（Monsanto）等具有高度前瞻性的公司，特别偏爱这类"知识工人"。

我认为教育系统应该掌握商界的需要，至少要有大概的了解。（我不认为商界比法律界、医药界或新闻界更有权力来决定教育应是什么样的）另外，相对于商界管理的巨大资源，政府分配给公立教育系统的经费少得可怜（特别是位于城市中心的公立学校），因此商界适当参与提高教育素质是有益的。

但应该怎么做呢？许多商界人士都倾向于创办营利性质的学校或学校系统。还有人赞同发放学券，让学生到心目中的学校就读，无论学校是属于营利还是非营利，无论是私立或公立学校。

然而，我无法认同这些看法。我相信，教育本质上是国家的责任，所以应该以公立学校为主、由政府公共基金支持。（这并不意味着我反对私立学校，我和我的孩子们，都曾经在公立与私立学校受教育）公民教育的必要实施，不论背景出身为所有孩子提供良好教育，让学生接触社会中其他公民，都是民主社会不可逃避的责任。某些企业也许可以负责任地做到这些。但是企业做的事是生产产品，卖掉它们，为老板获取利益。并不是我一个人认为商界的目标与教育的传统目标有所抵触——特别是我在本书中所提倡的教育目标。

有些实验学校（包括由营利机构创办的学校）的确办得非常出色，甚至还会对其他学校产生良性的影响。然而，这些成功的例子多半只是暂时性的，这要看创办人有没有多余的精力、教师是否精心挑选、有没有大笔资金的注入（这种情形比较罕见）。我们不需要孤立的成功例子，我们要的是能够普遍推广的公立学校教育模式，这一点不妨向新加坡或日本偷师。

无论在美国或其他国家，虽然最好不要让商家办学，他们却可以为教育提供强有力的支持。他们可以在教学和测验方面提供专业指导，帮助学生完成从学校到职场的过渡，可以邀请学生以学徒或实习生的身份，跨出实际工作的第一步。他们可以捐助学校，无论是资助邻近区域的学校或支持某个教育项目。当学校能够自行管理财务时（基本上都可以），商界可以在财务管理方面提供可行的模式、技术辅助和及时的帮助。

依我看，商界对教育能做的最大贡献，就是创造新产品，特别是能帮助更有效教育学生的科技产品。到目前为止，美国商界主要在三方面参与教育活动：编定教材与课程，设计测验，制造科技产品，例如：电视、录影机和个人电脑。但到目前为止，无论在美国或其他国家，这些产品都没有为教育带来显著的帮助。

如果商界能够认真考虑本书介绍的教育目标，其实可以在更多方面对教育做出贡献。借助科学技术，人类首次可以为每个人提供最适合他的学习方式，根据学生以往学习成功和失败的记录来设计未来课程，让学生用他们自己能够接受、又容易接受评测的方式展示所学。目前的科技已经开始这么做，但据我所知还没有真正做到。

以理解为目的的教育十分依赖好的教材，好教材必须能够引起学生的学习兴趣，允许学生进行探索和综合，提供充分的机会让学生展示日益深入的理解。有些商业性光盘，很能引发学生的兴趣，也能让学生进行建设性的探索。然而，它们可能刺激学生走向其他方向，脱离学校的课程目标，换句话说，它们缺乏"矫正机制"（righting mechanism）。

如何将这些有趣的娱乐（或寓教于乐）素材，转化为有效的教育工具，实在是件令人生畏的工作，到目前为止仍未成功实现。有经验的教师都知道什么时候用、什么时候不用那些炫目的新发明。但是天才教师其实也不一定需要新奇的科技产品。他们的"技术"都装在自己的脑袋里，掌握在自己手上（或许也在他们的心中）。

最大的挑战在于创造一个教学法与课程的结合点，能够将神奇的科技和孩子们的好奇心结合起来，帮助他们达到对课程的深入理解。这给商界提供了一个发挥特长的好机会。这项工作也为教育工作者、研究者、设计者和市场销售人员提供良性的合作机会。利润也许不会马上产生，但我相信，第一套能真正提高学生学习数学、历史或基因学的科技产品，必定能吸引全球消费者。

商界还可以帮助提升教育质量。许多企业都有成功扩大规模的经验。若像管理企业一样管理学校就错了，但是某些企业管理技巧，例如：全面品质管理和学习型组织的相关技巧，应该可以从企业的总部办公室移植到大学基础心理学的课堂上。企业界可以和教育界分享他们长期处理经常性变化的经验，以及如何有效地将良性改革推广到全公司。商业技术可以帮助学校之间保持联系，分享教材、资源和测评方法。最后，一些中心目标，例如提高学生活动的质量，可以得益于商界制造高品质产品、提供令人满意的服务的丰富经验。

找出恰当的小环境

现在我要借用进化论理论说明如何找到恰当的教育小环境。人人都希望自己的孩子能得到良好的教育，也有很多人关注世界上其他孩子的教育状况。但这并不表示大家对高品质教育的特点达成共识。教育设计者的任务是创造能够让大部分顾客满意的教育样板。在我们这个复杂的社会中，大家对良好教育的理解有强烈的不同。与其让他们彼此冲突，或做消极的让步，还不如创造出几个教育样板，让每个家庭（社区，甚至国家）自行找出适合他们的教育小生态。

同样的观念也适用于学校。学校无法满足所有人的所有要求。每所学校最好按照自身的情况，提出自己的理想和故事，然后邀请志同道合者加入并为这个学习社区贡献力量。学校改革的过程，是一个不断发现与再发现自己和如何发展的过程。有智慧的领导者会刺激这方面的讨论，帮助每个人发现自我，要么认同自己，要么开放心态接受新的自我。

最后是关于社会中不同群体的角色问题。许多个人和团体，都意识到学校教育的不足，愿意提供帮助。许多人相信，他们可以闪电式地解决教育问题。他们要面对的挑战是，他们能在哪一方面对学校做最大的贡献，而非把所有的责任都包揽过来，或完全置身事外。学校要面对的挑战是：在适当时机大方地接受这些帮助，若时机不当应予以拒绝，并将目标放在有效融合不同的教育理想上。

第十一章

结　语

20世纪发生了许多划时代的变革和科学的进步，然而，学校教育的内容却没有太大改变，特别是大学前教育……现在的教学活动包括讲课、作业、考试和少数实验，即使在一个世纪前的教育工作者眼中，都已经陈旧了。

教育和世界历史的一百年

假设我生活在 19 世纪末，决定以展望下一世纪的眼光，写一本关于教育的书，哪些问题会进入我的考虑范围呢？

首先，"写作"环境就很不一样。我很可能坐在书桌前，用翎毛或钢笔书写，也可能用新发明的打字机。如果我把稿子寄给出版社，花几分钱买邮票，这份稿子将会乘上火车，在几天之后到达编辑手上。当时电动打字机尚未问世，电脑就更不用说了。即使是最有远见的通信人，也无法预见邮件可以经飞机、传真或电子邮件，传送到世界每一个角落。即使到了今天，坐在文字处理机前的我，还是很难想象没有纸张、只是靠一堆电脑哔哔声，就能写出文字，更不用说写书了！

这本书所描绘的教育会是什么样子？我一定想象不到以下的情形：大部分教室里都有电视，大部分学校都有电脑，孩子们乘巴士上学，教师和行政人员搭飞机到另一个城市甚至另一个国家开研讨会。1896 年，美国最高法院刚刚裁定公共设施可以是"分离而平等"的，民权革命、纠正歧视运动和多元文化课程简直不可思议！

在 1900 年的教室里，学生会讨论什么问题？当时的国家与国际政治背景和现在大不相同。人们对美国内战记忆犹新（西班牙－美国战争刚刚结束），但大规模的欧洲或全球性战争似乎已成为过去（的确，促成"世界大战"的一个不为人知的原因就是，没有人相信现代还会发生如此大规模的冲突）。很少人预料到法西斯主义或纳粹主义的出现，而共产主义和社会主义，似乎只是一小群古怪的知识分子的梦想。

至于科学和科技，爱因斯坦刚刚完成大学教育。没有人能够预见，他和他在量子机械学的后继研究者，会让我们对物理世界的观念产生如此巨大的改变。没有人会想象到，大规模杀伤性武器的制造竟是对原子能知识了解的结果。达尔文的进化论渐渐为人们广泛接受，虽然如弗兰克·苏洛威（Frank Sulloway）所言，后生者的接受程度远较老年人高。格雷戈·门德尔（Gregor Mendel）关于基因学和遗传学的著作还没有人知道。至于讨论 DNA、分子革命、抗生素、基因工程和克隆工程的论文，一定会被杂志编辑视为科幻小说而拒绝采用。

20 世纪发生了许多划时代的变革和科学的进步，然而，学校教育的内容却没有太大改变，特别是大学前教育。学校教育最初几年的重点仍然是教授识字能力。至于初中阶段（1900 年美国仅有少部分人上过初中），著名的"十人委员会"[①]（其中有五位是大学校长）阐明的注重核心学科的课程内容依然强烈影响今天的教育。今天的教学活动仍然包括讲课、作业、考试和少数实验，而这些活动即使在一个世纪前的教育工作者眼中，都已经陈旧了。

那么人类对我们自己的了解又怎样呢？在过去一个世纪，我们积累了许多新资料，证明人类有能力在各方面取得惊人的成就：艺术方面有斯特拉文斯基（Stravinsky）和披头士（Beatles，甲壳虫乐队）的音乐，乔伊斯（Joyce）、普鲁斯特（Proust）、伍尔芙（Woolf）的文学作品，英格玛·伯格曼（Ingmar Bergman）和查理·卓别林（Charlie Chaplin）的电影；科学方面有爱因斯坦的伟大理论、DNA 的发现和分子生物学以及板块构造论等；科技方面有抗生素、镇定药、电脑、飞机和电视。我们也充分认识到，人类可能做出哪些邪恶行径，包括个人与集体行为，比如希特勒的纳粹政权，斯大林的苏联，波尔布特的柬埔寨（很不幸的，这是美国肯尼迪、约翰逊和尼克松总统时期，由两党支持的东南亚外交政策长期积累的意外结果）。许多新发现都可以同时有善和恶两种用途，例如：原子能、基因工程、调动公众舆论以及大规模学生测验等等。

[①] 译者注：美国内战结束到 19 世纪末，中学课程十分混乱。1892 年，美国教育学会（National Education Association）邀请十位权威人士组成"十人委员会"，对中学课程做出评估和推荐。哈佛大学校长查理斯·艾略特（Charles Eliot）是十人委员会的主席。第二年，该委员会的报告奠定了美国现代中学课程的雏形。

一个世纪以前的生活和今天相比已有天壤之别，更不用说200年前了。成长在东南亚或撒哈拉沙漠地区的经验，和在西欧或美国的成长经验一定有很大的不同。但是在这段时间里，人类的大脑和心智并没有发生任何改变。而一两个世纪的时间，无论在人类历史或整部生命史上，都只是一个瞬间。我们和圣经或希腊戏剧中描写的人类，没有本质上的差别。人类过去的辉煌成就——苏格拉底、柏拉图和亚里士多德的哲学，索福克勒斯（Sophocles）、伊斯克勒斯（Aeschylus）和欧里披得斯（Euripides）在文学上的成就（代表了人类心智最高层次的活动），请注意，这里我只是代表性地以地球上的一个小点——雅典为例，时间是耶稣诞生前的几个世纪。

尽管现代社会发生了许多显著的变化，作为人类，我们在认知能力和感情上，和石器时代的洞穴人、定居在肥沃的西亚两河流域的人、在中东、印度次大陆和南美洲沿海与河流流域建立第一座城市的人，其实是兄弟姐妹。我们能够体会他们的痛苦、失望、恐惧、渴求、欲望和梦想。但是要他们对我们产生认同感，恐怕就困难得多，因为从表面看，我们的世界远远超出了他们的想象。

石器时代的人类有能力接受重大转变。这是诺贝尔奖获得者、病毒学家卡尔顿·加杜赛克（Carleton Gajdusek）的惊人发现。他把将近60名男孩与女孩，从密克罗尼西亚（Micronesian）和美拉尼西亚（Melanesian）部落带到美国，让他们在华盛顿郊区一个类似家庭的生活环境中成长。虽然不是所有孩子都能适应这个转变，但大部分孩子长大之后，都能从事有生产力的职业，不论是继续留在西方或回到家乡。感谢这个非正式的实验，我们再次肯定智人（Homo sapiens）有惊人的适应性。许多人，也许是大多数人，可以从一个什么都匮缺，只有最简单技术的文化，跳跃到一个以机器为主的文化。这个发现会使我们对时间、空间和人类能力等基本"常识"产生巨大的改变。不管有多少局限，我们的大脑和心智却能适应各种环境上与文化上不同的规范。

简单地说，以下是各地教育工作者面对的情况。所有人的大脑、思维和身体条件都大体类似。某些生理时间表和能力（或局限）是我们这个物种与生俱来的。同时，由于历史地理的变化无常，每个人都在不同的条件下降生到这个世界，并受到不同标准与价值观的影响。教育工作者应该尊重这种普遍的局限。同时，我们教育出来的年轻人，也必须有足够的能力在他们所处的特定社会的特定历史时期生存，并且能将主要的价值观和技能传授给他们的下一代。事实上，这就是（现已年长的）我试图在本书中想达到的目标。

世界的瞬息万变更显得这个任务的重要。我们必须做好准备面对一个无法预测的世界。我认为，最好的准备就是深入了解有关这个世界的知识，以及人类数千年积累的经验。在此我想起艾略特和一位年轻同事之间的对话。那位年轻人对艾略特说，他认为现代人知道的远比古人多。艾略特同意他的说法，但是他又以特有的刻薄语气补充了一句："他们就是我们所知道的。"

再谈我的理想

如果说追求教育理想就像穿过波涛汹涌的水域，我将古代的三件试金石，作为三大"着陆点"：何谓真（何谓假）、何谓美（何谓丑）、何者为善（何者应受谴责）。我选出了三个合乎西方文化的研究主题：进化论、莫扎特的音乐和纳粹大屠杀。我曾在本书中提出，我认为生活在我们这个社会中的人，应该对类似问题做深入的了解，若想深入了解，就必须愿意投入相当的时间与精力认真探究。我同时也强调，这三个主题只属于示范性质（可惜的是，尽管如此，还是会有人误解我的用意，毫无疑问，那些只看评论文章或二手资料的人，一定会在某处读到，亲欧人士霍华德·加德纳根据个人的偏好，选出三个话题作为课程的强制内容）。

所以，容我再次郑重申明：一个文化应该确定它珍视的真、善、美观念，并且投入相当资源，将这些价值观灌输给年轻学子。此外，每一个文化也必须了解，这些美德的定义会不断因时而变，但定义与完善的过程也有其价值。每一个人必须靠自己的智慧融合这些美德，我衷心期盼，他们最后能为这个世界贡献他们的美好品行。

两大因素增加了这个任务的复杂度。首先，理解本身就是一件相当困难的事，其中的障碍是难以逾越的。其次，由于每个人拥有不同的心智，因此每个人都用特有的方式呈现自己所理解的信息和知识。将来，如果教育要成功地教育更多的个体，就必须认真考虑以上这两项因素的重要性，并以此作为教育的基础。

本书重点讨论了学生应该如何深入了解重要的主题与题目。我希望我们的教育能够利用每个人的差异，而不是将差异当作障碍。如果我们花时间探讨重要题目，可以利用不同的切入点；可以引用不同的类比；还可以运用数种模式语言获取核心概念。多元化的教育，应该能够帮助大部分学生，对学习的内容获得深度——或至少较深入——的理解。同样重要的一点是，他们能够借此体会什么是对主题的深度理解。他们至少浅尝学科思维的滋味。

这样的认识代表一个重要的里程碑。从此以后，学生就可以将自己的理解能力，应用于他们本身或其他文化中的其他问题和主题。也许，学生在尝到深度理解的甜蜜果实后，会激发起终身"追求知识"——甚至"创造知识"——的动力。

这就是我的教育理想，也是我希望所有人类能够接受的教育。我相信，这样的教育会让所有人对自己的社区甚至全世界产生一种使命感。也许在一个规模较小、同质性较高的社区中，比较容易对我在本书中描绘的教育蓝图达成共识。

然而，生命是短暂的，也有人对这些议题看法不同。考虑再三，我得出一个结论，对特定的社区、国家或文化，最好设计几种不同的教育途径。学生、教师、家庭、社区成员和政策制定者，可以从中找出自己喜欢的教育途径。每一种途径都要显示它的合理性。它必须帮助学生成为国家（或世界）的公民，提供评估方法，以评测学生是否达到标准，如果没有达到预期标准，就要有重新调整的准备。我个人坚信，教育机构应该由公立部门，而非私营企业来主办。商界可以大幅提升教育的品质，但是却不应该取代实际办学的教育界人士或教育机构。

我了解，太多的教育途径可能会造成选择的困难。假设身为父母的我，要从两所学校中选择一所送子女就读。在这两所学校当中，我不同意第一所学校的教育理念，但是该校的教师和社区中其他成员，都认同此一理念以及实践理念的方法。至于第二所学校，我虽然赞成其教育理念，但是学校里的教师却对此意见不一，社区也没有全力支持学校。在这种情形下，我会毫不犹豫地送孩子到第一所学校就读。我认为，整体性与共识胜于意识形态的认同。

我必须为以上这段也许令人惊讶的告白加上两条附文。第一，身为父母的我会凭自己的经验，补足学校教育的不足。比如，如果孩子就读的学校要减少艺术课程，或只要求学生阅读一种经典，我会从旁为孩子提供额外的艺术经验，并且让孩子接触学校教授的经典以外的书籍或电影。第二，有几个教育途径是我无法接受的。本书中的三个主要主题例子，可说是很好的参考。我绝对不会接受一所否定进化论的重要性或不承认纳粹大屠杀曾经发生过的学校。至于莫扎特的音乐，如果某一所学校将古典音乐拒之门外，或学校上下被后现代主义控制，我也一定会再三考虑，要不要送孩子到该处就读。我不认为所有艺术作品具同等价值，同样值得学习。

值得我们为之奋斗的世界

我们的世界在 20 世纪发生了巨大的变化。未来又将会怎样？据保守估计，现代科技的变化速度是一个世纪前的四倍（的确，如果有人认为是从前的 40 甚至 4000 倍，我也不会反对这样的推测）。请试想想这些数字背后的意义。到了 2025 年，我们会看到等同于 1900 年到 2000 年的变化总和。如果我们采用更粗略的预测，那么两年之后，世界也将会大不相同。对于我们这些数年前还没有听说过互联网、万维网（World Wide Web）或克隆的人来说，或者对那些以为到死"铁幕"（Iron Curtain）都依然存在，或小儿麻痹症依然肆虐的人，当他们面对未来世界的巨变时，能不受到极大震撼吗？

有两项考虑似乎是无须争辩的。第一，每个人必须尽可能接受改变。我们也许不喜欢改变，我们也许希望凡事都能保持原状，但是我们仍然必须接受，变化才是不变的事实。我们要比几十年前的人更应该注意世界的变化，特别是经济、文化和科技方面的新潮流。观察潮流变化的方式人人不同，有人靠阅读，有人上网浏览最新信息，有人密切注意职业、娱乐与继续教育的最新动向。

第二项考虑看起来好像和第一项有抵触之处，但事实却是相辅相成、相得益彰的。我们必须了解人类经验中存在的一些常数——一些永恒不变的事，有的是因为它们本身不会改变，有的是因为我们不愿意它们改变。许多真理会改变，有些则不。每个人都会渐渐老去，多多少少变得温和一些，最终死去。人类和文化都必须遵循进化论的法则。许多美好的事物都会改变，有些则不：希腊、埃及、吴哥窟和前哥伦布时代遗留下来的艺术品，依然引人注目。

受到善恶观念的影响，道德方面的常数也相当明显。我想我们（作为一个物种）还没有超越摩西十诫和耶稣的教导，以及深植于儒家、佛教与伊斯兰教思想中的智慧（这不表示我同意以上各家学说的每一个层面）。也许在这个领域中也有进步，但却是令人痛苦的缓慢。我们不再接受奴隶制度，也几乎没有人歌颂恶名昭彰的种族主义、性别歧视、折磨、排外和其他违反人权的事。但是道德方面也出现退步的现象。现代武器只需要动用少许人力，就能杀害更多的人。家庭与社区中的冲突，也许会造成冷酷无情与不人道的结果，这是人际关系较为亲密的早期社会所不多见的。

假设有一个现代人很幸运地以合乎道德的方式长大成人，这得感谢他的父母、学校和朋友（尽管媒体和消费社会经常发出不道德的信息）。我们必须认清哪些观念可能对个人道德观造成威胁。首先，现代人比前人的行动能力高出许多，我们经常发现，我们处在一个到处充斥着陌生人的环境中。在这种情形下，若想维持个人的道德观就困难得多。此外，工作场所也是瞬息万变的。在到处裁员和公司再造的今天，大家都抱着机会主义心态，找寻更好的工作或更有利可图的并购对象，雇主对员工、员工对雇主、员工之间、员工对公司的相互忠诚度也不再真挚了。

特别是在这个快速变化，"好人"与"坏人"界限不再分明的时代，许多人都在寻找合乎人道的行为典范。现代人这方面的饥渴，最近化为一股动力，急于为智能寻找更宽广的定义。传统上，"智能"代表学习学校教授的科目的能力与学习技巧。对于我们这些希望从更宏观的角度——包括个人智能、情感智能、道德智能、智慧——来诠释智能的人来说，仅仅是掌握识字能力和解决问题能力是不够的。我们追求的是一个不仅具备分析能力，而且还要选择做正确的事的人。他处处受人敬重，不仅因为他是一位思想家或创造者，更因为他是一个人。我们同意爱默生的格言："人格高于智能。"

早期人类比较熟悉这样的追求。希腊人视所有的美德都是一个均衡发展的人整体的一部分；儒家认为美善之间没有界限；济慈则将真理等同美。然而，不加批评地认同早期人类成就的模式是不够的。我们已不再天真无知。心理学研究和大脑科学证实，人类大脑的不同区域分别处理不同的事务。确实，我们有不同形式的智能、技巧、创造力和道德。人类学的研究显示，文化能以多得惊人的方式融合——或无法融合——不同的美德与罪恶；即使文化结合，有时还是无法互相理解。我期待未来的研究可以在神经学方面更进一步发现每个人的心智特性，甚至是不同文化之间的差异。

我们必须接受一个残酷的现实：一个人可能很聪明，但却没有道德；可能很有创意，但却没有伦理观念；对感情高度的敏感，但却不会利用这份敏感服务他人。我们必须面对事实：一个人也许知道真理为何，但是却对美和善视而不见；同样，一个人也许了解什么是伦理，但是在个人生活中却无意追求美德。

联　结

然后，我们不必为这个"分离"的状态而放弃自己。福斯特（E. M. Forster）的名言"唯有联结"为这个问题提出了最佳解决之道。在现实中，创造性和善之间也许没有必然的关系，但是在一个文化环境中，我们应该努力联结两者之间的关系。我们的努力也许会失败，但绝不要因此而放弃尝试。

米哈利·奇森米哈尔利、威廉·戴蒙（William Damon）和我不断思考以下的问题：在每个领域都标榜尖端前沿、工作经常变动的社会中，一般人如何保持责任感、文明行为和道德感？在这样的时代，宗教价值观和法律条文规范行为的传统方式似乎已经不足以起示范作用，有时候，也许还会产生相反的效果。有谁经过深思熟虑，决定哪些信息（私人的、黄色的）可以在互联网上公开，如何在这个信息畅通无阻的时代，保护个人隐私权，可否通过改变我们和我们下一代的基因，克隆自己，无限延长生命。面对以上这些问题和更多前人未探索过的领域时，传统道德观和宗教或法律规范，能够对我们发挥多少指导作用？

我们相信，所有在某个领域或学科中工作的人，都有必要发展一套矫正机制——什么是对的，什么是不对的。这套机制应独立于社会其他信号系统之外。矫正机制可能源于不同的基础。其一是一个人在年轻时吸收的规范与价值观。有时候，仅仅是这些就足以指导一个人的一生。其二是和社区甚至全人类保持联系的感觉——保证一个人脚踏实地向前的"金箴"。其三是忠于自己的学科或专业——如果出现某种行为，或企图逃避工作上的责任时，就等于背叛自己的专业。有道德观念的同事所给予的支持，特别是在面对诱惑的压力时，也可以产生"正确"的感觉。

少数聪明而有品行的人，也许能自己判断和建构起"矫正机制"。大部分人则必须由外来的支持力量，例如：在生命中的关键时刻，甚至当强大的诱惑把我们拉向错误方向时，向有德之士请教，该做什么，不该做什么。近来有许多杰出人物都扮演这样导师的角色，有科学家尼尔斯·波尔（Niels Bohr），音乐家帕博洛·卡萨尔斯（Pablo Casals），有政治领袖甘地（Mohandas Gandhi）和曼德拉（Nelson Mandela），有作家瑞秋·卡森（Rachel Carson）和乔治·奥威尔（George Orwell）。我们必须帮助接受专业训练的年轻人，和这类"导师级人物"建立个人联系（或者至少经常接触他们的思想）。正因为这样，我相当尊敬"有德"之士——政治组织人物恩尼斯托·科尔特斯（Ernesto Cortes）、癌症生物学家乔治·克莱恩（George Klein）、表演艺术家安·蒂维尔·史密斯（Ann Deavere Smith）、社会企业家威廉·德瑞顿（William Drayton）、教育改革家派翠西亚·波兰诺斯（Patricia Bolanos）、詹姆斯·柯默（James Comer）、黛博拉·梅尔（Deborah Meier）和泰德·赛瑟（Ted Sizer）。也基于这个原因，我不断寻找能力超凡与成就卓越的人物，并介绍这些人的超凡能力和成就。

这种思考，在如何教学和测评方面，对教育有启发作用。只是希望学生仰慕和表现真、善、美等美德还不够。我们应该在可能的情况下将它们互相联结起来，同样，我们也必须帮助学生从认识进而仰慕，再从仰慕转为在生活中持续不断追求真、善、美。在评价学生和他们的表现时，不能简单地将这些美德混为一谈。但对于那些成功地找出真、善、美之间关联性的人，无论在私下里或公开地，我们应该特别给予肯定。

我相信，在我们的社会中，许多人在获得某种前所未有的"成功"时，内心会有不安的感觉，原因就是源于这种"分离"的状态。在日常生活中我们常常看到，受到社会嘉许的才能似乎只有一种——例如：科技创新，评判的标准也只有一种——例如：市场利润。但是我们的内心深处明白，只有这些是不够的，人类精神层面的其他部分也应该受到肯定、尊重和崇拜。一个人在华尔街或华盛顿可能非常成功，但是他可能不会做一个完整的人。要决定谁具备这些"软性"的美德，谁能联结这些美德，的确不是一件容易的事，争议性也颇高。但是身为社会的一分子，我们只有努力这么做，才会觉得合情合理。捷克籍的剧作家与政治领袖瓦克拉夫·哈维尔（Vaclav Havel）有一段意味深长的话：

> 不管我从哪里开始思考我们的文明所面对的问题，最后总是会回到人类责任的主题。人类的责任感似乎无法跟上文明的脚步，也无法预防文明背离人性。这个世界似乎已经超出我们所能控制的范围。我们在未来即将面对的主要任务是：积极更新我们的责任感。我们的良心必须赶上理性的脚步，否则，我们将会迷失自己。

人类生来就是一个渺小的生物，多少年来一直觉得自己相当无助。当然，渺小感确实是人类生活的一部分现实。我们的生命十分短暂，即使在这短暂的时间里，还有几十亿个一样有价值的人和我们一起生活在这个小小的星球上。

尽管如此，我们还是要尽量展现自己的优势。教育可以帮助我们与众不同，也许它还会帮助我们创造积极正面的人生。面对我们生理上的局限，我们不得不充满谦卑之心。我们所处的文化，和那些经过学校教育、旅行、媒体和个人经验而接触到的其他文化，都有各自的局限和潜力，当我们面对这些局限和潜力时，也不免产生谦卑之心。

  我们对社会的贡献，植根于我们对真、善、美的理想，植根于我们实践理想的意愿，无论是个体的或是协同的，植根于我们对世界的变化与永恒的了解，以及植根于我们在特定的历史时期，出现在特定领域、机构或空间上的机缘巧合。（我同情那些生活在残忍暴君统治下的人，羡慕那些生活在尊重个人独立性、尊重个人为地方或更广大社区做出服务的社会中的人。）我们无法控制这些偶然性，但我们也不能任其摆布。本书讨论的教育理想，就是希望帮助人们尽量利用自己可把握的机会，为后人创造新的机会。

后记
两个谷仓的传说

在本书中,我提出每个人都应该去除会造成学科学习困难的思维惯性,从而建构自己的学科理解。但不管我们怎么希望,在不少学科方面,从天然自发的学习方法到宝贵的学科思维建立之间依然没有一条平坦的路径。事实甚至恰恰相反。我们要应付的不论是科学的"误解",还是历史或经济方面的"教条",又或是艺术的"品味",如果我们最终要成为训练有素的思想家,我们就必须消除一些最原始的学习方法。

这注定是难咽的苦果。而且这也是教育界存在很大分歧的原因。只有熟悉认知科学和心理学文献的人,才明白新思维方式的建立是如何艰难;几乎没有其他人能认识到这个道理。他们要么认为孩子天生就有学科思考的能力,要么认为孩子们只要简单地掌握一些信息并得到鼓励去运用这些信息,就能逐渐学会学科思考。

1999年春,当《受过学科训练的心智》初次面世时,我并未完全意识到对"建构论"思想的抵触。然而我知道我的观点一定会和以"核心知识"为基础设计课程的著名教育家赫希(E. D. Hirsch)的观点发生冲突。我和赫希教授之间围绕着《受过学科训练的心智》展开的一系列文字和电台辩论,确定了我们的观念实在存在很大的距离。而我没有充分认识到的是,赫希的主张实际上代表了传统的智慧:进行一般性学习,尤其是掌握学科思考的"自然观"事实上是可行的。

为了帮助了解这些不同的观点,在此我想用"两个谷仓的故事"来做比较。大部分的观察者相信婴儿出生的时候拥有一个智力的空间——大脑,一块白板，好像一个空谷仓（参见图3）。根据这种经验论者的观点，这个谷仓即使一开始（参见图3"经验-0"）有储备，也是极少量的。这个谷仓渐渐积聚信息，主要是收集事实、定义和某些程序。这些信息并非各自孤立，而是可以互换的。经过几年时间（参见图3"经验-1—3"），渐渐被过量的事实和数字

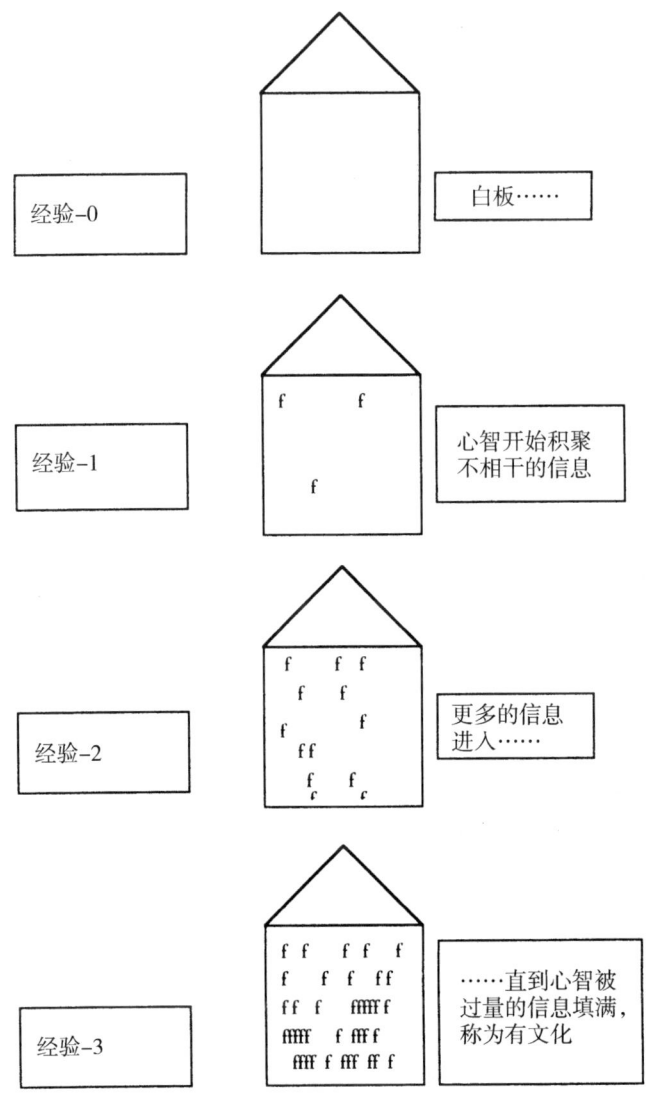

图3　经验论者的谷仓（empiricist barn）
（"f"代表事实、定义、程序等信息）

填满；用赫希的话说，它现在变得"有文化"了。

无论是从开始（先天论者的观点），还是在此过程中或在某些阶段，学科思考在这个"填谷仓"的学习方式中从未出现过。学科就像精致的设备一样奇迹般突然出现。

显然，我的观点很不同，而且复杂得多。根据建构论者的观点，我们的大脑并非一开始就是一块白板（参见图4），更确切地说，它们已经存有一些信息（比如认识人类面孔就很重要），和一些了解的方法（例如对对比区域的注意）——参见图4"建构–0"。有些先天的了解方法终生有用，但另一些（例如，谨防长相和自己不同的人，或者无法确定一些事因的时候就会借用神秘的说法）老实说都是学科学习的障碍。

所以，对未来学科学习者来说，首要任务是"清空"出谷仓的一大部分。我们可以从图4"建构–1"和"建构–2"中看到清空的过程。为简单起见，我略过那些需要保留的学习方法，而集中说明清空妨碍主要学科学习的误解和教条的重要性。正如在一个空的谷仓里，如果没有学科设备作基础，收集来的事实和定义只会简单散落四处，而无法联结成任何有意义的物件。

为了替代被清空掉的设备，孩子们必须在好的教育帮助下，渐渐建构新的设备——包含各个主要学科思维方式的新设备（参见图4"建构3-5"）。当然，这项工作十分艰巨，但非常值得。因为，这个新设备将赋予大脑中的学科知识以生命，原先孤立零碎的信息将找到自己的位置——科学事实聚集在科学学科所在，历史发现聚集在历史学科所在，等等。

同时，各学科的实际技巧和步骤是相关联的。关于各学科的证据的法规、阐述和措辞又各有自己的特点。科学实验既可以很精确地重复，也可以加上预设或可计量的变数。历史学就不一样：事件只能发生一次，参与者的意图、第一手和第二手资料的偏见都应该纳入考虑范围。

最后，谷仓被合理地重建了——理想状态是中学毕业的时候（参见图4"建构–4"）。受教育到这个时候，孩子应该有相当的能力进行一些学科思考了，我主张数学、科学、历史、再加上至少一种艺术课。然而，众所周知的是，现在的许多重要工作都涉及跨学科或落在学科的空隙。学科之间的界线

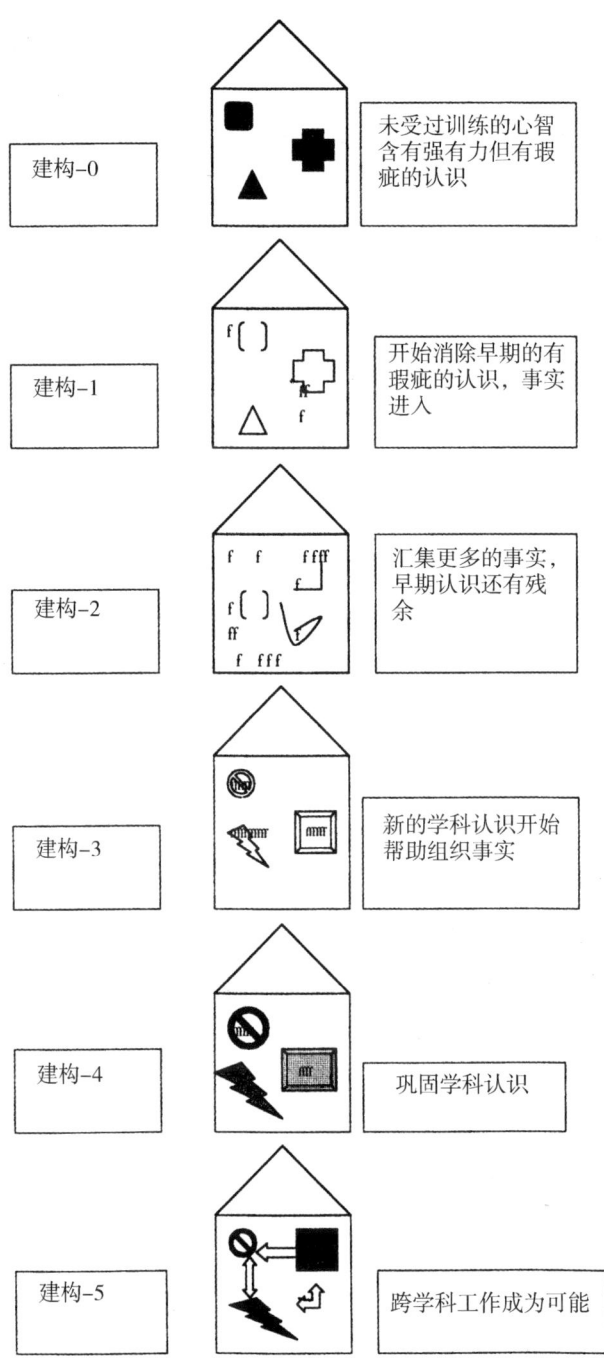

图 4　建构论者的谷仓（constructivist barn）

最好不要太过严格，这样学科之间就比较容易互相影响。还好学科结构和谷仓设备不同，它们还能有可渗透的边界。所以，良好的教育可以使每个人都有可能将不同的学科思维方式结合起来，建构出新的学科或跨学科思维（参见图4"建构–5"）。

在这个崇尚解释的时代，建构主义者的观念无可否认地并没有让他的名言和"填谷仓"的方式更具说服力。我想借用爱因斯坦的名言："科学解释应该越简单越好，但不是简单化。"

在我和赫希的交流中，他认为我们之间的不同在于实验。有很多学校以他提倡的核心知识为基础办得很好，而我没有和他一样多的基于学科理解或多元智能观念的学校可炫耀。赫希确实启发了许多学校，我也同意它们中的不少学校因他的指导而成功。但值得指出的是，在这样那样的标准测验中取得成功并不是评估一所学校好坏的唯一标准。正如我在本书中所讨论的，衡量学科理解的方法和由机器阅卷的短答题有很大的不同。对学科理解的评测需要学生用适当的学科框架来解释一个完全不同的例子——这远非简单的填充题所能实现。至于我这方面，我不再以我的名字来支持学校和教育项目，虽然不少由其他人主持的"多元智能学校"在教育方面颇有成效（加德纳，1999；孔哈伯，2000）。

我对赫希以及其他认同"填谷仓"的人另有回应方式。我相信我们之间的差异主要还不是实验性，他们是知识论者。我们对学习的观念以及知识的理解都不一样。从上面的分析可以看出，赫希相信教育基本上是获取信息和一定程度的文化知识，学习的方法则是每年增加一些信息量。而我认为教育的目的是掌握基本的理解方法，建构知识的形式（因为它们不会自动形成），我们必须清理出智力谷仓的大部分地方，以便建立反映各个学科内容的"认知设备"。

有一些倾向基督教主义的人建议我和赫希教授握手言和。他们的建议是，以基本识字能力和文化水平为主的赫希课程应该占据学校教育的前几年；然后，逐渐增加以理解学科思维为主的课程。

我完全同意学校教育的前几年应有大量时间学习"三R"。我认为有责任感的教育工作者都应该会支持这么做。但很显然，我不能就此将学校的前几年教育阵地全部让给赫希。因为他们的课程并没有认真考虑如何对待和解决错误概念和刻板印象的问题，他们的课程也没有为更复杂的学科思维方式打好基础，而且他们的课程过多强调每个孩子对事实性知识的大量记忆。

诚然，除了我们在认识论上的差异，我们对学习动机的看法也不一样。我认为动机是因为对课题和问题的热爱而从内心发出来的，一个动力十足的学习者即使在没有外来压力或奖赏的刺激下，也会孜孜不倦地追求知识和专门技术。依我看来，赫希相信动机是来自与社区内其他人分享知识的感觉，和混合着一点痛苦和强化感觉的适量测试。

当然，文化水平很重要。但这种文化水平的积累并非要靠枯燥的技巧训练。最好的办法是通过学习阅读和喜爱阅读来积累大量的信息，对世界充满好奇，提出问题而且尝试去寻找答案，也就是在小时候就成为一个建构主义者。对那些坚持孩子们要学会同样的知识体系的人，我有一个简单的技术性解决方案：只要查看掌上电脑就可以了，它可以提供你想要的全部事实性信息，从拿破仑时代的大事年表、原子的重量到化学周期表中各元素的特性等等，应有尽有。

虽然我生活在一个好争论的文化里，但我并不喜欢因为我的观点而和其他学者产生争议。我欣赏赫希教授在许多方面的尝试，而且从不认为他存心不良。但由于命运安排我们在今天的教育大气候里站在对立的角度，我觉得有必要将我们在认识论、动机和课程等方面的不同见解提出来。

在本书再版之际，我有机会在此后记中给各位读者补充以下两点：

1. 选择这三个例子（进化论、纳粹大屠杀和莫扎特的音乐），我是冒着触怒那些不喜欢这些例子的人的风险。我不断表示这些只是范例，选其他的例子也一样可以，并且也可能有同样的问题。在这一点上，我和赫希有同感，无论他选择哪些重要的人物、时间和概念，大家都会认为那些没被他选上的是有问题的。

我当初选择的这些例子最近几年仍然因为一些事件而不断被提及。达尔文的进化论几乎出现在每周的新闻上：堪萨斯州教育局规定学校可以自由选择教或不教进化论而引起全国上下的激烈争论；新的 CD-ROM 利用进化论原理创造出引人注目的图像和音乐作品；DNA 研究证实了达尔文当初的假设，即加拉帕戈斯群岛上的 14 种不同的雀科鸣鸟确实是繁衍自同一个祖先。

不单科学事件是超越时空的，不少欧洲国家也一直在反思他们在纳粹大屠杀中所扮演的角色，从不同的角度希望弥补他们当年犯下的错误。许多城市因为计划修建大屠杀博物馆或纪念碑而引起不少争议。新纳粹网站刺激了关于宪法第一条的讨论，这些在德国被禁止的网站在美国居然受到保护。科索沃和卢旺达的集体大屠杀提醒我们种族灭绝的行为依然存在。

莫扎特和《费加罗的婚礼》比较少被提及一点也不奇怪。艺术作品比较个性化，从分析一个作品学到的技巧必须证明在其他作品欣赏上也有帮助。因此，我特意去了解约翰·哈宾逊（John Harbison）1999 年大获好评的美国歌剧《大亨小传》（*The Great Gatsby*）。美国《纽约时报》评论家安东尼·托马斯尼（Anthony Tommasini）宣称：哈宾逊说，当他遇到一些年轻作曲家在音乐会上的作品和他们平时听来消遣或他们成长过程中喜爱的音乐没有任何关系时，他颇感失望。伟大的歌剧作曲家不会有这种游离和扭曲。莫扎特喜欢跳舞，喜欢各种舞曲，还喜欢酒吧里嘈杂的声音。无论乐谱多么高雅复杂，他都会把他喜爱的这些音乐融入他的歌剧。他会欣赏一场好的演出，但没有什么比他在歌剧院工作更让他愉快了。他和哈宾逊一定会谈得来。

2. 许多表示喜欢我的教育理想的读者和评论家都会问到这种理想能否实现。有的说它需要本身有深度理解能力，又能承诺长久培养学生的教师。有的说我的教育理想和美国（以及其他国家）现行的教育体制有直接冲突，因为它们倾向以简答题考试来衡量教育的成功与否，更接近赫希式的"填谷仓"教育方法。

我很赞赏这两种保留意见。我也问过很多教师，我们不能期望教师马上对专业充满雄心并且能够成功地面对挑战。适当的支持和耐心很有必要，而能够吸引和留住有才华的年轻人从事这个行业也很重要。唉，一些迹象表明教育政策制定者似乎在做相反的努力——使"最好和最聪明"（无论怎么定义）的人丧失对教育专业的信心和兴趣。

我不仅仅向教师了解情况，也咨询了很多投身教育的其他人士：领导、家长和学生。除非将各方面资源很好地转化为对教育的共同参与，否则没有一个国家能够取得长期的成功。美国也不会例外。

最后，我相信我们现有的许多考试制度，不论用心多么良苦，但从根本上已经是误导的了。我们的教育实践比较适合过去的年代，当一个人吸收了浩如烟海的知识时才称得上是受教育的人。对未来人类的要求，以及我们今天对思维、大脑与教师和学生的文化的了解，都呼吁着一种彻底不同的教育方式。这样一种强调未来的教育要求不仅掌握最重要的学科方式，还要有能力用这些知识去解决新问题、创造新思想。教育不完全是一种科学。但如果我们在教育设计方面开倒车，或忽视我们对心智如何建构和重构知识的了解，那么未来我们就需要本书所提倡的教育理想。

2000 年 6 月

于美国马萨诸塞州剑桥镇

附录
"冲突三重唱"

"冲突三重唱"节选自莫扎特的《费加罗的婚礼》(*Le Nozze di Figaro*)（Mineola，N.Y.：Dover Pulications，1979，PP.80–91）。

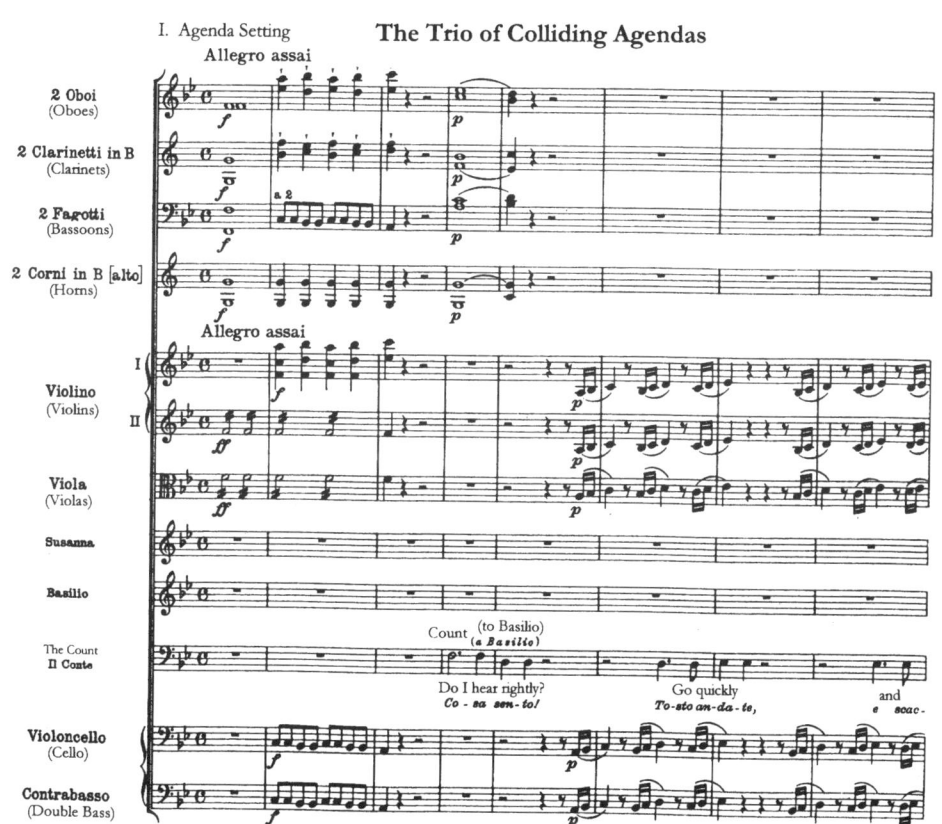

The Disciplined Mind

V. Back to the Page

参考文献

REFERENCES

Chapter 1

1. On evolution, see S. Blakeslee, "Computer 'Life Form' Mutates in an Evolution Experiment," *The New York Times,* November 25, 1997; G. Kolata, *Clone: The Road to Dolly and the Path Ahead* (New York: Morrow, 1998); G. Taubes, "Community Design Meets Darwin," *Science,* no. 277, September 26, 1997, pp. 1931–32.

2. On the evolutionary approach to the understanding of cognitive and social phenomena, see S. Pinker, *How the Mind Works* (New York: Norton, 1997), and E. O. Wilson, *Sociobiology: The New Synthesis* (Cambridge: Mass.: Harvard University Press, 1975), and *Consilience* (New York: Knopf, 1998).

3. On ignorance about evolution, see C. Yoon, "Evolutionary Biology Begins Tackling Public Doubts," *New York Times,* July 9, 1998. See also R. Zacks, "What Are They Thinking: Students' Reasons for Rejecting Evolution Go Beyond the Bible," *Scientific American,* October 1997.

4. Carl Sagan: quoted in E. M. Gaffney, "How the Scopes Trial Frames the Modern Debate over Science and Religions," *Los Angeles Times,* July 12, 1998.

5. American ignorance of the Holocaust: news report on Cable News Network, April 12, 1998.

6. Robert Simon is cited in J. Leo, "Absolutophobia," *The Responsive Community,* winter 1997–1998, pp. 4–6.

7. On the attainment of understanding, see Howard Gardner, *The Unschooled Mind: How Children Think and How Schools Should Teach* (New York: Basic Books, 1991). On multiple intelligences, see Howard Gardner, *Frames of Mind: The Theory of Multiple Intelligences* (New York: Basic Books, 1983; rev. ed. 1993), *Multiple Intelligences: The Theory in Practice* (New York: Basic Books, 1993), and *Intelligence Reframed* (New York: Basic Books, 1999).

8 "The organized subject matter": John Dewey, *Experience and Education* (New York: Macmillan, 1938), p. 103.
9 sustained dialectic: See E. D. Hirsch, *Cultural Literacy* (Boston: Houghton Mifflin, 1987) and *The Schools We Need and Why We Don't Have Them* (New York: Doubleday, 1996).

Chapter 2

10 The ancient Greeks evolved a sense: See H. D. F. Kitto, *The Greeks* (London: Penguin, 1965), and W. Jaeger, *Paideia: The Ideals of Greek Culture*, 3 vols. (Cambridge, Mass.: Harvard University Press, 1943–1945).
11 In the Confucian view: See B. Schwartz, *The World of Thought in Ancient China* (Cambridge, Mass.: Harvard University Press, 1985), and Jonathan Spence, "What Confucius Said," *New York Review of Books,* April 10, 1997, pp. 8–11.
12 "Let the main ideas": A. N. Whitehead, *The Aims of Education and Other Essays* (New York: Free Press, 1929), p. 2.
13 On the liberal or progressive side of education, see R. Archambault, ed., *John Dewey on Education: Selected Writings* (Chicago: University of Chicago Press, 1964).
14 On transformative traditions, see P. Jackson, *The Practice of Teaching* (New York: Teachers College Press, 1986).
15 For Cardinal Newman's view, see J. H. Cardinal Newman, *The Idea of a University* (Garden City, New York: Image Books, n.d.; first published 1873). Also see F. W. Turner, ed., *The Idea of a University* (New Haven, Conn.: Yale University Press, 1997).

Chapter 3

16 On schools as conservative institutions and the difficulties in bringing about school change, see L. Cuban, "Reforming Again, Again, and Again," *Educational Researcher,* vol. 19 (1990), pp. 2–13.
17 On new demands for an educated citizenry, see F. Trompenaars and C. Hampden Turner, *Riding the Waves of Culture* (New York: McGraw-Hill, 1998); R. Marshall and M. Tucker, *Thinking for a Living: Education and the Wealth of Nations* (New York: Basic Books, 1992); R. Murnane and F. Levy, *Teaching the New Basic Skills* (New York: Free Press, 1996); and E. Vogel, *Japan as Number One* (Cambridge, Mass.: Harvard University Press, 1979).
18 On technological and scientific breakthroughs, see M. Dertouzos, *What*

Will Be (New York: HarperCollins, 1996); R. C. Schank and C. Cleary, *Engines for Education* (Hillsdale, N.J.: Erlbaum, 1995); and D. Viadero, "Brave New Worlds: Virtual Reality Technology," *Education Week,* August 7, 1996, pp. 51–58.

19 Sim City: S. Turkle, paper presented at the World Economic Forum, Davos, Switzerland, February 1997.

20 almost everything that can be handled algorithmically: S. Zuboff, *In the Age of the Smart Machine: The Future of Work and Power* (New York: Basic Books, 1988).

21 "Wandering between two worlds": M. Arnold, "Stanzas from the Grande Chartreuse" (1855), l. 85.

22 On the new environment of globalization: R. Altman, "The Nuke of the 90s," *The New York Times Magazine,* March 1, 1998, pp. 33–34.

23 For Samuel Huntington's views, see his *The Clash of Civilizations* (New York: Simon & Schuster, 1996).

24 "ligatures": R. Dahrendorf, *Life Chances* (Chicago: University of Chicago Press, 1978).

25 Changes in the cartography of knowledge: T. Becher, "The Counterculture of Specialization," *European Journal of Education,* vol. 25, no. 3 (1990), pp. 333–46; J. W. Botkin, M. Elmandjra, and M. Malitza, *No Limits to Learning: Bridging the Human Gap, a Report to the Club of Rome* (Oxford, England: Pergamon Press, 1979).

26 On postmodernism, see M. H. Abrams, "The Transformation of English Studies: 1930–1995," *Daedalus,* winter 1997, pp. 105–32; Z. Bauman, *Postmodernity and Its Discontents* (Oxford, England: Polity, 1997).

27 On Sokal's fake article, see A. Sokal and J. Bricmont, *Intellectual Imposters* (London: Profile, 1998).

28 The study of beauty: Mary B. W. Tabor, "Rescuing Beauty, Then Bowing to Her Power," *The New York Times,* April 11, 1998.

29 For representative samples of Derrida, Lyotard, and Rorty, see J. Derrida, *Writing and Difference* (Chicago: University of Chicago Press, 1978); J.-F. Lyotard, *The Postmodern Condition* (Minneapolis: University of Minnesota, 1984); and R. Rorty, *Contingency, Irony, and Solidarity* (New York: Cambridge University Press, 1989).

30 On multiculturalism and canons, see L. Levine, *The Opening of the American Mind* (Boston: Beacon Press, 1996).

31 "to learn and propagate": M. Arnold, *Essays in Criticism: First Series, 1865. The Function of Criticism at the Present Time.*

32 multicultural curricula and approaches: E. Rothstein, "As Culture Wars Go On, Battle Lines Blur a Bit," *The New York Times,* May 27, 1997; J. Banks, "Multicultural Education: Historical Development, Dimen-

sions, and Practice." In L. Darling-Hammond, *Review of Research in Education* (Washington, D.C.: American Educational Research Association, 1993), vol. 19, pp. 3–49; M. Lefkowitz, *Not Out of Africa* (New York: Basic Books, 1996).

Chapter 4

33 "To an understanding": E. L. Thorndike, "The Contribution of Psychology to Education," *The Journal of Educational Psychology*, vol. 1 (1910), pp. 5–8.
34 Two dominant strands characterized academic psychology: See H. Gardner, *The Mind's New Science: A History of the Cognitive Revolution* (New York: Basic Books, 1985).
35 the teaching machine: B. F. Skinner, *The Technology of Teaching* (New York: Appleton Century Crofts, 1968).
36 For J. B. Watson's famous declaration, see his *Psychology from the Standpoint of a Behaviorist* (Philadelphia: Lippincott, 1919).
37 On the history of the study of intelligence, see H. Gardner, M. Kornhaber, W. Wake, *Intelligence: Multiple Perspectives* (Fort Worth, Tex.: Harcourt Brace, 1996), and R. Sternberg, *Handbook of Human Intelligence* (New York: Cambridge University Press, 1982).
38 For the debate over the mutability or fixedness of intelligence, see N. Block and G. Dworkin, eds., *The IQ Controversy: Critical Readings* (New York: Pantheon Books, 1976) (Lippmann-Terman debate); A. Jensen, "How Much Can We Boost IQ and Scholastic Achievement?" *Harvard Educational Review*, vol. 39, no. 1 (1969), pp. 1–123; R. J. Herrnstein and C. Murray, *The Bell Curve: Intelligence and Class Structure in American Life* (New York: Free Press, 1994).
39 mental representation and the cognitive revolution: See H. Gardner, *The Mind's New Science* (New York: Basic Books, 1985).
40 On Piaget, see H. Gardner, *The Quest for Mind: Piaget, Lévi-Strauss and the Structuralist Movement* (Chicago: University of Chicago Press, 1981), and J. Piaget, "Piaget's Theory." In P. Mussen, ed., *Handbook of Child Psychology*, vol. 1 (New York: Wiley, 1983), pp. 103–28.
41 Young children have distinctive moral outlooks: L. Kohlberg, *The Psychology of Moral Development* (San Francisco: Harper & Row, 1984).
42 On young children's artistic views, see H. Gardner and E. Winner, "First Intimations of Artistry." In S. Strauss, ed., *U shaped Behavioral Development* (New York: Academic Press, 1982), pp. 147–68.
43 For Chomsky's views, see his *Rules and Representations* (New York: Columbia University Press, 1980).

44 On distributed and contextualized views, see B. Rogoff, *Apprenticeship in Thinking: Cognitive Development in Social Context* (New York: Oxford University Press, 1990).

45 The argument from evolutionary psychology: See J. Barkow, L. Cosmides, and J. Tooby, *The Adapted Mind: Evolutionary Psychology and the Generation of Culture* (New York: Oxford University Press, 1993); "Matters of Life and Death: The Worldview from Evolutionary Psychology," *Demos*, no. 10 (1996); M. Ridley, *The Origins of Virtue* (New York: Viking, 1996); and R. Wright, *The Moral Animal* (New York: Vintage, 1994).

46 According to my analysis: H. Gardner, *Frames of Mind: The Theory of Multiple Intelligences* (New York: Basic Books, 1983; rev. ed., 1993).

47 youngsters develop quite powerful theories: On these early theories and misconceptions, see H. Gardner, *The Unschooled Mind: How Children Think and How Schools Should Teach* (New York: Basic Books, 1991), especially chapters 5, 8, and 9.

48 On higher cognitive functions: See J. Baron, *Rationality and Intelligence* (New York: Cambridge University Press, 1985); J. Bruer, *Schools of Thought* (Cambridge, Mass.: MIT Press, 1993); and D. Perkins, *Outsmarting IQ: The Emerging Science of Learnable Intelligence* (New York: Free Press, 1995).

49 On motivation, see T. Amabile, *The Social Psychology of Creativity* (New York: Springer Verlag, 1983).

50 "flow state": M. Csikszentmihalyi, *Flow* (New York: HarperCollins, 1990).

51 "It may be more beneficial": Quoted in P. Barrett, ed., *The Collected Papers of Charles Darwin* (Chicago: University of Chicago Press, 1977), pp. 232–33.

52 The role of emotions: A. Damasio, *Descartes' Error: Emotion, Reason, and the Human Brain* (New York: Putnam, 1994); D. Goleman, *Emotional Intelligence* (New York: Bantam, 1995); and J. LeDoux, *The Emotional Brain* (New York: Simon & Schuster, 1996).

53 For descriptions of recent research on the brain, see A. Battro, "Half a Brain Is Enough" (unpublished manuscript); J. Bruer, "Education and the Brain: A Bridge Too Far," *Educational Researcher*, vol. 26, no. 8 (1997), pp. 4–16; "The Brain," *Daedalus* (special issue), Spring 1998; G. Dawson and K. Fischer, *Human Behavior and the Developing Brain* (New York: Guilford Press, 1994); S. Dehaene, *La bosse des maths* (Paris: Odile Jacob, 1997); H. Gardner, *The Shattered Mind: The Person After Brain Damage* (New York: Vintage, 1976); W. Greenough, J. E. Black, and C. S. Wallace, "Experience and Brain Development," *Child Development*, vol. 58 (1987), pp. 539–59. E. Klima and U. Bellugi, *The Signs of Language* (Cambridge,

Mass.: Harvard University Press, 1979); F. Newman, "Brain Research Has Implications for Education," *State Education Reader,* vol. 15, no. 1 (winter 1997), pp. 1–2; D. Rumelhart and J. McClelland, *Parallel-Distributed Processing* (Cambridge, Mass.: MIT Press, 1986); and D. Schacter, *Searching for Memory* (New York: Basic Books, 1996).

54 organizing role played . . . by music: F. Rauscher, G. L. Shaw, L. J. Levine, E. L. Wright, W. R. Dennis, and R. L. Newcomb, "Music Training Causes Longterm Enhancement of Preschool Children's Spatial-temporal Reasoning," *Neurological Research,* vol. 19, no. 1 (1997), pp. 2–7.

55 genetics and heritability: T. J. Bouchard, et al., "Sources of Human Psychological Differences: The Minnesota Study of Twins Reared Apart," *Science,* no. 250 (1990), pp. 223–28; M. L. Rutter, "Nature-Nurture Integration," *American Psychologist,* vol. 52, no. 4 (April 1997), pp. 390–98. R. Plomin, *Genetics and Experience: The Interplay Between Nature and Nurture* (Thousand Oaks, Cal.: Sage Publishers, 1994).

56 going to school has steadily raised the IQs: S. Ceci, *On Intelligence: More or Less* (Cambridge, Mass.: Harvard University Press, 1996); U. Neisser, *The Rising Curve* (Washington, D.C.: American Psychological Association, 1998).

57 On the need for early stimulation of the brain, see F. Newman, "Brain Research Has Implications for Education," *State Education Reader,* vol. 15, no. 1 (winter 1997), p. 1.

Chapter 5

58 For descriptions of the Reggio Emilia preschools, see L. B. Caldwell, *Bringing Reggio Emilia Home* (New York: Teachers College Press, 1997); C. Edwards, L. Gandini, and G. Forman, eds., *The Hundred Languages of Children,* 2nd ed. (Greenwich, Conn.: Ablex Publishing Company, 1998); "The 10 Best Schools in the World and What We Can Learn From Them," *Newsweek,* December 2, 1991, pp. 50–59.

59 Serious efforts have been undertaken: A. Gambetti, personal communication, April 3, 1998.

60 My wife and I: The incident is also told in H. Gardner, *To Open Minds: Chinese Clues to the Dilemma of Contemporary Education* (New York: Basic Books, 1989).

61 my studies of creativity in the East and West: ibid.

62 many psychologists now leave the laboratory: J. S. Bruner, *Acts of Meaning* (Cambridge, Mass.: Harvard University Press, 1990).

63 Learning is now seen: On distributed and contextualized knowledge, see E. Hutchins, "The Social Organization of Distributed Cognition." In

L. B. Resnick, J. M. Levine, and D. Teasley, eds., *Perspectives in Socially Shared Cognition* (Washington, D.C.: American Psychological Association, 1991), pp. 283–307; J. Lave and E. Wenger, *Situated Learning: Legitimate Peripheral Participation* (New York: Cambridge University Press, 1991); G. Salomon, ed., *Distributed Cognitions: Psychological and Educational Considerations* (New York: Cambridge University Press, 1993); J. Stigler, R. A. Shweder, and G. Herdt, eds., *Cultural Psychology: Essays in Comparative Human Development* (New York: Cambridge University Press, 1990).

64 Kuhn's competing scientific paradigms: T. Kuhn, *The Structure of Scientific Revolutions*, 2nd ed. (Chicago: University of Chicago Press, 1970).

65 O. Sacks, *The Island of the Colorblind* (New York: Knopf, 1996), p. 68.

66 "the one best system": D. Tyack, *The One Best System: A History of American Urban Education* (Cambridge, Mass.: Harvard University Press, 1974).

67 On the Suzuki method, see H. Gardner, *Frames of Mind: The Theory of Multiple Intelligences* (New York: Basic Books, 1983; rev. ed. 1993), Chapter 14.

68 On Spectrum classrooms, see M. Krechevsky, et al., *Building on Children's Strengths: The Experience of Project Zero* (New York: Teachers College Press, 1998).

69 On Japan's primary education system, see N. D. Kristof, "Where Children Rule," *The New York Times Magazine*, August 17, 1997, pp. 40–44; C. Lewis, *Educating Hearts and Minds: Reflections on Japanese Preschool and Elementary Education* (New York: Cambridge University Press, 1994); L. Peak, *Learning to Go to School in Japan* (Berkeley: University of California Press, 1991); T. Rohlen, *Education and Training in Japan* (New York: Routledge, 1998); N. Sato, "Ethnography of Japanese Elementary Schools: Quest for Equality." Unpublished doctoral dissertation, Stanford University, 1991; H. Stevenson and J. Stigler, *The Learning Gap* (New York: Simon & Schuster, 1994); E. Vogel, *Japan as Number One: Lessons for America* (Cambridge, Mass.: Harvard University Press, 1979); M. White, *The Japanese Educational Challenge* (New York: Free Press, 1987).

70 In Chinese primary schools: H. Gardner, *To Open Minds: Chinese Clues to the Dilemma of Contemporary Education* (New York: Basic Books, 1989).

71 At the Key School: See L. Olson, "Children flourish here: Eight teachers and a theory changed a school world," *Education Week* 1988, 7(18), 1, 18–20.

72 inspired by E. D. Hirsch: For Hirsch's approach, see his *Cultural Literacy* (Boston: Houghton Mifflin, 1987) and *The Schools We Need and Why We Don't Have Them* (New York: Doubleday, 1996).

73 Much of this education follows an apprentice model: S. Hamilton, *Apprenticeship for Adulthood: Preparing Youth for the Future* (New York: Free

Press, 1990). On apprenticeships, see H. Hansen, "Caps and Gowns: Historical Reflections on the Institutions That Shaped Learning for and at Work in Germany and the United States, 1800–1945." Unpublished manuscript, Harvard University, 1998.

74 Max Weber: in *The Protestant Ethic and the Spirit of Capitalism* (London: G. Allen and Unwin, 1930).

75 Central Park East Secondary School: D. Meier, *The Power of Their Ideas* (Boston: Beacon Press, 1995).

76 International Baccalaureate: "Guide to the Middle Years Programme." Geneva: International Baccalaureate Programme, 1994.

Chapter 6

77 University of Phoenix: E. Brommer, "University of Working Adults Shatters Mold," *The New York Times,* October 15, 1997; J. Traub, "Drive Thru U," *The New Yorker,* October 20–28, 1997; C. Shea, "Visionary or Operator? Jorge Klor de Alva and His Unusual Intellectual Journey," *Chronicle of Higher Education,* July 3, 1998.

78 "The people who are our students": Traub, op. cit., p. 184.

79 "plan backward": R. Elmore, "Backward Mapping: Using Implementation Analysis to Structure Program Decisions," *Political Science Quarterly,* vol. 94 (1979–1980), pp. 606–16; J. McDonald, "Planning Backwards from Exhibitions." In J. P. McDonald et al., *Graduating by Exhibition* (Alexandria, Va.: Association for Supervision and Curriculum Development, 1993).

80 Teaching for understanding: S. Wiske, *Teaching for Understanding* (San Francisco: Jossey-Bass, 1998); see also D. K. Cohen, M. W. McLaughlin, and J. E. Talbert, eds., *Teaching for Understanding: Challenges for Policy and Practice* (San Francisco: Jossey-Bass, 1993).

81 H. Gardner, *The Unschooled Mind* (New York: Basic Books, 1991).

82 On the physics students, see P. Sadler, cited in K. Koman, "High School Physics: A Dead End?" *Harvard Magazine,* October 1997, pp. 11–12.

83 disconfirming experiences: L. Resnick, personal communication, October 13, 1997.

84 On education for understanding, see the references cited for page 117; also, *Educational Leadership,* February 1994, passim, and T. Blythe, *The Teaching for Understanding Guide* (San Francisco: Jossey-Bass, 1998).

85 As the educator Lee Shulman has insisted: in "Knowledge and Teaching: Foundations of the New Reform," *Harvard Educational Review,* vol. 57, no. 1 (1987), pp. 1–22; see also Lee Shulman, "Those Who Understand: Knowledge Growth in Teaching," *Educational Researcher,* vol. 15 (1986), pp. 4–14.

86 Deborah Meier recalls: in a talk on the occasion of the 75th anniversary of the Little Red Schoolhouse, New York, April 25, 1997.

Chapter 7

87 For general reading about Darwin and evolution, see J. Bowlby, *Charles Darwin* (London: Hutchinson, 1990); J. Browne, *Charles Darwin* (London: Jonathan Cape, 1995); C. Darwin, *On the Origin of Species* (New York: Mentor/New American Library, 1958; originally published 1859); R. Dawkins, *The Selfish Gene* (Oxford, England: Oxford University Press, 1976); D. Dennett, *Darwin's Dangerous Idea* (New York: Simon & Schuster, 1995); S. J. Gould, *Ever Since Darwin* (New York: Norton, H. Gruber, *Darwin on Man: A Psychological Study of Scientific Creativity*, 2nd ed. (Chicago: University of Chicago Press, 1981); E. Mayr, *Populations, Species, and Evolution* (Cambridge, Mass.: Harvard University Press, 1975); E. Mayr, *The Growth of Biological Thought: Diversity, Evolution, and Inheritance* (Cambridge, Mass.: Harvard University Press, 1982); C. Ralling, *The Voyage of Charles Darwin* (New York: New Mayflower Books, n.d.); M. Ridley, ed., *The Essential Darwin* (London: Unwin, 1987); J. M. Smith, *The Theory of Evolution* (Cambridge, England: Cambridge University Press, 1995); F. Sulloway, *Born to Rebel* (New York: Pantheon, 1996); and J. Weiner, *The Beak of the Finch* (New York: Vintage, 1994).

88 For a critique of evolution, see D. L. Wheeler, "A Biochemist Urges Darwinists to Acknowledge the Role Played by an Intelligent Designer," *The Chronicle of Higher Education,* November 1, 1996.

89 For general reading about Mozart and *The Marriage of Figaro,* see E. Crozier, ed., *Mozart's The Marriage of Figaro* (London: John Lane/Bodley Head, 1948); A. Einstein, *Mozart: His Character, His Work* (New York: Oxford University Press, 1945); W. Hildesheimer, *Mozart* (New York: Farrar, Straus & Giroux, 1982); R. B. Moberly, *Three Mozart Operas: Figaro, Don Giovanni, The Magic Flute* (New York: Dodd, Mead and Company, 1968); M. Solomon, *Mozart: A Life* (New York: HarperCollins, 1995); A. Steptoe, *The Mozart–Da Ponte Operas* (Oxford: Clarendon Press, 1988).

90 For general reading about the Wannsee Conference and the Holocaust, see C. Browning, *The Final Solution and the German Foreign Office* (New York: Holmes and Meier, 1978); C. Browning, *The Path to Genocide: Essays on the Launching of the Final Solution* (New York: Cambridge University Press, 1992); R. K. Chartock and J. Spencer, eds., *Can It Happen Again? Chronicles of the Holocaust* (New York: Black Dog and Leventhal, 1995); S. Friedlander, *Nazi Germany and the Jews,* vol. 1 (New York:

HarperCollins, 1997); D. J. Goldhagen, *Hitler's Willing Executioners: Ordinary Germans and the Holocaust* (New York: Vintage, 1996), pp. 3–4; P. Levi, *Survival in Auschwitz* (New York: Collier Books, 1993); C. S. Maier, *The Unmasterable Past: History, Holocaust, and German National Identity* (Cambridge, Mass.: Harvard University Press, 1988); M. Marrus, *The Holocaust in History* (Dartmouth, N.H.: University Press of New England, 1987); D. Patterson, *When Learned Men Murder* (Bloomington, Ind.: Phi Delta Kappan Educational Foundation, 1996).

91   officer named Hoffmann: Goldhagen, op. cit., pp. 3–4.
92   the insight expressed by Galileo: H. Butterfield, *The Origins of Modern Science 1300–1800* (New York: Macmillan, 1953), p. 67.
93   the most marvelous experience: G. H. Hardy, *A Mathematician's Apology* (Cambridge, England: Cambridge University Press, 1967).
94   denuded of species: See E. O. Wilson, *Naturalist* (Washington, D.C.: Island Press, 1994), chapter 13.
95   when Darwin encountered the finches: see references to page 165.

Chapter 8

96   On Darwin collecting birds, see C. Ralling, *The Voyage of Charles Darwin* (New York: New Mayflower Books, n.d.), p. 137.
97   Darwin, "each variety is constant": J. Browne, *Charles Darwin* (London: Jonathan Cape, 1995), p. 305.
98   "When I see these islands": ibid., p. 339.
99   Drawings of finches: M. Ridley, ed., *The Essential Darwin* (London: Unwin, 1987), pp. 51–52.
100 "the most curious fact": quoted in Ralling, op. cit., p. 127.
101 "One may say there is a force": quoted in Browne, op. cit., p. 388.
102 "Considering the small size": quoted in ibid., p. 467.
103 David Lack . . . It is now known: See D. Lack, *Darwin's Finches* (Cambridge, England: Cambridge University Press, 1947); E. Mayr, *Populations, Species and Evolutions* (Cambridge, Mass.: Harvard University Press, 1963); J. M. Smith, *The Theory of Evolution* (New York: Cambridge University Press, 1993); F. Sulloway, "Darwin and His Finches: The Evolution of a Legend," *Journal of History of Biology*, vol. 15, no. 1 (1982), pp. 1–43, and "Darwin and the Galapagos," *Biological Journal of the Linnaean Society*, vol. 21 (1984), pp. 29–59; J. Weiner, *The Beak of the Finch* (New York: Vintage, 1994).
104 "It is interesting to contemplate": C. Darwin, *On The Origin of Species* (New York: Mentor/New American Library, 1958; originally published 1859), p. 450.

105 "the annihilation of the Jewish race in Europe": D. J. Goldhagen, *Hitler's Willing Executioners: Ordinary Germans and the Holocaust* (New York: Vintage, 1996), p. 142.

106 "doubtless imminent final solution": quoted in C. Browning, *The Final Solution and the German Foreign Office* (New York: Holmes and Meier, 1978), p. 44.

107 "thinking of many things": quoted in C. Browning, *The Path to Genocide: Essays on the Launching of the Final Solution* (New York: Cambridge University Press, 1992), p. 25.

108 "final solution project": Goldhagen, op. cit., p. 146.

109 At some point: Browning, *The Final Solution*; *The Path to Genocide*.

110 eight held doctoral degrees: D. Patterson, *When Learned Men Murder* (Bloomington, Ind.: Phi Delta Kappan Educational Foundation, 1996), p. 5.

111 "natural wastage": Goldhagen, op. cit., p. 322.

112 "in our history": M. Marrus, *The Holocaust in History* (Hanover, N.H.: University Press of New England, 1987), p. 26.

113 Once these elements: Some works by the historians and other writers cited in the paragraph are R. Hilberg, *The Destruction of European Jewry* (Chicago: Quadrangle Books, 1961); T. Keneally, *Schindler's List* (New York: Random House, 1979); P. Levi, *If This Is a Man; The Truce* (New York: Vintage, 1996); T. Mason, "Intention and Explanation: A Current Controversy about the Interpretation of National Socialism," in G. Hirschfeld and L. Kettenacket, eds., *Der "Fuehrerstaat": Mythos und Realitaet* (Stuttgart: Klett Cotta, 1981); W. Styron, *Sophie's Choice* (New York: Random House, 1979); E. Wiesel, *Against Silence: The Voice and Vision of Elie Wiesel,* I. Abrahamson, ed. (New York: Holocaust Library, 1985).

Chapter 9

114 Heinz Schirk: D. Patterson, *When Learned Men Murder* (Bloomington, Ind.: Phi Delta Kappan Educational Foundation, 1996), p. 26.

115 Dolph Schluter's program: J. Weiner, *The Beak of the Finch* (New York: Vintage, 1994), pp. 155–56.

116 "In the first section": E. Mihopoulos, "Invitation to the Death Camps: Review of *Dissonance*—Robin Lakes's Rough Dance," *Chicago Reader,* June 1990.

117 George Steiner: See his *Language and Silence* (New York: Atheneum, 1967).

118 Milgram's obedience studies: See his *Obedience to Authority* (New York: Harper & Row, 1974).

119 On powerful analogies and metaphors, see B. Holland, "Mining Music and Law for Original Meanings," *The New York Times,* April 22, 1998.

Chapter 10

120 essential questions: See T. Sizer, *Horace's Compromise* (Boston: Houghton Mifflin, 1984) and *Horace's School* (Boston: Houghton Mifflin, 1992).

121 On disciplinary and interdisciplinary study, see H. Gardner and V. Boix-Mansilla, "Teaching for Understanding in the Disciplines—and Beyond," *Teachers College Record,* vol. 96, no. 2 (1994), pp. 198–218; V. Boix-Mansilla and H. Gardner, "Of Kinds of Disciplines and Kinds of Understanding," *Phi Delta Kappan,* vol. 78, no. 5 (1997), pp. 381–86; and V. Boix-Mansilla and H. Gardner, "On Disciplinary Lenses and Disciplinary Work." In S. Wineburg and P. Grossman, eds., *Interdisciplinary Encounters: A Second Look* (New York: Oxford University Press, forthcoming).

122 On communities of learning, see V. Battistich, D. Solomon, D. Kim, Marilyn Watson, and E. Schaps, "Schools as Communities, Poverty Levels of Student Populations, and Students' Attitudes, Motives, and Performance: A Multilevel Analysis," *American Educational Research Journal,* vol. 32, no. 3 (fall 1995), pp. 627–56; M. Scardamalia and C. Bereiter, " The CSILE Project: Trying to Bring the Classroom into World 3," and A. Brown and J. Campione, "Guided Discovery in a Community of Learners." Both in K. McGilly, ed., *Classroom Lessons* (Cambridge, Mass.: MIT Press, 1994), pp. 201–28, 229–70; J. Comer, *School Power: Implications of an Intervention Project* (New York: Free Press, 1980); and E. Schaps, "A Sense of Community Is Key to Effectiveness in Fostering Character Education," *Journal of Self Development,* vol. 17, no. 2 (1966), pp. 42–47.

123 On multiple pathways, see J. Katzman and S. Hodas, *Class Action* (New York: Villard Books, 1995).

124 Effective leaders: On leadership, see H. Gardner with E. Laskin, *Leading Minds* (New York: Basic Books, 1995).

125 On the ATLAS Communities Project, see C. J. Orell, "ATLAS Communities: Authentic Teaching, Learning and Assessment for All Students," in S. Stringfield, S. Ross, and L. Smith, eds., *Bold Plans for School Restructuring: The New American Schools Designs* (Mahwah, N.J.: Erlbaum, 1996), pp. 53–74. For additional information, write to ATLAS Communities, Education Development Center, 51 Chapel Street, Newton, MA 02158.

126 On dealing with setbacks, reflecting on experiences, and developing strengths, see H. Gardner, *Extraordinary Minds* (New York: Basic Books, 1997).

127 "make new mistakes": Esther Dyson had this message as a header on her electronic mail in 1997.

128 communities of caring: L. Darling-Hammond, *The Right to Learn: A Blueprint for Creating Schools That Work* (San Francisco: Jossey-Bass, 1997), and Battistich, Solomon, et al., op. cit.

129 There now exist many schools: See R. Brown, *Schools of Thought* (San Francisco: Jossey-Bass, 1993); J. Bruer, *Schools for Thoughts: A Science of Learning in the Classroom* (Cambridge, Mass.: MIT Press, 1993); E. Fiske, *Smart Schools, Smart Kids* (New York: Simon & Schuster, 1991); D. Perkins, *Smart Schools* (New York: Free Press, 1992); and Stringfield, Ross, and Smith, op. cit.

130 On change in education, see M. Fullan, *The New Meaning of Educational Change* (New York: Teachers College Press, 1990). On "learning organizations," see P. Senge, *The Fifth Discipline: The Art and Practice of the Learning Organization* (New York: Doubleday, 1990), and D. Schon, *The Reflective Practitioner: How Professionals Think in Action* (New York: Basic Books, 1983).

131 marked by "flow": M. Csikszentmihalyi, *Flow* (New York: HarperCollins, 1990).

132 "scaling up": R. Elmore, "Getting to Scale with Good Educational Practices." In S. Fuhrman and J. A. O'Day, eds., *Rewards and Reform: Creating Educational Incentives That Work* (San Francisco: Jossey-Bass, 1996), pp. 294–329.

133 quick jags: M. Neill, "High Stakes Tests Do Not Improve Student Learning," *Fairtest*, January 1998; see also D. C. Cohen and H. C. Hill, "State Policy and Classroom Performance: Mathematics Reform in California," *Consortium for Policy Research in Education Policy Brief*, RB 23 (January 1998), pp. 1–13.

Chapter 11

134 Darwin's ideas: See F. Sulloway, *Born to Rebel: Birth Order, Family Dynamics, and Creative Lives* (New York: Pantheon, 1996).

135 Committee of Ten: See D. Ravitch, *The Schools We Deserve* (New York: Basic Books, 1985).

136 so-called Stone Age persons: See D. C. Gajdusek, "Paradoxes of Aspiration for and of Children in Primitive and Isolated Cultures," *Pediatric Research*, vol. 27, supplement 59 (1990). See also G. Klein, "Proteus 2," in his *Live Now* (New York: Prometheus Books, 1996), pp. 85–164.

137 "And they are what we know": quoted in N. Frye, *T. S. Eliot: An Introduction* (Chicago: University of Chicago Press, 1963).

138 "Regardless of where I begin my thinking": V. Havel, Commencement address, Harvard University, June 15, 1995.

Afterword

139 Gardner, H. (1999). *Intelligence reframed*. New York: Basic Books.
140 Hirsch, E. D. (1999, Sept. 11). *The New York Times*, pp. A15,17.
141 Kornhaber, M. (2000). Report on Project SUMIT (Schools Using M. I. Theory). Available from Harvard Project Zero, Harvard Graduate School of Education, Cambridge, MA 02138.
142 Tommasini, A. (1999, Dec. 20). 'Gatsby' as opera, fox trots and all. *The New York Times*, pp. B1,5.

姓名索引

NAME INDEX

阿道夫·艾希曼（Adolf Eichmann）160

阿道夫·希特勒（Adolf Hitler）157

阿尔伯特·施佩尔（Albert Speer）177

阿诺尔德·勋伯格（Arnold Schoenberg）132

阿瑟·詹森（Arthur Jensen）053

阿尔弗雷德·丁尼生（Alfred Tennyson）175

埃莉·怀索（Elie Wiesel）162，176

艾尔弗雷德·诺思·怀特海（Alfred North Whitehead）022

艾尔弗雷德·比奈（Alfred Binet）050，052

艾尔弗雷德·罗素·华莱士（Alfred Russel Wallace）147

查理斯·艾略特（Charles. Eliot）223

艾伦·索克尔（Allen Sokal）041

艾伦·布伦（Allan Bloom）205

埃里克·查普斯（Eric Schaps）214

埃丝特·戴森（Esther Dyson）212

爱德华·桑代克（Edward L. Thorndike）050

安·布朗（Ann Brown）201

安·蒂维尔·史密斯（Ann Deavere Smith）230

安德鲁·卡耐基（Andrew Carnegie）200

安迪·沃荷（Andy Warhol）036

奥立佛·萨克斯（Oliver Sacks）085

柏拉图（Plato）054，109，127

保罗·德曼（Paul de Man）041

彼得·谢佛（Peter Shaffer）171

毕加索（Picasso）133

波尔布特（Pol Pot）006

布鲁纳（Bruner）078

查尔斯·达尔文（Charles Darwin）003，019，062，122

查尔斯·莱尔（Charles Lyell）146

查尔斯·莫瑞（Charles Murray）053，069

查理斯·梅尔（Charles Maier）162

大卫·柏金斯（David Perkins）112

大卫·雷克（David Lack）148，173

大卫·泰克（David Tyack）087

丹尼尔·戈尔登海根（Daniel J. Goldhagen）128

丹尼尔·乔纳·戈尔登哈根（Daniel Jonah Goldhagen）162

道尔夫·施鲁特（Dolph Schluter）173

黛博拉·梅尔（Deborah Meier）117，206

恩尼斯托·科尔特斯（Ernesto Cortes）230

弗兰克·苏洛威（Frank Sulloway）223

法兰西斯·派克（Francis Parker）206

法兰兹·克莱因（Franz Kline）187

福斯特（E. M. Forster）229

弗吉尼亚·伍尔芙（Virginia Woolf）133

甘地（Mohandas Gandhi）230

格雷戈·门德尔（Gregor Mendel）148，223

哈代（G. H. Hardy）131

海恩斯·舒克（Heinz Schirk）172

赫伯特·冯·卡拉扬（Herbert von Karajan）177

赫尔曼·戈林（Hermann Göering）160，172

赫希（E. D. Hirsch）010，022，091，233，237

海因里希·希姆莱（Heinrich Himmler）160，172

华生（J. B. Watson）052

霍夫曼（Hoffmann）128

霍瑞斯·曼恩（Horace Mann）091

济慈（Keats）020，113

雅克·德瑞达（Jacques Derrida）042

杰克逊·帕洛克（Jackson Pollock）187

杰西·杰克逊（Jesse Jackson）206

卡尔·伯瑞特（Carl Bereiter）201

卡尔·萨根（Carl Sagan）005

卡尔顿·加杜赛克（Carleton Gajdusek）224

克里斯托弗·布朗宁（Christopher Browning）162

拉马克（Lamarckian）106，143，171

莱因哈特·海德里希（Reinhard Heydrich）160

劳尔·希尔柏格（Raul Hilberg）162

劳伦·瑞斯尼克（Lauren Resnick）112

莱尼·里芬施塔尔（Leni Riefenstahl）176

李·舒尔曼（Lee Shulman）116

理查德·罗提（Richard Rorty）042

理察·瓦格纳（Richard Wagner）177

利奥波德·冯·兰克（Leopold von Ranke）136

林恩·切尼（Lynne Cheney）205

琳达·达玲－哈蒙德（Linda Darling-Hammond）214

铃木进一（Shinichi Suzuki）029

鲁道夫·斯坦纳（Rudolf Steiner）029

路易斯·葛思特纳（Louis Gerstner）206

刘易斯·特曼（Lewis Terman）053

罗宾·雷克斯（Robin Lakes）176

罗伯特·西蒙（Robert Simon）005

罗伯特·麦克阿瑟（Robert MacArthur）137

罗菲·安姆兰（Raphi Amram）095

罗纳德·泰卡奇（Ronald Takaki）206

罗伦佐·达·蓬泰（Lorenzo Da Ponte）123

罗斯玛丽·格兰特（Rosemary Grant）148

洛里斯·马拉古齐（Loris Malaguzzi）072

马丁·路德·金（Martin Luther King）109

马克斯·韦伯（Max Weber）093

马修·阿诺德（Matthew Arnold）033

玛丽亚·蒙台梭利（Maria Montessori）029

马琳·史加达玛丽亚（Marlene Scardamalia）201

玛莎·葛兰姆（Martha Graham）133

曼德拉（Nelson Mandela）230

米哈利·奇森米哈尔利（Mihaly Csikszentmihalyi）062，229

米尔顿·弗里德曼（Milton Freidman）035

莫扎特（Wolfgomg Amadeus Mozart）003

南希·史多瑞丝（Nancy Storace）171

尼尔（A. S. Neill）029

尼尔斯·波尔（Niels Bohr）230

欧里披得斯（Euripides）224

帕博洛·卡萨尔斯（Pablo Casals）230

派翠西亚·波兰诺斯（Patricia Bolanos）230

皮特·蒙德里安（Piet Mondrian）187

皮亚杰（Jean Piaget）056

皮埃尔·博马舍（Pierre Beaumarchais）123

普契尼（Puccini）190

普劳图斯（Plautus）028

普利莫·李维（Primo Levi）162，176

吉恩·方索瓦·李欧塔（Jean-FranÇois Lyotard）042

乔·狄马吉欧（Joe DiMaggio）118

乔姆斯基（Noam Chomsky）057

乔治·艾略特（George Eliot）005

乔治·克莱恩（George Klein）230

乔治·奥威尔（George Orwell）230

乔治·斯坦纳（George Steiner）177

乔治·索罗斯（George Soros）034

丽贝卡·西蒙斯（Rebecca Simmons）112

理查德·何恩斯坦（Richard Herrnstein）053

瑞秋·卡森（Rachel Carson）230

塞缪尔·亨廷顿（Samuel Huntington）036

史丹利·密尔格兰（Stanley Milgram）178

斯通·维斯克（Stone Wiske）112

索尔·勒维特（Sol LeWitt）187

索福克勒斯（Sophocles）127，224

泰瑞·贝尔（Terrel Bell）204

提姆·梅森（Tim Mason）162

托马斯·库恩（Thomas Kuhn）084

托马斯·马尔萨斯（Thomas Malthus）146

瓦克拉夫·哈维尔（Vaclav Havel）231

威尔逊（E. O. Wilson）137

威廉·比奈特（William Bennett）205

威廉·戴蒙（William Damon）229

威廉·德瑞顿（William Drayton）230

威廉·吉布斯（William Gibbs）100

威廉·詹姆斯（William James）050

维果斯基（Vygotsky）078

维托·佩伦（Vito Perrone）112

沃尔特·李普曼（Walter Lippmann）053

伍尔芙（Woolf）223

西奥多·赛瑟（Theodore Sizer）211

雪莉·特克尔（Sherry Turkle）031

亚当·史密斯（Adam Smith）035

阿里斯托芬（Aristophanes）127

伊凡·巴浦洛夫（Ivan Pavlov）050

伊拉斯马斯·达尔文（Erasmus Darwin）122

伊丽莎白·施瓦茨科普夫（Elisabeth Schwarzkopf）177

伊斯克勒斯（Aeschylus）224

约翰·杜威（John Dewey）009

约翰·古尔德（John Gould）138，145

约翰·哈宾逊（John Harbison）239

约翰·卡第诺·纽曼（John Cardinal Newman）022

约瑟夫·戈培尔（Joseph Goebbels）172

约瑟夫·康平欧尼（Joseph Campione）201

詹姆斯·班克思（James Banks）206

詹姆斯·柯默（James Comer）211

珍妮特·怀特拉（Janet Whitla）211